HISTOIRE
DES
ANCIENS ARMÉNIENS

PAR

Noël DOLENS et A. KHATCH

PUBLIÉ PAR

l'Union des Etudiants Arméniens de l'Europe.

GENÈVE

1907

HISTOIRE

DES

ANCIENS ARMÉNIENS

PAR

Noël DOLENS et A. KHATCH

PUBLIÉ PAR

l'Union des Etudiants Arméniens de l'Europe.

GENÈVE 1907

IMPRIMERIE J. STUDER, GENÈVE.

AVERTISSEMENT

Cet ouvrage ayant été composé entièrement dans l'Arménie ottomane, les auteurs n'avaient à leur disposition que des traductions allemandes des historiens grecs, et des traductions arméniennes des historiens latins ([1]). Il leur a donc été impossible de se reporter aux textes, ni de contrôler les références données par les nombreux érudits modernes qui ont été consultés pour cette *Histoire*. Seuls les passages latins et grecs cités sans traduction dans ces différentes sources ont été traduits par M. N. Dolens, et les divers documents arméniens par M. A. Khatch. L'un et l'autre ont utilisé conjointement les publications françaises, allemandes, anglaises et russes. Pour le déchiffrement des inscriptions orientales assyriennes, chaldaïques, persanes ou autres, ils s'en sont rapportés aux spécialistes européens.

Cet inconvénient, inévitable dans un pays où il n'y a pas de bibliothèques, leur a paru amplement compensé par l'avantage de se trouver au centre même de l'Arménie. Nombre de détails linguistiques, topographiques et sociologiques, indispensables à l'intelligence de l'histoire, ont pu être ainsi précisés. Outre l'exactitude des faits, les auteurs se sont également appliqués à rechercher la vérité du caractère des Arméniens anciens. Il leur a semblé que de vivre au milieu de leurs descendants était la condition indispensable d'une appréciation impartiale.

Il ne fallait pas songer à exposer en un seul volume l'histoire entière des Arméniens. Les auteurs en préparent un second qui les étudiera depuis leur conversion au christianisme jusqu'à nos jours.

---

[1] *Die Geschichten des Herodot*, von H. Stein, Oldenburg, 1884. — *Xénophon's Anabasis aus dem Griechischen*, von Max Oberbrener, Liepzig, Ph. Reclam. *Strabo's Erdbeschreibung*, übersetzt von A. Forbiger, fünftes Bändchen, Buch 11 und 12. Stuttgart, Hoffmann, Tacite, traduct. armén.

Les autres auteurs latins sont cités par A. M. Karakachian, *Hist. critiq. de l'Armenie* (en arménien), IIe partie, Tiflis, 1855, et par P. Katerjan, *Hist. génér.*, vol. II.

Tableau des signes de transcription.

La plupart des historiens et des linguistes dont cet ouvrage résume les recherches sur l'origine et l'idiome des Arméniens ont adopté une transcription compliquée de signes diacritiques. Nous aurions volontiers emprunté leur système, afin de nous conformer aux habitudes prises par ceux de nos lecteurs qui sont au courant des travaux spéciaux auxquels nous les renvoyons sans cesse. Mais il nous paraît que cette transcription n'est pas rigoureusement scientifique. Elle n'observe pas pour tous les sons le double principe des phonéticiens : « un seul signe pour chaque son, un seul son pour chaque signe. » On verra, par exemple (p. 8), que M. Jensen désignes les Hittites sous le nom de *Hatio*. Que signifie dans ce nom le caractère *i* ? Est-ce la voyelle pure, ou la consonne vocalique fricative ? Faut-il prononcer *hatyo* ou *hati-o* (pour employer provisoirement l'orthographe française usuelle) ? Ici, le signe ne désigne pas un son précis. Il arrive plus souvent que le même système de transcription n'a adopté qu'un seul signe pour désigner un son double dont les deux éléments sont toujours accouplés ensemble, par exemple pour *ts*, *dẓ* et les autres combinaisons semblables que nous avons désignées par deux caractères dans le tableau ci-dessous.

Nous avons donc préféré adopter l'alphabet de l' « Association phonétique internationale », dont on pourra voir les principes, rigoureusement scientifiques, exposés dans les ouvrages de M. P. Passy *(Les Sons du langage, Les Sons du français*, etc.). Comme notre *Histoire des Arméniens* est destinée au grand public, la plupart de nos lecteurs seront probablement des personnes qui n'ont pas eu le loisir d'étudier les innombrables travaux techniques où se trouvent dispersés les documents que nous mettons en œuvre. Ces lecteurs ne seront donc pas gênés de trouver ici une transcription différente. Il suffit d'ailleurs de quelques minutes pour comprendre la signification générale de celle que nous avons adoptée.

L'alphabet arménien, dérivé du grec, est très complet et habilement composé. Cependant, il n'est pas parfaitement phonétique, comme le pense M. A. Meillet (*Esquisse d'une Grammaire de l'arménien classique*, Vienne 1903). En effet, les caractères arméniens représentent parfois plusieurs sons par un seul signe, bien qu'ils tombent dans cette erreur beaucoup moins souvent que notre alphabet latin. Il ne nous a pas semblé nécessaire de les reproduire dans ce tableau : comme les mots transcrits au cours de l'ouvrage seront empruntés, non seulement à l'arménien, mais à un certain nombre d'autres langues anciennes, il aurait fallu mettre également en regard les alphabets de ces divers idiomes. Le lecteur curieux de les comparer ensemble les trouvera dans les livres des archéologues.

Si enfin l'on veut s'exercer à prononcer ces mots qui nous semblent étrangers et barbares, il est bien certain que l'on ne pourra y parvenir qu'après avoir longuement pratiqué la science phonétique. Cette préparation est indispensable si l'on veut comprendre certaines observations sur lesquelles on s'appuie pour discuter l'origine de la langue arménienne, et même l'origine des Arméniens.

a (ouvert) fr. tu as (et non a fermé comme dans il a). Gr. α.

$ân$ (nasal). En arménien, on prononce n à la fin de toutes les nasales. Voilà pourquoi il faut écrire $ân$, tandis que $â$ représenterait la nasale ouverte fr. *temps*. De même pour les nasales des autres voyelles.

b. Gr. β. En arménien, la vibration vocale commence seulement quand les lèvres s'ouvrent, tandis qu'en français elle commence déjà quand les lèvres sont encore fermées. Dans l'arménien classique, conservé intact à l'est de l'Arménie, il y a trois catégories, telles qu'elles sont marquées dans ce tableau : b, p et ph. Il en est de même pour g, k et kh, et pour d, t et th. Mais les plosives fortes p, k et t ont été supprimées dans l'Arménie occidentale et à Constantinople, pour conserver seulement b et ph, g et kh, d et th. Il en résulte que b arménien ressemble souvent à ph pour une oreille peu exercée ; bien plus, les Arméniens eux-mêmes s'y trompent : ceux de l'est (Kurdistan) ont conservé la tradition classique d'après laquelle cette seconde lettre de leur alphabet est b ; mais ceux de l'ouest (Sivas) ont interverti les rôles, prononcent ici ph et plus bas b. Ils disent *phaphilôn* pour Babylone. Ils ont aussi opéré le même changement entre les autres plosives : ils appellent le Tigre *dikhris*, leur roi Tigrane *Dikhrân*.

g (vélaire) fr. *garçon* (jamais j comme dans ang*ui*lle). Gr. γ. Même observation que pour b et p : les Arméniens transposent souvent g et kh.

d avec le même retard des vibrations vocales que pour b. Gr. δ.

e fr. été, gr. ε. (C'est devenu *je* au commencement des mots dans l'arménien moderne).

z fr. ga*z*, hasard. Gr. ζ (mais non prononcé *dz*).

ε fr. n*e*t (et non long comme dans f*e*nêtre). Gr. η.

ə fr. d*e*.

ə̂n (nasal).

th (*t* suivi d'un léger souffle). Gr. θ (mais non le son anglais de *th*). Les anciens Grecs devaient prononcer *t* suivi de *h*.

ƶ fr. *j*eu, *g*endre.

i fr. m*i*s. Gr. ι. (Mais la consonne fricative fr. l*i*on, gr. δι sera représentée plus bas par un autre signe).

în (nasal).

l fr, *l*a. Gr· λ. (Voir plus bas les observations sur ɣ). Cette consonne a subi, en passant du grec, du latin ou d'autres langues en arménien, un changement à peu près constant : elle est devenue la vélaire fricative ɣ, qui se trouve plus bas. Ainsi *gallus* est devenu gaɣijatsi ; Lucullus se dit ɣukuɣ:ɔs. Mais comme le son *l* s'est conservé pur dans les mots qui ne venaient pas de l'étranger, les écrivains ont pris l'habitude d'écrire deux signes: celui que nous étudions ici, et celui qui sera plus bas transcrit ɣ. Jamais *l* ne devient emphatique comme dans l'angl. a*ll*.

x allem. na*ch* (et non i*ch*). Gr. χ (du moins à l'époque où χ se prononçait ainsi. M. A. Meillet, *op. cit.*, met χ en face de l'avant-dernier signe de l'alphabet arménien). Mais l'arménien possédait χ avant de rien emprunter au grec.

TS *(tenuis)*. Ici l'alphabet phonétique ne contient pas de signes correspondants. Nous avons adopté des majuscules, faute de mieux, bien que dans cet alphabet, les majuscules aient plutôt tendance à représenter des sons emphatiques. TS arménien est au contraire plus léger que ts que l'on verra plus bas. La différence est fort peu sensible pour une oreille étrangère. Elle est pourtant caractéristique de nombreux mots de sens différent. Elle consiste essentiellement en deux phénomènes : 1º un moindre effort et une moindre tension, 2º une position plus avancée de la langue, dont la partie dorsale s'applique sur le palais, pendant que la pointe s'applique sur les dents inférieures, avant que cette fermeture dorsale ne s'ouvre pour faire entendre le sifflement après l'explosion de TS. Au contraire, pour ts la langue s'applique, non sur les dents, mais sur le palais, comme pour notre *t*, puis se relâche pour laisser passer le sifflement de notre *s*.

k fr. *car*. Gr. χ. (presque vélaire comme le *Kaf* arabe, improprement appelé guttural.)

h (soufflée, non vocalique). All. fä*h*ig (là où on prononce *h* dure, comme dans l'arabe ma*h*fsd).

dž. Ce serait gr. double ζ moderne.

ɣ (vélaire fricative) fr. grasseyé de Paris (mais beaucoup plus dur en arménien, comme dans l'arabe ma*ɣ*rεb).

  Au lieu de ɣ, il faudrait écrire dans l'arménien ancien I, car c'est cet équivalent du gr. λ qui est devenu ɣ, comme il a été dit plus haut. C'est ce I qui correspondait au gr. λ, et qui au moyen âge s'est transformé en ɣ arménien, peut-être sous l'influence arabe, d'après le Dr Karst, tandis que les mêmes mots empruntés aux langues étrangères par les Géorgiens ont gardé *l* (N. Marr, *Grammaire de l'Arménien ancien*, p. 5, en russe).

Th (tenuis) ne peut se transcrire en français par *tch*, qui correspond à un autre double son qui se rencontrera plus bas. La différence est la même qu'entre TS et ts. Le son *ch* (phonèt. *h*) est simple et se trouve plus bas.

m. Gr. μ.

j, h sont représentés en arménien par le même signe, qui se prononce *j* dans le corps d'un mot après une voyelle, (fr. l*i*on, fi*ll*e), et *h* vocalique au commencement des mots.

n. Gr. ν.

h fr. *ch*.

o (ouvert) fr. *eau*, *sot* (jamais long comme dans apôtre). Gr. ο. (o fermé n'existe pas en arménien comme dans fr. dot.) Au commencement des mots o se prononce ɯo, comme *vo* plus ouvert.

ôn (nasal).

ûn u fr. *ou* est aussi écrit en arménien par la combinaison oɯ.

th fr. Na*tch*ez. MM. Fink et Karst analysent ce son en transcrivant *thh*, mais il ne nous semble pas que *t* y soit suivi d'aucune aspiration avant *h*. (Voir les remarques sur Th.)

p Gr. π. (Voir les remarques sur b.)

dž Angl. bri*dg*e.

r (lingual-palatal roulé). Angl., fr., allem. ordinaire. (Ne pas confondre avec ɹ plus bas.) Gr. ρ.

s. Gr. σ.

v. Gr. ϐ et plus tard *u* devenus soufflés, mieux encore le gr. moderne β. C'est le *v* fr. *v*ous.

t. Gr. τ.

ɹ (lingual-palatal fricatif). Angl.-écossais *r*ice. Très distinct de *r* en arménien, si bien que le souffle, ne produisant aucun roulement, est souvent fricatif au point de ressembler à ʒ pour une oreille peu exercée. Quand les Arméniens commencent à parler français, ils semblent dire *piège* quand ils veulent dire *pierre*, parce qu'à la fin des mots ils ont toujours ɹ, qui d'ailleurs se trouve souvent aussi au commencement ou au milieu.

ts. MM. Fink et Karst analysent ce son en transcrivant *ths*, mais il ne nous semble pas que *t* y soit suivi d'aucune aspiration avant *s*. (Voir les remarques sur TS.)

w. (Anciennement grec *u*) sorte de *v* moins fricatif, presque semblable à *u* de fr. l*u*i. Dans l'arménien moderne, se confond avec *v* quand elle suit *a, i, o*.

ph (*p* suivi d'un léger souffle). Dérivé de gr. φ.

kh (*k* suivi d'un léger souffle). M. A. Meillet le croit dérivé de gr. χ. De fait, les Arméniens disaient avant le moyen âge: ar*kh*episcopos, et ont dit ensuite ar*x*episkopos.

CHAPITRE PREMIER

Les Arméniens primitifs.

Sous le nom d'Arméniens, la plupart des peuples civilisés désignent une nation remarquable par l'antiquité de son origine et célèbre par la gloire passagère qu'elle conquit au premier siècle avant notre ère, non moins que par les terribles infortunes dont elle est actuellement victime. Rien de plus instructif que les vicissitudes de son histoire : et quels que soient les reproches auxquels l'exposa parfois sa conduite, ou la mésestime que semblent lui mériter certains aspects de son caractère, on ne saurait que l'admirer pour la constance avec laquelle, tout au long de ses aventures, sous le joug perpétuel de dominations variées et hostiles, elle a su conserver sa vitalité propre, sa langue, ses mœurs, ses traditions, sa religion même depuis qu'elle est chrétienne, sans jamais consentir à abdiquer sa nationalité, qui, en Orient, se confond avec le culte. D'autre part, on est obligé de reconnaître que, dans les pays demi-barbares où se trouve encore la moitié de ses membres, sur cet ingrat plateau supporté par le Taurus et l'Ararat, ce petit peuple représente le plus actif élément de civilisation : doué d'une remarquable faculté d'assimilation, il a toujours été, comme il l'est encore aujourd'hui, avide d'imiter les progrès dont les grands empires, païens, musulmans ou chrétiens, lui ont donné l'exemple.

Mais les Arméniens sont fort étonnés de s'entendre appeler de ce nom. Ils affirment que, depuis les temps primitifs, ils ont été et sont encore des *hai* (au singulier), *haïk* (au pluriel). Soumis à la Perse, ils dénommèrent leur pays, à partir de notre IVe siècle, le *haïjastân* (stân « pays », désinence iranienne). Fidèles à cette tradition, les historiens modernes appellent souvent les Arméniens : les Haïkanes (*haïkân*).

D'autre part, on peut croire qu'à l'origine les Arméniens portaient d'autres noms : celui d'Askenas (Ascaniens) quand ils étaient encore en Phrygie, et celui de Togorma (en arménien *torgom*), sous lequel les auraient ensuite connus les peuples sémitiques.

La première de ces attributions suppose que les Arméniens étaient apparentés aux Phrygiens, et nous ne tarderons pas à montrer qu'en effet ils étaient de même souche : les Ascaniens nous sont donnés par Homère ([1]) comme une tribu phrygienne. C'était la plus célèbre de la famille des vieux Brygs, dans leurs propres légendes où le héros Askanias (Askenas, Askanas) est chanté comme le père de la famille royale qui donna le nom de Phryg ($φρυγ$) à toute la nation ([2]). Ce qui autorise cette généalogie des Arméniens, c'est qu'en dehors d'eux on ne voit pas quel autre peuple aurait pu sortir des Phrygiens : nous ne connaissons aucune autre différenciation importante survenue dans leur sein. D'ailleurs les Ascaniens n'étaient point de provenance étrangère : leur nom est indo-européen ; il se retrouve chez les Germains sous la forme *askən*. A vrai dire, la désinence *as* qui est ajoutée à ce radical n'a rien de proprement arménien : ce devrait être *azən* pour constituer l'intitulation *askenazən*, la nation d'Askèns, comme Haïkazèn, Aramazèn, Torgomazèn sont les nations de Haïk, d'Aram, de Torgom. Mais on peut admettre que la dernière nasale a disparu dans l'usage populaire primitif, tandis que les noms cités ensuite ont été forgés plus tard par des Arméniens instruits, au Ve siècle de notre ère.

Dans la Bible, Togorma est une race apparentée aux Arméniens et aux Ascaniens, demeurant avec eux dans les régions du nord, et se livrant spécialement à l'élevage des chevaux ([3]). Nous verrons qu'en effet les Arméniens avaient la spécialité de cet art.

Les écrivains bibliques, connaissant seulement par la rumeur populaire les habitants les plus proches du pays où dominaient les Arméniens une fois installés dans leur patrie définitive, peuvent aussi avoir voulu les désigner quand ils parlent des Banéens (Biaïna, occupant le bassin du lac de Vân) et des Minéens (Mannaï, occupant le bassin du lac d'Ourmiah). Mais ce serait une erreur d'en conclure que ces populations fussent arméniennes, car elles occupaient le pays bien longtemps auparavant, et elles provenaient d'une autre origine. D'ail-

---

[1]) Du moins, on peut le conclure de ces deux vers de l'Iliade (II, 862—863) : « Phorkis conduit les Phrygiens et le héros Ascanios loin du pays d'Ascanie..... ».

[2]) Maspéro, *Histoire ancienne des Peuples de l'Orient classique*, (édit. princeps, 1895-1897-1899, Paris, Hachette), t. III, p. 328.

[3]) Ier livre de Moïse, X, 3 ; Ezéchiel, XVII, 14 ; XXXVIII, 6.

leurs, la Bible englobe dans les mêmes énumérations le pays de l'Ararat et la vallée de l'Araxe, qui étaient bien le centre de l'Arménie ; elle n'a donc voulu, ici, que nommer des provinces (¹).

On peut admettre que le tronc originaire, dont nous allons d'ici peu constater la présence en Europe sous le nom d'Armèn, avait émis en Asie divers rejetons comme pour y préparer sa propre transplantation. C'est l'ensemble de ces tribus, Armèn, Haïk, Torgom, Askenas, qui, une fois réunies de nouveau et nettement séparées des Phrygiens, auraient constitué les Arméniens primitifs.

Dans l'état actuel de la science, deux circonstances nous interdisent l'espoir de dégager complètement de la fable les origines de ce peuple, ni de presque rien connaître des premiers âges de son existence jusqu'à ce que sa lutte avec les Romains l'ait définitivement fait entrer dans l'histoire. Notre impuissance résulte d'abord de ce que la culture littéraire s'est développée fort tard en Arménie : les premières œuvres et probablement l'alphabet lui-même, ne remontent pas au delà du Ve siècle après J.-C., bien que le christianisme qui stimula les esprits fût religion d'Etat depuis le IIIe siècle ; de même, la première manifestation de génie politique apparaît au Ier siècle avant notre ère, et elle ne fut guère suivie que d'une décadence nationale incessante, bien que l'évolution sociale et intellectuelle ait toujours suivi un progrès remarquable ; enfin cette lenteur d'évolution se manifeste dans les arts : il n'en existe qu'un marqué d'un caractère propre, c'est l'architecture, qui commence péniblement au VIIe siècle après J.-C., et sombre subitement au XIIIe. Nous sommes, en second lieu, condamnés provisoirement à l'ignorance sur un grand nombre de questions importantes parce que les érudits, préoccupés de l'histoire des races résidant en Europe, et n'ayant pu encore que déchiffrer quelques documents des grandes civilisations orientales, ne se sont guère appliqués jusqu'à présent qu'à relever les renseignements fournis sur l'Arménie par les littératures classiques, y compris l'arménienne, et par les monuments encore exposés à la vue du voyageur : il faudra sans doute tout le XXe siècle pour exhumer du sol asiatique, si difficile à explorer dans l'Empire Ottoman, les indications épigraphiques, les révélations recélées

---

¹) Ier livre de Moïse, VIII, 4, IIe livre des Rois, XIX, 37 ; Jérémie, 51, 27. Sur les Minéens, v. aussi Josèphe, *Antiq. jud.*, I, 3 ; 6. Sur les Banéens, l'inscription assyrienne de Khorsabad, 36, 38, 40, 44. Les Manafasites de Moïse de Khorène (I, 12) sont peut-être des Minéens. — Ces renseignements sur les noms sémitiques que l'on peut attribuer aux Arméniens sont empruntés à E. C. A. Riehm, *Handwörterbuch des biblischen Altertums*, 1884.

dans les tombes et les ruines, qui provenant soit des Haïkanes eux-mêmes, soit plus encore de leurs ennemis ou de leurs conquérants, pourront peu à peu dissiper la nuit où s'enveloppe leur préhistoire.

Nous ne pouvons ici que résumer les travaux des savants allemands, français, anglais, russes et enfin arméniens, pour les citer par leur ordre d'importance.

I

Haïk *(haik)*, à en croire les traditions anciennes rapportées par Moïse de Khorèn *(Mowses xorenatsi)* (¹), était le fils de Torgom *(thorgôm)*, fils de Thiras *(thiras)*, fils de Gamer *(gamer)*, fils de Japhet *(jabet)*, fils de Noé *(noe)* (²). Cette généalogie mythique rentre dans le cycle des légendes qui attribuaient à Japhet la paternité de toutes les races blanches.

Le patriarche Haïk, dont il est impossible de contrôler l'existence, serait ainsi la souche d'une race que la tradition nous représente comme s'étant établie, après le déluge, au sud-ouest du lac de Vân *(vân)*, où il aurait bâti un village désigné sous le nom de Haïkachen *(haikachen, bâti par Haïk)*, au centre d'une province qui fut appelée Hark *(harkh, les pères, les aïeux, pluriel de hair)*. Les descendants du patriarche se seraient nommés *hai* ou *haija : zən* ou encore *haika : zən* (issus de Haïk), et ils auraient dénommé leur pays *haikh* ou *haijastân*.

MM. Gudschmid en Allemagne, Carrière, Th. Reinach en France, Emin et Patkaniân en Russie ne peuvent plus consentir à voir là un récit historique. Moïse de Khorèn n'a fait, dans son Iᵉʳ livre, à supposer même qu'il en soit l'auteur, que transcrire sans critique des légendes locales, en les agrémentant de vagues réminiscences historiques, et même de pures inventions. On ne s'étonnera pas qu'il nous paraisse inutile de reproduire la réfutation de nos savants (³). Leurs preuves sont de même espèce et de même portée que celles où s'appuie la critique des mythes israélites, chaldéens, grecs et autres semblables. Il nous paraît seulement utile d'exposer les considérations d'ordre « intrinsèque » les plus directes, celles qui portent sur l'étymologie même des mots que nous a transmis le vieil historien arménien. S'il avait pu connaître la morphologie de sa langue, il aurait trouvé

---

¹) Historien arménien. V. infra les discussions concernant sa biographie et son époque, *Mowses* ou *Movzes* est la corruption moderne de mo : χes.

²) Moïse de Kh., *Histoire de l'Arménie*, I, v. du VIIᵉ ou du VIIIᵉ S. de notre ère.

³) Nous aurons l'occasion, vers la fin de cette *histoire*, de discuter l'authenticité, l'intégrité et la véracité de Moïse de Khorèn et des principaux historiens arméniens.

dans sa relation une foule d'invraisemblances et jusqu'à des impossibilités manifestes. Les modernes eux-mêmes qui se sont occupés des Arméniens avant les dernières découvertes des philologues, s'y sont laissé tromper.

Ils n'ont pas vu qu'ils avaient tort de forger, par analogie de désinence, ce nom de Haïkanes, sous prétexte que tous les noms des Arméniens modernes se terminent par *an*. Cette finale a le caractère d'un adjectif et ne pourrait signifier « issus de Haïk », comme le signifiait *haika : zən*. Les anciens n'ont pas moins erré en faisant dériver *hai* de *haikh* : ce serait au contraire ce dernier nom qui devrait descendre du premier ; *hai* est un mot d'origine indo-européenne, venant de *pati*. Cette racine, dans le système populaire de la dérivation primitive, était devenue *hai*, conformément à ce double phénomène, constant à travers tout le vocabulaire, que *p* se transforme en *h* arménien, et que *t* devient *i*. Ainsi le mot indo-européen *petér* (grec et latin *pater*) a fait *hair*. C'est sous la forme persane et sanscrite de *pet* (seigneur) que les Arméniens ont emprunté, dans la suite des temps, et comme article d'importation analogue aux mots grecs introduits dans le français littéraire, la racine *pati*. Ils ont, dès lors, conservé l'orthographe *pet* dans certains mots : *hairapet* (patriarche), *zorapet* (général). S'ils se sont donné le titre de Seigneurs, c'est qu'en venant occuper le pays de l'*urartu* (des montagnes que domine l'Ararat vers le nord) au VIe siècle avant J.-C., ils y trouvèrent une autre race, celle des Alarodiens ou Khalds, dont il sera question plus bas, et sur laquelle ils s'établirent en vainqueurs ([1]). Presque tous les peuples indo-européens avaient l'habitude de s'attribuer ainsi une dénomination honorifique pour se distinguer des indigènes chez qui ils arrivaient : les indo-européens qui sont venus dans l'Inde se sont dit Ariens (*ârja*), c'est-à-dire constants, fidèles, sages, et ont appelé les indigènes « esclaves » (*dasa* ou *dasi*) ([2]).

Une difficulté, grave au premier abord, a été opposée à la signification que nous venons d'attribuer au mot *haik* : plutôt que le nom de l'ancêtre, ce serait celui du pays. M. P. Jensen ([3]) voit dans cette interprétation la source de la dénomination ultérieure de *haikh* affectée au pays sans autre changement que l'addition d'une légère aspiration

---

[1]) H. Hübschmann, *Armenische Grammatik*, p. 229 pour les racines comme *pet* empruntées au persan, et p. 463 pour la transformation des racines indo-européennes. — Cf. Fr. Spiegel, *Iranische Altertumskunde*, t. I, p. 732, qui cite dans le même sens Friedr. Müller.

[2]) O. Schrader, *Reallexikon der Indo-germanischen Altertumskunde*, p. 806.

[3]) P. Jensen, *Hittiter und Armenier*, p. 12.

finale ; *hai* viendrait lui-même de *hatio* (l'orthographe de M. Jensen nous laisse ignorer s'il faut dire *hatio*, *hatjo* ou *hatijo*), nom que nous avons transformé en celui de Hittites, et qui serait la corruption ancienne du nom de la province grecque Cataonie citée par Homère sous la forme Κήτειοι (Odyssée, XI, 521). M. Jensen considère les Hittites comme une race déjà arménienne, établie dans le *hati* entre le Taurus et l'Euphrate ; puis, les Arméniens issus des Hittites les auraient chassés, tout en prenant leur nom. L'auteur dont nous rapportons ici l'opinion toute personnelle, cherchant à interpréter les inscriptions hittites découvertes dans l'Asie-Mineure et jusque dans la Syrie méridionale [1], les a lues en arménien ; il y a découvert l'histoire des guerres et des transactions qui eurent lieu entre le peuple auteur de ces inscriptions et les autres peuples dont les écrivains grecs nous racontent les relations avec les Hittites, tels que les Ninivites et les Egyptiens. Il voit dans l'histoire des Haïk (Arméniens) une suite de celle des Hittites, qui seraient eux-mêmes de la famille arménienne, mais qui l'auraient précédée en Asie et qui furent ensuite remplacés par elle en Cappadoce. Il considère ces soi-disant pré-arméniens comme un peuple civilisé, le premier qui se soit servi de l'écriture (ce qui est vrai, du moins en Asie) parmi les Indo-Européens.

Les autres philologues n'ont pas adopté cette opinion singulière.

---

[1] M. G. Perrot, qui a fait l'histoire de ces découvertes en 1886 dans la *Revue des Deux Mondes* (15 juillet), signale comme points extrêmes Hamath au sud (sous Alep), les environs de Smyrne à l'ouest, les ruines de Boghaz-Keuï (près de Ptéria sur la rive droite du Halys) à l'est. Depuis, cette sphère de diffusion a été étendue vers l'est et vers le nord (jusque dans le Pont). Toutefois, s'il est incontestable que l'écriture hittite était répandue au delà du Halys, elle a pu y être empruntée par d'autres peuples. Ainsi les fameuses ruines de Boghaz-Keuï, attribuées aux Hittites par M. G. Perrot, ne présentent pas un caractère hittite assez accentué pour entraîner M. Th. Reinach à la même conclusion. Il en ferait plutôt honneur, ainsi que de celles d'Eyouk (Th. Reinach, *Mithridate Eupator*, p. 19), à une fraction de la grande nation des Matyènes, fraction qui se serait établie dans la boucle du Halys, laissant bien plus à l'est le gros de la famille, entre les lacs de Vân et d'Ourmiah. Ces inductions reposent sur Hérodote (I, 202 etc., cf. Hécatée 189, où il signale l'identité des costumes matyène et paphlagonien), sur Polybe (V, 44), sur Eratosthène (chez Strabon XI, 8, 8), et pour l'émigration de la fraction établie dans la boucle du Halys, sur Hérodote (VII, 72). Néanmoins, faute de preuves décisives, d'autres archéologues considèrent les Hittites non-seulement comme les inspirateurs, mais comme les créateurs des immenses palais et châteaux-forts dont les ruines subsistent à Boghaz-Keuï : tel M. G. Hirschfeld (*Paphlagonische Felsengräber*, 1885 ; *Die Felsenreliefs in Kleinasien und das Volk der Hittiter*, 1887), critiqué par M. Th. Reinach. A ne consulter que les vraisemblances, on ne comprend pourtant guère comment une colonie de Matyènes aurait acquis une telle puissance, tandis que l'empire hittite devait avoir une capitale importante.

On s'accorde à reconnaître que, si l'origine des Hittites est encore obscure, ils n'étaient toujours pas de provenance indo-européenne comme les Arméniens. Cet accord repose sur des indications résumées par l'auteur le plus compétent peut-être en ces matières, M. O. Schrader : « Au sud de la péninsule balkanique et dans les îles de la mer Egée, on admet qu'il y avait, dans la préhistoire, des peuples appartenant à la famille allophyle (étrangère aux Indo-Européens) qui occupait toute l'Asie-Mineure avant les Phrygiens et les Arméniens (et les Hittites sont compris par l'auteur dans cette famille allophyle). Le caractère non indo-germanique (non indo-européen) de ces peuples se déduit, en partie de la tradition antique, en partie de certains mots de leur langage sans connexion avec les langues indo-germaniques, spécialement de la forme du point d'appui que présentent leurs noms de lieu et de personne, en partie enfin de certaines mœurs et coutumes, répandues certainement dès le début sur leur territoire, et qui n'étaient pas indo-germaniques, comme le droit de la mère, la simulation que faisait le mari d'avoir les charges de l'enfantement. » (¹).

D'autre part, il est difficile d'imaginer comment M. Jensen a pu lire l'écriture hittite en arménien. Ce sont des hiéroglyphes dont le déchiffrement est à peine commencé, et qui ne suggèrent point une origine indo-européenne. On a renoncé à voir dans ces idéogrammes une ressemblance quelconque avec les hiéroglyphes égyptiens, mais on les rapproche volontiers de ceux de la Chaldée ; et ce sont eux qui ont fourni plusieurs des éléments de l'alphabet cypriote, cette première ébauche de l'écriture phonétique, que devaient bientôt perfectionner les Phéniciens, puis les Grecs (²). Il y a encore d'autres systèmes d'interprétation des inscriptions hittites, mais aucune n'invoque un air de famille avec l'arménien (³). Le seul moyen d'établir un tel rapprochement serait de démontrer qu'un certain nombre de racines indo-européennes de l'arménien primitif se rencontrent aussi dans le hittite avec leur caractère radical, car si l'on ne trouve que des dérivés, ils peuvent avoir été empruntés. Mais cette démonstration est bien diffi-

---

¹) O. Schrader, *Reallexikon der indo-germ. Altertumsk.*, p. 885.

²) G. Perrot, *loc. cit.*

³) Maspéro, *Hist. anc. des Peuples de l'Or. classiq.* (édition abrégée, Paris 1903, p. 842), signale plusieurs autres systèmes d'interprétation de l'écriture hittite : M. Heath la lit au moyen de l'araméen ; M. Sayce la trouve semblable au syllabaire cypriote ; M. Conder l'assimile aux hiéroglyphes égyptiens. Cette dernière opinion est peu fondée ; la seconde l'est en partie ; la première est aussi hypothétique que celle de M. Jensen. Lire les mêmes signes en araméen et en arménien, il y a là de quoi nous convaincre que le hittite n'est ni l'un ni l'autre.

cile. Il faut attendre que l'on ait dégagé des mots de langage vivant dans ces idéogrammes symboliques ; comme on n'a pas encore réussi à réduire en vocables distincts ces images représentant des objets ou des actions. M. Jensen a dû procéder autrement. Interprétant la pensée cachée sous ces figures encore très voisines des modèles naturels, et prenant pour point de comparaison, non pas les idéogrammes chaldéens que les autres épigraphistes considèrent comme plus ressemblants, mais les hiéroglyphes égyptiens, reconnus pourtant pour plus avancés dans l'évolution alphabétique, il a établi une traduction ingénieuse mais certainement hypothétique, puis il a constaté que cette traduction racontait nombre de faits ou exprimait certains concepts sur l'histoire, la religion, les mœurs, qui tout en étant propres aux Hittites, rappellent différents faits de l'histoire arménienne primitive, telle du moins que nous pouvons l'imaginer, et se rapprochent des croyances ou des usages arméniens tels que nous les connaissons. Il faut l'avouer pour subtil que soit un pareil échafaudage d'inductions, il n'est pas de nature à nous convaincre.

Nous devons donc admettre provisoirement que les Hittites n'étaient pas indo-européens, et, par suite, que les Arméniens leur étaient complètement étrangers, car ceux-ci appartenaient à la grande famille indo-européenne, et nous croyons utile de résumer la démonstration de ce fait, dont les preuves définitives sont récentes et peu connues.

Dans cette recherche, on n'a pu tenir grand compte des traditions arméniennes [1]. Quelle que soit l'origine du nom que se donnent les Haïkanes, puisqu'en toute hypothèse il est postérieur à leur émigration du pays qu'ils occupaient primitivement, mieux vaudrait accepter la dénomination d'Arméniens, que leur attribuent à la fois les anciens Grecs, la tradition européenne et les critiques les plus récents.

---

[1] Les auteurs arméniens sont tous postérieurs au IIIe siècle de notre ère et se sont contentés d'enregistrer les traditions encore vivantes de leur temps. On comprend de combien de légendes elles devaient travestir la vérité, ayant passé de bouche en bouche depuis tant de siècles. L'écriture ne fut connue des Arméniens qu'après l'invention de l'alphabet, copié sur le grec par les premiers historiens. Le plus ancien et le principal de ceux-ci est Moïse de Khorène, dont nous aurons à discuter la valeur et l'identité. Lorsque nous pourrons nous appuyer sur son autorité, nos références et citations de son Histoire se rapporteront à la petite édition arménienne de 1827, publiée à Venise par les Méchitaristes et reproduisant simplement le texte des manuscrits, dont le plus ancien ne remonte qu'à l'an 1303 de notre ère. Nul changement dans les éditions ultérieures. Heureusement, depuis quelques années, un certain nombre d'Arméniens se sont mis à l'école de l'Allemagne pour poursuivre scientifiquement la critique de leurs écrivains classiques.

se référant à l'origine de ce peuple, qui ignorait lui-même sa provenance.

Hérodote est le premier parmi les Grecs à en parler. D'après lui, la souche des Arméniens est phrygienne : « Les Phrygiens, dit-il, alliés à Xerxès, avaient un armement semblable à celui des Paphlagoniens. Une tradition macédonienne affirme que les Phrygiens se trouvaient d'abord en Europe, dans le voisinage de la Macédoine. A ce moment, ils se nommaient Brig. Les Arméniens, descendants des Phrygiens, étaient armés comme eux. Le général commun aux uns et aux autres était le gendre de Darius nommé Artochmès. » (¹) Ailleurs, le même auteur précise davantage : le peuple nommé Brig, « pendant qu'il habitait avec les Macédoniens, changea son nom en celui de Phrygiens en passant en Asie ἅμα τῇ χώρῃ. Quant aux Arméniens, ils venaient du même pays que les Phrygiens Ἀρμένιοι δὲ ... ἐόντες Φρυγῶν ἄποικοι, et ils les suivirent » (²).

Eudoxe (³) affirme également que les Arméniens étaient de race phrygienne : Ἀρμένιοι τὸ γένος ἐκ Φρυγίας ; et il constate qu'ils ont dans leur langue beaucoup de « phrygismes » : καί τῇ φωνῇ πολλὰ φρυγίζουσιν. Denys d'Halicarnasse les dit également possesseurs d'un langage semblable à celui des Phrygiens, ὁμόγλωσσοι.

Strabon (⁴) confirme le témoignage d'Hérodote et remonte plus loin : il fait venir les Arméniens directement de la Thessalie. « Armèn, dit-il, natif d'Arménion, ville de Thessalie, qui se trouve entre Larisse et Phérée, sur le lac de Bôbée, navigua en compagnie de Jason vers le pays qui fut appelé ensuite Arménie d'après le nom d'Armèn.... On dit aussi que le vêtement des Arméniens est thessalien : par exemple, leur grande tunique descendant jusqu'aux genoux et dont on fait montre dans les tragédies thessaliennes ... Ils ont une prédilection pour l'art de l'équitation, qui doit venir de la Thessalie ; il en est de même pour les Mèdes ». Il ajoute qu'Armèn donna le nom d'Araxe au grand affluent du Kouros, parce que l'Araxe semble se précipiter des montagnes (ἀπαράξαι) : c'était en souvenir du Pénée qu'il avait quitté et qui s'écoule de la même manière dans la vallée de Tempé, entre l'Olympe et l'Ossa.

Le vieux Strabon, si exact quand il le veut, souriait peut-être en écrivant ces lignes. Croyait-il à la légende des Argonautes ? Ignorait-il

---

¹) Hérodote, *Histoires*, l. VII, 73. — ²) id., l. ibid.

³) Eudoxe l'Ancien, 408—355 av. J.-C., apud. Etienne de Byzance, Ἀρμενία. — Cf. apud. Eustath., sur Dyonis., v, 694.

⁴) Strabon, XI, 14, n° 12. — Sur les Arméniens colons phrygiens : Hérodote, VII, 73 ; Eudoxe, apud Eustath., sur Denys, ibid. 694 (*Geog. min.*, II, 341).

la tradition qui rattachait les Arméniens aux Phrygiens, et les faisait, par suite, pérégriner pendant des siècles à travers l'Asie-Mineure, avant d'atteindre l'Araxe ? Attachait-il vraiment quelque importance à de puérils rapprochements de vêtements et de mots ? On sait d'ailleurs combien il faut se défier des anciens historiens quand ils s'abandonnent à leurs souvenirs mythologiques. Ainsi le grave Tacite nous raconte (¹) que les Géorgiens et les Albanes du Caucase descendent aussi de Jason, qui eut de Médée plusieurs fils en Colchide. Or, si l'on ignore encore l'origine de ces deux peuples, l'anthropologie et la philologie sont du moins arrivées à la conclusion qu'ils ne sont pas indo-européens. On aurait tort d'en déduire par assimilation que les Arméniens ne le sont pas non plus : Strabon est fautif simplement pour avoir appliqué une légende aux relations plus véridiques des autres auteurs. Tous, à vrai dire, ne font que transcrire une tradition populaire, mais qui doit avoir un fondement.

Toujours est-il que l'ensemble de ces témoignages grecs nous amène à nous poser deux problèmes bien plus importants que celui de choisir entre le nom d' *Ἀρμένιοι* et celui de *haikazèn*.

Avant tout, la tradition qui faisait venir les Arméniens de la Thessalie, soit directement, soit par l'intermédiaire des Phrygiens, doit-elle nous faire soupçonner qu'ils appartinssent à cette grande famille indo-européenne, dont l'habitat primitif est fixé par tous les savants actuels au nord-ouest de la mer Noire ? (²) — Pour comprendre l'intérêt de cette question, il suffit de se rappeler que jusqu'à ces dernières années on ne savait où classer les Arméniens, et que les hypothèses les plus fantaisistes ont répandu des idées absolument erronées.

En second lieu, si les Arméniens sont de souche indo-européenne, sont-il venus directement d'Europe — et par quel chemin —, en quit-

---

[1] Tacite, *Annales*, VI, 34.

[2] On trouvera les preuves de l'existence d'un peuple primitif qui a donné naissance aux diverses races indo-européennes, dans O. Schrader, *op. cit.*, pp. 878 sqq. (article: *Urheimat der Indogermanen*). Il nous suffira de rappeler ici que les Indo-Européens d'Europe sont : les Celtes, les Germains, les Grecs, les Latins (tandis que les Ibères, dans le sud de la France et l'Espagne, et les Ligures, dans le sud-est de la France et le nord de l'Italie, sont d'une origine différente, encore inconnue) ; puis, toujours en Europe, les Thraces, les Slavo-Lithuaniens et les Illyro-Albanais (tandis que les Finnois et les Scandinaves, les Normands, les Pictes et les Hongrois sont venus d'ailleurs) ; — les Indo-Européens d'Asie sont : les Hindous, les Iraniens, les Phrygiens et les Arméniens ; — nous admettons provisoirement la distinction de ces derniers avec les deux précédents, quitte à en donner les preuves plus loin — (tandis que, parmi les autres races des mêmes régions, les Géorgiens, les Sémites, les Turcomans ne sont pas venus d'Europe.)

tant le siège du peuple primitif qui les engendra avec tous leurs frères ? — ou bien se sont-ils détachés d'une branche de ce peuple déjà transportée ailleurs? On l'a vu, Strabon admettait la première hypothèse tandis qu'Hérodote et Eudoxe nous offrent la seconde solution. Le premier pas de la science moderne fut aussi de faire des Arméniens un dérivé secondaire de la famille indo-européenne, en les rattachant, soit aux Iraniens de l'est, soit aux Phrygiens de l'ouest.

Nous croyons que, d'ores et déjà, on peut affirmer en toute certitude que les Arméniens appartiennent à la famille indo-européenne, qu'ils sont venus directement de la Macédoine en Asie-Mineure, sans passer pas aucun intermédiaire ethnique, et il nous semble nécessaire de résumer les principales preuves de ces faits.

II

Jusqu'à présent, l'anthropologie ne nous a rien révélé de décisif sur la famille à laquelle appartiennent les Arméniens. Deux savants ont seulement hasardé une hypothèse. M. Virchow [1] a cru voir une grande ressemblance entre les crânes des anciens Phrygiens trouvés à Boghaz-Keuï et les crânes des Arméniens modernes. Nous ignorons cependant jusqu'à quel point on peut, tout d'abord, être sûr que les débris humains découverts à Boghaz-Keuï sont phrygiens : les ruines de ce site ne peuvent être attribuées, nous l'avons vu, qu'aux Hittites, ou tout au plus aux Matyènes : ni les uns ni les autres n'avaient aucun rapport avec les Phrygiens, et l'histoire n'a pas conservé, à notre connaissance, la moindre trace d'un établissement des Phrygiens en ce lieu. M. Kretschmer, considérant ce fait comme établi, y voit une confirmation de la parenté des Phrygiens et Arméniens [2].

Sans dédaigner les autres sciences et particulièrement l'anthropologie, la linguistique a prouvé par ses propres moyens que les Arméniens primitifs, et non pas tous les Arméniens de l'histoire, fort mélangés comme nous le verrons, sont d'origine indo-européenne. Elle a tellement bien suffi à cette tâche que la presque totalité des arménisants n'élèvent plus aucun doute à ce sujet. Cependant, la démonstration du fait étant récente, et se trouvant éparse en de nombreux ouvrages, il nous paraît utile d'en rassembler ici les principaux éléments. Elle repose sur l'identité des racines des mots essentiels.

---

[1] Virchow, dans *Verhandlungen der Berliner anthropol. Gesellsch.*, 1896, p. 126.
[2] P. Kretschmer, *Einleitung in die Gesch. der griech. Sprache*, 1896, p. 172.

Nous appelons Indo-Européen le peuple primitif que les Allemands sont convenus d'appeler Indo-Germanique par une étrange erreur de classification où se mélangent un genre et une espèce. Moins logiques encore, les Anglais persistent à dénommer Aryen ce peuple qui habitait au sud de la Russie, tandis que les Hindous ont pris le nom d'Aryens après avoir franchi l'Himalaya ([1]).

Peu importe le nom. Avant que les huit groupes dont nous avons rappelé l'énumération (p. 18, note 2) ne se fussent constitués et dispersés, deux tendances linguistiques s'étaient manifestées au sein du peuple unique qui leur donnait naissance. Ce fractionnement dans la prononciation devait être nettement localisé à la droite et à la gauche de la population : il devait même correspondre à un commencement de différenciation ethnologique et d'aspirations sociales ; car, une fois ensuite les huit groupes dispersés, nous les trouvons réunis, sauf de rares exceptions, dans les mêmes sphères d'Europe ou d'Asie, et conservant, entre ces deux sphères, les divergences essentielles de langage qu'ils avaient ébauchées avant de se séparer. La principale de ces particularités phoniques consiste dans la double transformation subie par la consonne plosive vélaire Q ou palatale K. Dans la moitié occidentale du peuple primitif on la modifia légèrement en la rendant plus « mouillée », phonétiquement plus « avancée » ; dans la moitié orientale, cette articulation alla jusqu'au bout de son évolution naturelle et devint dès l'abord une sifflante, sans doute produite par la face dorsale de la langue, et non par la pointe, comme l'est notre s. Représentons donc le k « mouillé » par C, et le s « épais » par S. En appliquant cette double variation, par exemple, au mot adopté pour exprimer le chiffre 100, à l'ouest du peuple primitif on prononçait *Cêntum*, à l'est *Satàm*. Cette différence se retrouve dans les deux grandes divisions des huit groupes dispersés : les peuples *Cêntum* sont groupés en Europe jusqu'au milieu de la Russie, ce sont les Grecs, les Italiens, les Celtes et les Germains ; les peuples-*Satàm* depuis la Russie orientale jusqu'au sud de l'Asie, ce sont les Phrygiens, les Arméniens, les Iraniens, les Hindous, auxquels il faut ajouter les Thraces et les Illyro-Albanais, qui seuls se trouvent aujourd'hui mélangés au premier groupe (on sait que les Slaves et les Lithuaniens ne l'étaient pas autrefois, et que leur déplacement vers l'ouest, d'ailleurs moins sensible, est relativement récent). C'est un des grands triomphes de la philologie d'avoir découvert les ressemblances fondamentales

---

[1] A. Fick, *Vergleichendes Wörterbuch der Indo-Germanischen Sprachen*, 5ᵉ édit., I. Introduction.

de ces huit catégories linguistiques, et d'en avoir conclu, avec une certitude qui paraît bien éprouvée, à leur conjonction primordiale en une seule langue, et, par suite, en un seul peuple (¹). D'ailleurs, l'histoire, la géographie et l'anthropologie confirment cette déduction. Avant de se scinder, la nation mère de tous les Indo-Européens occupait, non pas les plateaux de l'Iran, comme l'affirmait l'antique tradition, et comme on le croyait encore il y a peu d'années, mais les vallées du Dniéper et du Volga, en s'étendant le long des côtes de la mer Noire jusqu'aux approches des monts Karpathes (²). C'est de là que les Hindous et les Iraniens ont émigré en Asie par le Caucase ou le Turkestan, puis les Phrygiens par la mer Egée ou le Bosphore : nul n'en doute plus ; mais il nous faudra montrer que les Arméniens ont suivi la même route que les Phrygiens, sans être issus de ces derniers.

C'est encore l'étude du langage qui a permis de reconnaître que le point d'irradiation fut le sol des « Terres Noires », fameuses par leur fertilité, sur lesquelles reposent la Russie méridionale et la Bessarabie. En effet, cette masse humaine, mère commune des huit familles précitées, ne possédait dans son idiome aucun des noms d'animaux que l'histoire de la zoologie reconnaît comme originaires de l'Asie, ce qui n'aurait pas manqué d'arriver si le point de dispersion avait été dans le voisinage de l'Iran. On s'en est rendu compte en observant que les huit espèces de langues des peuples dispersés possèdent, pour désigner les animaux des régions où ils habitent, des noms différents, à moins que ces animaux ne fussent primitivement répandus au nord de la mer Noire. Ainsi, sept de ces peuples manquent d'un mot commun pour désigner le chameau et l'âne, originaires d'Asie (³). Au contraire, l'absence de terme commun dans les huit idiomes pour désigner le tigre et le lion ne prouve rien, car on n'est pas sûr que le peuple primitif n'ait pas possédé de noms pour ces animaux et ne les ait oubliés s'ils ont disparu de son territoire, rien ne prouvant que le tigre et le lion fussent alors absents de la Russie comme l'étaient certainement l'âne et le chameau. On avait cru aussi que l'ours, dont le nom est connu du peuple primitif, n'avait jamais habité la Russie, mais on a reconnu depuis que c'est là une erreur (³bis). Par les mêmes moyens, on a découvert que la nation mère connaissait seulement deux saisons de l'année, l'été et l'hiver, l'un

---

¹) K. Brughmann, *Vergl. Gramm. der Indo-Ger. Sprachen*, t. I., pp. 4—12.

²) O. Schrader, *Sprachvergleich. und Urgesch.*, 2ᵉ édit., pp. 386 et 387 ; — *Reallex. der Indo-Germ. Altertumsk.*, pp. 878—902. On ne croit pas pouvoir reporter au delà de trois mille ans av. J.-C. la séparation des peuples indo-européens : id. *Reallex.*, p. 884.

³) O. Schrader, *Sprachvergl.* etc., ibid. — ³bis) id. *Reallexikon.*, p. 895, et p. 900.

et l'autre caractérisés par une température bien accentuée, sans autre saison intermédiaire. Les langues des huit peuples dérivés possèdent des mots semblables pour désigner l'été et l'hiver ([1]). Au contraire, les Asiatiques d'origine ne possèdent pas les mêmes termes pour ces deux saisons, c'est seulement à la suite de leur extension divergente que les huit branches du tronc indo-européen se sont avisées de créer des termes particuliers à chacune d'elles pour baptiser le printemps et l'automne propres à leur pays d'adoption, sans que l'expression inventée par l'une ait aucun rapport avec celle qu'imaginèrent les autres([2]). Les Indo-Européens ne sont donc pas originaires du plateau de l'Iran, où les saisons intermédiaires sont assez nettement accentuées. On ne peut tirer aucune conclusion du fait que les peuples indo-européens possèdent des mots communs pour désigner la mer et les montagnes, car il y en a partout en Europe et en Asie ([3]). Mais il n'en est pas de même pour les mots signifiant l'idée de fleuve. Les notions du peuple primitif concernant les fleuves étaient si nombreuses qu'on doit les rapporter à un pays de grandes plaines bien arrosées et non pas à un plateau comme celui de l'Iran : si ces monts peu favorisés par l'irrigation avaient servi de point de départ aux huit groupes indo-européens, on ne retrouverait pas chez eux tous des idées exprimées de la même manière à ce sujet ([4]). Non moins démonstrative est la similitude des termes qu'ils emploient pour la faune et la flore. Ils ne possèdent que trois noms d'arbres de racine identique : ceux du bouleau, du saule et du peuplier. Au contraire, les membres de cette grande famille qui s'étendirent ultérieurement sur les Karpathes et autour de l'embouchure du Danube (fraction des Européens) connaissaient beaucoup d'autres arbres, qu'ils désignèrent par des noms différents de ceux qu'attribuèrent aux mêmes végétaux les membres émigrés dans l'Iran ([5]).

D'où il résulte que la nation mère n'habitait ni sur l'une ni sur l'autre de ces deux montagnes, mais dans un pays de plaines. De même, une population originaire de hauts plateaux n'aurait pu fournir aux divers langages de ses descendants des racines formant des dérivés similaires pour désigner les animaux qu'elle ne connaissait pas, ou les

---

[1]) O. Schrader, *Sprachvergl.* etc., *ibid.* : H. Hübschmann, *op. cit.*, p. 470.
[2]) O. Schrader, *Sprachvergl.*, p. 436.
[3]) O. Schrader, *Reallexikon* etc., p. 895.
[4]) O. Schrader, *Sprachvergl.* etc., pp. 633 et 636.
[5]) O. Schrader, *Sprachvergl.* etc., pp. 393, 394 et 637. Le hêtre ne possède de dénomination commune que chez trois peuples-*centum* (européens) : or, on a découvert que cet arbre n'existait que dans l'Europe occidentale, jusqu'à une ligne allant de Kœnigsberg à la Crimée : O. Schrader, *Reallexikon*, p. 896.

produits de ces animaux dont elle ne faisait pas usage. C'est ce qui a lieu pour le miel et la boisson, qu'en faisait la nation mère indo-européenne. Cette boisson, le «met», est, ainsi que le miel, inconnue à l'origine dans les vallées de l'Oxus et du Yaxartes, ainsi qu'à l'est de l'Oural, car M. Th. Köppen a montré que ces pays ne se trouvent pas dans la première sphère d'extension de l'abeille(1). On compte quarante-cinq noms d'autres animaux communs aux huit langues indo-européennes, mais comme leur habitat primitif n'est pas encore délimité, on ne peut rien en déduire. Ces diverses observations linguistiques s'appliquent à la langue arménienne, et l'on en doit conclure que, les Arméniens possédant les termes caractéristiques propres aux diverses fractions du peuple indo-européen, ils les ont conservés depuis qu'ils étaient unis à ce peuple, sans les avoir empruntés à l'une de ses fractions ou à des peuples différents.

L'anthropologie a démontré qu'il n'existe aucune «race» proprement dite dont les caractères soient communs aux peuples indo-européens. On avait prétendu en conclure que ces peuples n'ont pas la même origine. Mais des savants impartiaux, comme MM. O. Schrader et F. Ratzel, estiment absolument nul cet argument, car les questions de race se rapportent à une époque infiniment plus éloignée que celle où l'on considère comme existant le peuple souche des Indo-Européens (2). Beaucoup de véritables races se sont croisées en tous sens auparavant. Le peuple indo-européen est un mélange qui s'est constitué une langue à part, sans doute sous l'influence de son travail sédentaire. En tout cas, on reconnaît que le crâne, qui joue un si grande rôle en anthropologie, était différencié chez les Indo-Européens dès l'origine(3).

---

1) O. Schrader, *Reallexikon* etc., p. 895.
2) O. Schrader, *Reallexikon* etc., p. 896.
3) O. Schrader, *Reallexikon*, p. 897. Une fois admis ce fait fondamental de la communauté d'origine entre les peuples dits indo-européens, on a opposé diverses objections à leur provenance européenne. Plus un peuple reste près de sa primitive patrie, observe-t-on avec raison, moins son langage subit d'altérations sous l'influence des peuples différents qu'il rencontre au dehors. Et l'on prétendait que les Hindous et les Iraniens possèdent dans leurs anciens idiomes les plus anciennes formes de la langue commune, soi-disant indo-européenne. C'était donc près de l'Iran qu'il faudrait chercher le siège de la nation mère. Mais des chercheurs mieux au courant nient le fait allégué : M. Streitberg, par exemple, constate qu'une des particularités fondamentales du système vocalique indo-européen, la différence entre l'accent aigu et l'accent grave, existe encore en lithuanien, langue qui dans sa forme présente remonte à l'antiquité sans avoir subi les profondes modifications de toutes les autres ; par contre, il ne trouve la même distinction que dans les plus anciennes parties du plus vieux livre hindou, le Rig-Véda. Il en conclut que le siège de la nation mère indo-européenne était voisin de la Lithuanie.

Le peuple primitif indo-européen était d'abord éleveur de bestiaux, car les groupes ariens et les groupes européens des nations issues de ce peuple possèdent en commun une grande partie des noms d'animaux domestiques. Au contraire, seuls les Européens, et, en Asie, les Phrygiens et les Arméniens, possèdent en commun les termes d'agriculture ([1]) : ce second groupe est donc devenu cultivateur avant de se fractionner, et ce fait nous induit à deux nouvelles conclusions. D'abord, il est probable que les Européens, conjointement avec les Phrygiens et les Arméniens (c'est-à-dire les peuples Cêntum), sont restés plus longtemps réunis que les Iraniens et les Aryens (peuples Satâms), parce que les sciences sociales ont toujours constaté que l'agriculture est le dernier stade de l'évolution économique. En second lieu, nous trouvons là un indice de la provenance directe des Arméniens. Jusqu'à présent, nous les avons vus constamment associés aux considérations générales qui démontrent l'existence et fixent la patrie d'un peuple primitif, souche commune de tous les peuples indo-européens : nous avons constaté que les Arméniens en font partie ; maintenant nous venons de supposer que le genre de travail auquel ils étaient adonnés permettrait de les faire sortir de ce peuple et de ce pays. C'est ce qu'il nous reste à préciser en montrant que les Arméniens ne sont pas dérivés d'une autre branche indo-européenne surgie avant eux au sein du peuple primitif, encore moins de quelque autre transplantée avant eux en Asie.

« Comme *nous le savons*, dit M. O. Schrader ([2]), les Phrygiens et les Arméniens se sont séparés les premiers des Thraces, qui étaient établis sur la rive occidentale de la mer Noire, jusqu'au delà du Danube vers le nord, et étroitement apparentés aux Illyro-Albanais ». D'où il résulterait que les liens de sang existant incontestablement entre les Phrygiens et les Arméniens ne sont pas postérieurs à leur migration en Asie : en d'autres termes, les Arméniens ne seraient pas un simple rameau des Phrygiens poussé sur la terre étrangère, mais une branche parallèle déjà apparue sur la souche commune en Europe.

Nous sommes ici en face de trois problèmes étroitement connexes, mais qu'il importe de ne pas confondre : 1º Les Arméniens sont-ils nés dans la patrie primitive du peuple dit indo-européen ? 2º Y sont-ils nés des Phrygiens dont ils seraient les fils ? 3º Y sont-ils nés directement d'ancêtres communs, de façon à n'être, pour ainsi dire, que les frères ou les cousins des Phrygiens ? — Sans doute, il ne sera

---

[1] O. Schrader, *Reallexikon* etc., p. 914 (dans l'article *Viezucht*).
[2] O. Schrader, *op. cit.* 883.

jamais possible, tant que l'on ne pourra étudier que la langue de ces peuples, d'en tirer des conclusions certaines, du moins à l'égard des deux dernières questions. Pourtant, une étude minutieuse des racines vocaliques a déjà fourni des indices qui nous permettent d'entrevoir quelques solutions.

Nous pouvons, en effet, admettre dores et déjà que les Arméniens sont nés dans la patrie primitive des Indo-Européens, et qu'ils sont apparentés aux Phrygiens, sans en être issus, si nous nous en rapportons aux conclusions d'un arménisant des plus autorisés, M. Meillet ([1]). Il constate que l'arménien est un rameau isolé, qui n'a même point produit d'innovations importantes de même caractère que les innovations présentées par toute autre langue d'origine également indo-européenne. L'arménien s'est, en outre, développé d'une façon compacte, sans se diviser en dialectes nettement différenciés, du moins jusqu'au Ve siècle de notre ère ([2]) : c'est là un phénomène fort rare, d'où nous pourrions conclure que les Arméniens ne s'étaient pas encore dispersés comme ils l'ont fait depuis. M. Meillet reconnaît, à vrai dire, que dès le VIe ou le VIIe siècle avant J.-C., cette langue a fait de nombreux emprunts à une autre de source différente, car une grande quantité de mots arméniens ne peuvent tirer leur dérivation des racines indo-européennes ([3]). Il pense que ces mots proviennent de la langue des « anciens habitants du pays » (au VIIe siècle avant notre ère, c'étaient principalement les Khalds, dont il sera question plus bas) ; des indices importants lui permettent d'estimer que l'arménien classique a été constitué définitivement dans les environs du lac de Vân (occupés par les Khalds) ([4]).

A ce propos, nous devons observer qu'en cherchant à établir l'origine d'un peuple d'après sa langue, on ne peut tirer de conclusions que des éléments tout à fait primitifs, et non des emprunts ultérieurs.

---

[1]) *Esquisse d'une Gramm. comparée de l'Armén. classiq.*, Vienne, 1903, Introd.

[2]) Cependant cette affirmation ne concorde pas avec les données générales d'où résulte qu'aucune langue n'a jamais existé sans dialectes. Tout ce que l'on peut affirmer, c'est que nous ne connaissons pas encore de dialectes arméniens antérieurs au Ve siècle de notre ère.

[3]) Mais chaque année les progrès de la phonétique augmentent le nombre des mots arméniens dont la racine apparaît comme indo-européenne. M. Meillet lui-même en découvre, ainsi que MM. Petersen, Bougghé etc. Il ne faut donc pas se hâter de considérer comme prépondérante la part des emprunts faits par l'arménien à des sources différentes.

[4]) En particulier, « c'est dans les parlers des régions voisines du lac de Vân qu'est conservé l'emploi de z devant l'accusatif qui joue un si grand rôle en arménien classique », *ibid.*

Ce principe si évident semble pourtant avoir été négligé par plusieurs auteurs qui, observant dans l'arménien un grand nombre de termes iraniens, hittites, géorgiens, khalds et sémitiques, ont tendance à en déduire prématurément une parenté ethnique avec les peuples auxquels l'arménien emprunta sur le tard ces formes étrangères. Plus prudent, M. Meillet attribue seulement à l'arménien antérieur à notre ère, mais non à l'arménien fondamental, les ressemblances frappantes qu'il trouve entre cet idiome et ceux des peuples caucasiens ([1]). De ces considérations on ne saurait tirer la conclusion que la race arménienne serait de provenance caucasienne, car, ajoute-t-il, les Perses, qui sont assurément indo-européens, ont subi une influence linguistique encore plus décisive de la part des habitants primitifs ([2]). Au reste, on a essayé de pousser plus loin qu'il ne convient l'assimilation entre certains éléments de l'arménien et les formes propres à la langue géorgienne. M. Meillet pense que la complexité des cas de la déclinaison géorgienne a pu agir sur l'arménien pour y maintenir le même phénomène ; mais elle s'est maintenue sans secours étranger dans la plupart des autres langues. De même, il est vrai que le développement phonétique ([3]) est semblable en arménien et en géorgien ; toutefois on constate des ressemblances de ce genre absolument fortuites, par exemple entre l'arménien et le sanscrit ([4]). Ce ne sont là, en tous cas, que des rapprochements étrangers à la question d'origine. Un autre linguiste a prétendu remonter plus haut : Sans nier le fond primitif indo-européen de l'arménien, M. Marr([5]) s'applique à démontrer qu'une source non moins importante de l'arménien a été la langue des Khalds, alors établis entre le Taurus et l'Ararat, et qu'il croit, au point de vue linguistique, appartenir à la famille géorgienne. Il trouve un rapport très intime entre cette langue des Khalds et le plus ancien idiome arménien que nous connaissions, celui des inscrip-

---

[1] Un fait qu'il signale comme des plus remarquables, c'est qu'à l'exemple des langues du Caucase (sans doute le géorgien spécialement), l'arménien a éliminé toute trace de genre grammatical, *ibid*.

[2] « Le persan n'a plus ni déclinaison ni genre ; or la langue des inscriptions achéménides du second système qui a disparu, remplacée par l'iranien, n'a ni déclinaison ni genre », *ibid*.

[3] Meillet, *Ibid*.

[4] Il est vrai que ces deux langues sont de même origine, tandis que le géorgien n'est pas indo-européen. Mais qui prouve que ce n'est pas le géorgien qui aurait emprunté son système phonétique à l'arménien ?

[5] Marr. *Gramm. de l'anc. armén.* en russe, St-Pétersbourg 1903, 1ᵉʳ vol., partie étymolog., préf.

tions découvertes autour du lac de Vân, lesquelles seraient un vestige d'un parler antérieur. Il conjecture que ce vieil arménien doit remonter avant l'apparition des Aryens, et être par conséquent exempt de toute influence des langues indo-européennes ambiantes. Ce facteur caucasique lui apparaît comme aussi essentiel que l'autre. Il assure l'avoir dégagé en étudiant les relations qu'il découvre entre le géorgien (et, par suite, le khald et l'arménien) et les langues sémitiques, dont le géorgien serait issu. De cette façon, l'arménien lui-même serait fortement imbu d'éléments sémitiques : c'est ce travail préliminaire qui l'a conduit à constater la parenté de l'arménien avec le géorgien par l'intermédiaire du khald. Cependant, les études auxquelles M. Marr fait ici allusion ne sont pas encore publiées. Il annonce la découverte de nombreux faits qu'il n'a pu exposer dans sa *Grammaire*. On est pourtant fondé à croire qu'il a dû choisir, pour les insérer dans celle-ci, à titre d'exemples, ceux qui lui ont paru les plus suggestifs. Or, quand on les étudie, il est impossible de partager sa conviction (¹). Est-il d'abord démontré dans cette *Grammaire* que les inscriptions des environs du lac de Vân, attribuées à un idiome arménien, présentent un caractère khaldiaque, et ensuite qu'ainsi interprétées elles se rapprochent du géorgien, de façon que cet élément khaldo-géorgien serait devenu l'une des parties essentielles de l'arménien définitif? Le premier de ces postulats reste encore à établir, et le second est encore plus obscur. Rien dans la *Grammaire* en question n'est apporté en confirmation de la prétendue similitude entre l'arménien et le khald. Les textes lapidaires des environs du lac de Vân sont encore loin d'avoir été déchiffrés avec une parfaite certitude. Quand ils le seront, on pourra y chercher des formes originelles des termes arméniens pour savoir s'il y en a qui sont de provenance khald, et établir une comparaison semblable entre le khald et le géorgien pour savoir si ces termes arméniens se retrouvent dans le géorgien. M. Marr considère ces conditions comme données, et, voulant prouver que dès le début de sa formation la langue arménienne a

---

¹) V. pp. 55, 145, 153, 157, 158, 222, 265, 294. Voici quelques exemples montrant bien la fragilité de tels rapprochements. Le mot ântsən en arménien signifie *âme* (personne); l'expression arménienne ânstâmp-ântsîn traduit l'idée de *pour soi-même* (mot à mot : pour son âme); de même le géorgien thavi, *tête*, sert aussi à faire un pronom réfléchi, et ce phénomène se rencontre souvent dans les langues sémitiques (p. 53). L'arménien gəlxovîn, *lui-même*, vient de gəlux, *tête*, de même qu'en géorgien, thavadi, *lui-même*, vient de thavi, *tête* (p. 55). De telles coïncidences psychologiques sont fréquentes entre les races les plus complètement étrangères l'une à l'autre.

beaucoup emprunté aux Khalds, il regarde ceux-ci comme inspirateurs linguistiques des Arméniens (d'où, sans doute, comme leurs affiliés ethnologiques), en même temps qu'il en fait les ancêtres des Géorgiens (¹). Ce sont là autant d'hypothèses gratuites. — Il ne serait pas moins téméraire d'affirmer une relation d'origine entre les Arméniens et les Iraniens sous prétexte que les premiers possèdent beaucoup de vocables empruntés aux seconds. M. Meillet a soin d'éviter cette conséquence hâtive, sachant combien doit être relativement récente la date à laquelle l'emprunt s'est effectué. De l'an 66 à 387 de notre ère, l'Arménie fut gouvernée par une dynastie arsacide, mais il ne semble pas que les nobles Parthes qui avaient dû suivre le premier roi Arsacide Tiridate (Trdat) aient supplanté les princes arméniens héréditairement placés à la tête des provinces et chargés des fonctions publiques, car les historiens arméniens ne mentionnent pas plus de noms parthes dans l'aristocratie du temps des Arsacides. « La date de ces emprunts est indiquée par leur forme, qui n'est pas celle du vieux perse, mais celle d'un pehlvi très archaïque » : aussi, bien avant les Arsacides, dès le début de la conquête persane, des éléments iraniens commencèrent-ils à s'infiltrer dans l'Arménie conquise, et nous verrons souvent la langue de celle-ci émaillée de noms et de locutions. aussi bien que d'idées et de pratiques religieuses provenant des vainqueurs.

Aussi, loin de tendre à rattacher les Arméniens aux Géorgiens, toute la *Grammaire* de M. Millet s'applique-t-elle à faire ressortir les nombreux vestiges de la paternité indo-européenne. On y voit, à vrai dire, que « le nombre des groupes de mots arméniens que l'on peut avec quelque vraisemblance considérer comme étant d'origine indo-européenne, ne va pas à quatre centaines » ; qu'importe, si ces mots sont les plus essentiels à un peuple encore sauvage et sans doute pauvre d'idées (²)? Par contre, la morphologie de l'arménien, non moins importante que le vocabulaire, a suivi l'orientation générale des langues indo-européennes. Ainsi, dans la déclinaison, par « la flexion des

---

¹) Telle est du moins la conclusion qui ressort de ses dissertations. M. Marr dit seulement que les Khalds sont apparentés avec les Géorgiens, en des termes qui supposent une provenance de l'un à l'autre. Auquel des deux attribuer la paternité? Aux Khalds, si nous consultons l'ordre chronologique dans lequel ces deux peuples apparaissent à l'historien : les Khalds sont pour lui les plus anciens. M. Maspéro (op. cit., édition abrégée, p. 449) dit seulement que les Khalds et les Géorgiens étaient « vraisemblablement affiliés », sans préciser quel était le fils.

²) Il est vrai que parmi les exemples cités M. Meillet donne comme certain le fait

substantifs thèmes en — n — » (*op. cit.*, conclusion), par la conservation des formes propres que possédaient, dans leurs déclinaisons spéciales, les « démonstratifs, interrogatifs, indéfinis, etc... » en indo-européen (p. 60); par la conservation des cas indo-européens avec leur sens et l'addition d'une prépostion pour le sens local (p. 67); de même dans les conjugaisons, par le « remarquable parallélisme » que l'arménien a suivi avec le grec et le latin, après la dispersion, réduisant la complexité des temps anciens à deux termes essentiels, le présent μένω, *maneo* et l'aoriste ἔμεινα, *mansi*, en arménien m n a m et m n a-TS i (p. 75); par la provenance indo-européenne de l'« aoriste radical » (p. 84) et du subjonctif (p. 92) arméniens, sans compter nombre d'autres détails analogues (¹).

De cet ensemble de faits, que vient rompre seulement le système phonétique, emprunté plus tard à des langues différentes, résulte que l'arménien est d'origine indo-européenne, et qu'il ne dérive ni du hittite, ni du khald, ni du géorgien, ni d'une langue sémitique. De plus, ils permettent déjà de soupçonner qu'il fut détaché directement de l'idiome unique parlé par le peuple indo-européen avant sa différenciation en huit familles. Nous ne pouvons encore savoir positivement s'il en est ainsi, mais on doit éliminer les deux hypothèses qui ont pu être proposées : l'arménien proviendrait, soit du phrygien, soit de l'iranien. La première ne repose sur aucun fondement, puisque la langue des Phry-

---

que les Indo-Européens n'auraient pas de terme pour désigner « les membres de la famille de la femme » ; or, les Arméniens en possèdent un, du moins à un certain point de vue : c'est la racine indo-europénne *kheni*, « belle-sœur » (H. Hübschmann, *Armen. Gram.*, t. I, p. 5o3). Du reste, la pauvreté des idiomes indo-européens ou soi-disant tels ne prouve pas qu'ils ne le soient point, car l'indo-iranien, qui l'est certainement, se montre sur certains points moins riche que l'arménien dans ses racines indo-européennes : par exemple, dans l'absence des racines des mots désignant le *sel* et le *labourage* (Meillet, *op. cit.*, ch. VI).

¹) Une similitude suggestive consiste en ce que « le pluriel indiquait souvent en indo-européen un objet unique composé de plusieurs parties, et l'arménien a conservé cette particularité : le pluriel *eresk* (visage) désigne un objet unique, de même que homér. πρόσωπα » (p. 66). D'autre part, « la structure de la phrase arménienne ne diffère pas essentiellement de ce qu'on observe dans les autres langues indo-européennes : l'Evangile a pu être traduit du grec littéralement, avec maintien presque absolu de l'ordre des mots du texte grec » (p. 1o3); « dès les plus anciens textes, l'arménien présente un système de propositions subordonnées très complet et très varié, et la traduction des phrases grecques ne présente à ce point de vue aucune difficulté grave » (p. 1o7).

giens, comme l'observe M. Meillet (¹), nous est presque complètement inconnue. Il en conclut que la philologie ne peut confirmer la tradition hellénique. Observons néanmoins qu'elle ne la contredit point. Que nous apprend cette tradition ? Que les Arméniens viennent du même pays que les Phrygiens et habitaient cette patrie commune avant de passer avec eux en Asie ; que les deux langues étaient semblables et que beaucoup de locutions phrygiennes étaient usitées en arménien ; que les armures et la façon de monter à cheval étaient les mêmes, etc. Tout cela dénote bien une consanguinité, mais n'affirme pas une filiation.

Quant à l'iranien, il a passé longtemps pour être la source première de l'arménien, d'où l'on avait généralement conclu jusqu'à ces dernières années que les Arméniens descendaient de la branche iranienne sortie, comme on le sait, de la racine indo-européenne. Déjà il serait invraisemblable que ce rejeton dénommé iranien, après avoir émigré d'Europe en Asie par le nord et l'est de la mer Caspienne, ait communiqué sa sève aux Arméniens, venus de la Thessalie par la mer Egée ou le Bosphore. L'étude comparée des deux langues a fini par démontrer clairement qu'il n'en est rien.

En effet, l'arménien présente les caractéristiques des langues proprement européennes, et non iraniennes. « Les langues iraniennes se distinguent nettement de tous les autres idiomes indo-germaniques (indo-européens) par trois changements phonétiques : 1° Dans la branche indo-germanique les différences qualitatives qui subsistent encore entre $\varepsilon, \eta - o, \omega - \alpha, \bar{a}$ se sont maintenues généralement, tandis qu'en iranien ε, o et α ont donné indifféremment α, tandis que η, ω et $\bar{a}$ devenait $\bar{a}$ (²) et l'arménien a conservé tout au moins les trois sons ouverts correspondants, et même le premier, ε. — 2° Le son primitif indo-germanique, le « schwâ indo-germanique » (ə) est devenu a dans la branche européenne, i dans la branche iranienne ; — 3° après les voyelles i et ou (u), comme aussi après les liquides et les gutturales, le son s est devenu ch (ς) dans les langues iraniennes seules » (³). — En

---

¹) Cette opinion était encore admise par E. Reclus, *Géographie*, l'Asie russe.

²) O. Schrader, *Urkunde und Sprachvergl.*: ch. H. Hübschmann, *Armen. Stud.*, p. 82, et *Armen, Gramm*.

³) Chr. Bartholomœ, dans *Grundriss der Iranischen Philol.*, p. 2. Inutile de citer des exemples pour la 1ʳᵉ règle : le fait est bien connu. Exemples de la 2ᵐᵉ règle : pater a fait en sanscrit pitar ainsi qu'en zend et en vieux persan, mais en grec πατήρ, en latin *pater*, en gothique fadar, en arménien *hair*, etc. De même les trois racines bərə ou bara — rəgas, — əsmi sont devenus bara ou barami en sanscrit, bar en persan,

outre : 4° Par contre, le son primitif *l* est resté le même dans la branche européenne, tandis que chez les Iraniens il est devenu *r*, qu'il ne faut pas confondre avec ɧ. Ce dernier son a souvent traduit en arménien *l* latin ou grec, à une époque récente, mais en arménien primitif *l* est resté ([1]). Il en est de même pour les autres règles : l'arménien a suivi en tout l'évolution des langues formées en Europe, et non de celles qui se sont constituées dans l'Iran.

Nous ne pouvons insister plus longuement. Les ouvrages des auteurs compétents, en particulier de M. Hübschmann, établissent cette loi générale, que l'arménien possède le système vocalique européen aussi nettement que les langues dites germaniques (y compris le grec et ses dérivés), et ne manifeste aucun des caractères propres aux langues iraniennes. L'auteur que nous venons de citer conclut contre Friedr. Müller et De Lagarde que l'arménien n'appartient pas aux langues iraniennes, mais qu'il est issu de la langue parlée par la section européenne de la nation mère. C'est faute de remonter aux éléments primitifs que les deux philologues visés par cette réfutation s'étaient trompés. Ils avaient trouvé en arménien une foule de mots iraniens. M. Hübschmann a démontré que ces termes incontestablement persans ont été empruntés par les Arméniens à la langue pehlvi, persan moyen de l'époque des Parthes, et donc bien après la constitution de l'arménien proprement dit. Pour s'en assurer, il suffit de juxtaposer les dérivés qui, dans les deux idiomes, ne sont certainement pas affiliés mais proviennent de racines indo-européennes communes : en arménien, elles ont toujours suivi le système européen, et en persan le système iranien. Ainsi *leik'-o*, racine primitive, a donné en sanscrit *rotsis*, en zend *raotsah*, en pehlvi *ro : ts* (c'est le nom du jour) et *ro : tsik* (vivres pour une journée); par contre, l'arménien, qui emprunta ultérieure-

---

mais φήρω et *fero* en grec et en latin, *bera* en slave, *barem* en arménien ; — dans la branche iranienne *rajas*, mais *regis* en goth. (ch. le grec ἔρεβος), arek en arménien (même sens que le grec « ombre ») ; — enfin nous trouvons *asmi* en sanscrit, *ahmi* en zend, *ami* en persan, mais εἰμί (*sum*), *im* en goth, *em* en arménien. Pour la 3ᵐᵉ règle, l'espèce de *s* que l'on note faute de mieux par *k¹*, comme dans la racine primitive *prk¹* — *sk¹* — *h*, est devenue franchement *s* dans les langues européennes, et *ch* (*s*) dans les iraniennes : en arménien *prk¹* — ën, puis *harsen* ; en sanscrit au contraire *praShna*, en zend *frasna* (c'est le nom du fiancé). De même la racine *nisdo* a fait l'arménien *nist*, le zend *nisidaiti*, le persan *nisastân*, le sanscrit *nisidati* (c'est l'action de s'asseoir).

[1] H. Hübschmann, *Armenische Studien*, p. 82. Exemples : *vylku* indo-européen est devenu *vrka* en sanscrit, *vahrka* en zend, *gurk* en persan, mais il est resté λέχος en grec, *lupus* en latin, *vulf* en goth, *vluku* en slave, enfin *gail* en arménien.

ment cette dernière forme *ro : tsik*, avait tiré auparavant de la même racine le substantif *luis*, comme le grec en avait fait l'adjectif λευκός et le latin le substantif *lux*. Tant d'autres exemples viennent confirmer cette loi, qu'on peut la considérer dores et déjà comme générale et en conclure sans hésiter que les Arméniens n'ont d'autre affinité avec les Iraniens qu'une lointaine origine commune [1]. Leur mélange avec d'autres races et leurs emprunts aux parlers de celles-ci se sont effectués après leur passage en Asie. Nous essayerons d'en indiquer les époques approximatives au cours de cette Histoire.

Outre ces indices, déjà considérés par les spécialistes comme péremptoires, la philologie a relevé un certain nombre de noms géographiques qui permettent de suivre à la trace les Arméniens dans leur émigration directe de l'Olympe à l'Ararat. M. Schrader tient pour certain qu'ils composèrent, conjointement avec les habitants de l'Illyrie et les émigrés de la Thrace, la population principale de l'Asie Antérieure. D'origine phrygienne à ses yeux, conformément à la tradition antique, il les fait pérégriner directement des rives de la mer Egée aux plateaux où l'Euphrate, le Tigre et le Halys prennent leur source; en ce séjour il les montre séparés des Iraniens par un peuple qui n'était ni indo-européen, ni sémite, les Ourartiens, dont nous aurons à parler en son lieu en l'appelant de son nom, Khald [2]. Telle est aussi la conclusion de presque tous les auteurs qui ont étudié ce problème [3]. Si l'on s'en rapporte à cette quasi-unanimité des chercheurs les plus récents et les plus autorisés, on doit admettre avec eux que les Arméniens ont passé, probablement entre le trentième et le vingt-sixième siècle avant notre ère, directement d'une rive à l'autre de la mer Egée, ou peut-être de la mer de Marmara, en même temps que les familles Thrace et Phrygienne, sinon un peu avant, un peu après, on ne peut rien en savoir. Ils ont pu franchir, soit le détroit des Dardanelles, soit celui du Bosphore, sans autre secours que celui de barques légères. De là, peu à peu, ils se sont étendus à travers la Paphlagonie. Dès lors, au cours de leur très lente migration vers l'est, ils ont donné aux fleuves, aux montagnes, voire à quelques villes, des

---

[1] V. le tableau comparé de la phonétique arménienne et iranienne dans H. Hübschmann, *Armen. Studien*, p. 82.

[2] O. Schrader, *op. cit.*, pp. 533, 534.

[3] V. par exemple E. Meyer, *Gesch. des Alterthums*, II, p. 58 (1893), cité par H. Hübschmann, *Armen. Gramm.*, t. I, p. 399; — P. Kretschmer, *Einleitung in die Gesch. der Griesch. Sprach.*, pp. 208, 299 (1896), cité par H. Hübschmann, *ibid.*:— W. Thomaschek, *Die Alten Thraker*, I, 4 (1893).

noms proprement arméniens qui nous sont parvenus sans aucune altération assez accentuée pour les rendre méconnaissables. Ils nommèrent ali ou aγi (salé, d'une racine indo-européenne dont les Grecs ont fait ἅλς) le plus grand fleuve de l'Asie-Mineure, dont le nom Halys remplit l'histoire de l'Orient ; ils désignèrent plus à l'est, par le nom de *gail* (loup) le petit fleuve que les Grecs connaissaient sous la même désignation en prononçant λουκός la racine de ce mot ; ils franchirent la passe de Satala pour passer enfin du bassin du Loukos dans celui du Tchorokh. Les termes orographiques ne sont pas moins suggestifs. Dans la zone septentrionale de l'Asie-Mineure, c'est en Bithynie le mont Orminion (1), corruption d'Arménion ; c'est un autre sommet qui avait conservé pour les Grecs la forme authentique Arménion, près des sources du Halys (2). Quant aux villes, sans revenir sur celle d'Arménion en Thessalie, nous trouvons en Asie celle d'Harmonion, près de Sinope (3), transcription hellénique un peu équivoque, à vrai dire, mais néanmoins suggestive (4). Quelles que puissent être nos hésitations sur les détails, l'ensemble de ces faits est assez convaincant. Rien d'étonnant à ce que les Arméniens aient ainsi laissé sur leur passage des vestiges décisifs. Ils en ont eu le temps, ayant mis quinze ou vingt siècles à franchir la longueur de l'Asie-Mineure, car nous verrons que leur établissement dans la région comprise entre le Taurus et l'Ararat n'a commencé qu'au VIIe siècle avant notre ère.

Du reste, nous pouvons terminer ce chapitre par une observation générale avec laquelle concordent ces preuves de l'origine indo-européenne des Arméniens. Ils n'ont fait, en émigrant en Asie-Mineure, que suivre une tendance fort accentuée parmi l'un des groupes de peuples balkaniques qui se sont dirigés vers l'Orient. Nous savons par ailleurs que nombre de ces barbares avaient traversé le Bosphore pour les uns, l'Hellespont pour divers autres. « On rencontrait des Dardanes autour de l'Ida comme aux bords de l'Axios ; les Kébrènes de Macédoine avaient colonisé un district de la Troade auprès d'Ilion, et la

---

1) Ptolémée, V, I, 10.
2) P. Jensen, *Hittiter und Armenier*, p. 198.
3) Strabon (édit. Müller), p. 467.
4) D'ailleurs, Xénophon (*Anabase*, VI, I, 15) appelle Ἀρμήνη une montagne identifiée avec l'Harmonion. — Ces vestiges matériels, joints à la tradition des écrivains antiques, forment un ensemble assez imposant pour qu'il nous paraisse inutile de discuter l'hypothèse d'après laquelle les Grecs, connaissant de nom une province nommée Armina, mais ignorant qu'elle se trouvait très loin, sur le Zagros, auraient appelé Arméniens les barbares les plus voisins de la côte d'Asie.

grande nation des Mysiens était issue, ainsi qu'eux, des populations européennes de l'Hèbre ou du Strymon (¹)».

Des discussions auxquelles nous nous sommes arrêtés on peut conclure qu'après avoir suivi les Phrygiens en Asie, les Arméniens sont demeurés chez eux quelque temps — peut-être plusieurs siècles — et qu'ensuite ils en sont sortis pour continuer leur chemin vers l'orient de l'Asie-Mineure. On croyait encore dernièrement que leur exode de Phrygie avait dû s'accomplir à la fin du VIIe siècle (²). Mais nous sommes obligés de le reculer sensiblement, car une inscription khaldique de Menouas trouvée récemment les signale dans la Cappadoce au VIIIe siècle (³.) Comme leur progression ne s'est jamais accomplie brusquement par la force des armes, nul document n'en parle plus tôt, du moins parmi ceux que nous connaissons et qui ne relatent guère que des faits militaires. Ils ont donc dû avancer peu à peu à la manière de colons patients, et sortir de Phrygie vers le IXe siècle.

---

¹) Maspéro, *Histoire ancienne des peuples de l'Orient classique* (édition complète), t. II, p. 363.
²) Maspéro, *op. cit.*, édition abrégée, 1904, p. 764.
³) D'après Belck et Lehmann, dans *Sitzungsb. der Kaiserl. preuss. Akad. der Wiss.*, Berlin 1900, p. 621.

CHAPITRE II

La patrie définitive des Arméniens.

I

Etait-ce pour fuir l'oppression de races étrangères qui souvent sont venues briser dès le début la connexion des peuples indo-européens, ou bien était-ce sous la poussée inévitable des autres membres de cette famille, sans cesse plus nombreux, avides d'espace et d'aventures, que les Arméniens avaient quitté la Thessalie et parcouru toute la région qui borde la mer Egée jusqu'à la Propontide ? Fut-ce ensuite pour céder à l'expansion du monde grec obscurément naissant qu'ils se trouvèrent contraints de reporter toujours plus à l'orient leurs pas fugitifs sur le sol de l'Asie antérieure ? L'histoire, en scrutant davantage les origines des peuples, parviendra peut-être à préciser les causes de cette longue émigration. Actuellement, elle en est réduite à étudier les Arméniens seulement à partir de leur établissement sur le haut plateau qui sépare les vallées du Tigre au sud, du Cyrus (le Kouros, la Koura) au nord-est et du Halys (Kezil-Irmak) à l'occident. Tel est, en gros, le territoire que cette nation considère comme sa véritable patrie.

Il est impossible d'en tracer les frontières une fois pour toutes : elles ont souvent changé, et l'Arménie s'est plus ou moins étendue ou resserrée sans trouver de barrières naturelles analogues à celles qui délimitent physiquement la plupart des pays européens. On est convenu de considérer comme territoires arméniens les espaces occupés encore par Tigrane le Grand (Ier siècle avant J.-C.) après la liquidation de ses démêlés avec Rome. Encore, à cette époque, ne parle-t-on que de la « Grande-Arménie », limitée par l'Euphrate. Pour désigner toute la patrie réelle des Arméniens, il faut y ajouter la « Petite-Arménie », incorporée alors dans le royaume du Pont, mais habitée en majorité par le même peuple, et longtemps occupée par lui en maître avant qu'il n'envahît les provinces de l'est, si bien qu'il considère la Petite-Arménie comme sa patrie première ([1]).

Ces deux fractions réunies ne s'appuyaient qu'au nord sur une base géographique, chaîne bordière du Pont-Euxin, ou plutôt sur le massif que supporte cette chaîne, nommée Paryadrès. La frontière, qui pénétra plus ou moins, suivant les époques, dans l'intérieur de ce massif, selon que les Arméniens occupèrent une partie de la vallée du Tchorokh ou la laissèrent à d'autres peuples, quittait ces Alpes Pontiques et leur prolongement occidental au delà du Déirmèn-Déré dont l'embouchure arrose Trébizonde, pour rejoindre, par une ligne oblique et indécise passant au sud d'Amasia, le cours moyen du Halys, qu'elle suivait d'abord et qu'elle traversait, après l'avoir remonté quelque temps, à l'endroit où le massif du mont Argée rejette ce fleuve vers le nord. La Petite-Arménie ne contient donc pas Césarée, qui fut cependant parfois arménienne; mais on doit lui attribuer Sébaste (Sivas), Zéla (Zileh), Masacca et Comana, le grand entrepôt et le centre religieux de la Cappadoce, car elle venait à cette ville traverser l'Anti-Taurus, du moins à certaines époques. Elle franchissait

---

[1] En dehors de ces deux fractions constituant la patrie proprement dite des Arméniens, ils avaient fondé au moyen âge un royaume en Cilicie, où ils s'étaient écoulés par contiguïté, sans trouver grande résistance. La ville de Sis, aujourd'hui simple bourgade, fut le siège de leurs rois de 1182 à 1374 (E. Reclus, *Géogr.*, t. IX, p. 659). Ces rois étaient les Lusignan, de la famille royale de France. Encore aujourd'hui, cette région, dénommée le Zéitoun, du nom de l'une de ses villes, est en bonne partie peuplée d'Arméniens ; dans la ville de Marach ils sont en majorité ; ils étaient complètement maîtres de la vallée du Djihoun, qui coule entre Zéitoun et Marach, jusqu'en 1882, où les Turcs les ont réduits malgré leur résistance héroïque. — En dehors du périmètre historique, on sait que les Arméniens sont aujourd'hui très répandus, spécialement en bordure de l'Asie-Mineure centrale, dans les villes d'Amasia, de Zihlé, de Sivas, de Tokat, de Césarée, de Malatia et d'Ourfa; en Transcaucasie, dans la vallée du Kouros ; en Perse dans l'Azerbedjiân : inutile enfin de rappeler leurs nombreuses colonies lointaines, dont celle de Constantinople et celle des Etats-Unis sont les plus importantes, la première très ancienne, la seconde toute nouvelle. — Enfin on verra au cours de cette *Histoire* les conquêtes passagères que les Arméniens firent en diverses directions.

ensuite le Taurus lui-même en longeant la frontière de la Syrie pour traverser l'Euphrate à l'endroit où il se détourne vers le sud et pour entrer en Mésopotamie, où la Grande-Arménie seule étendait son domaine. C'est là que Tigrane le Grand avait établi son immense capitale Tigranocerte. Mais la Grande-Arménie ne saurait comprendre, en Mésopotamie, ni Edesse (Ourfa [1]), ni ce qui restait de Ninive (dont les ruines sont près de Mossoul), bien que ces deux points se trouvent, de gauche et de droite, approximativement à la même latitude que Tigranocerte et Nisibis, qui fut un certain temps la seconde capitale de Tigrane. Après avoir ainsi englobé tout le cours supérieur du Tigre, l'Arménie comprenait aussi, à l'est, la vallée de son affluent oriental, le Grand Zab, puis, remontant par la crête qui sépare les lacs de Vân et d'Ourmiah ([2]), allait embrasser toute la vallée de l'Araxe, qui fut le centre du royaume après Tigrane. On peut considérer le confluent de l'Araxe et du Cyrus comme le point extrême; néanmoins, à plusieurs reprises, les Arméniens furent maîtres de l'embouchure du grand fleuve caucasien : c'est le seul endroit où jamais ils touchèrent à une mer ; encore la Caspienne ne leur offrait-elle pas de grands débouchés ([3]). La frontière du nord suivait, soit, en quelques points, la vallée du Cyrus, soit, ailleurs, les faîtes qui la séparent de celle de l'Araxe, en général selon la résistance ou la sympathie que les Géorgiens et les Albanes témoignaient à leurs voisins asiatiques ([4]). Enfin, au nord-

---

[1] Ourfa, fondée en l'an 132 avant J.-C. par Ourhaï, fils de Khevyo, fut prise, au siècle suivant, comme capitale par les Parthes. Ourhaï est devenu Ourfa pour les Syriens et les Arméniens ; cependant, les Syriens font aussi venir ce nom de l'ancêtre Aryou, qui, en arménien, signifie lion.

[2] Le Grand Zab est au sud-est du Botân-Sou (ancien Kendritès). Les monts où il s'encaisse portaient dans l'antiquité le nom de Zagros. La crête qui sépare les lacs de Vân et d'Ourmiah était appelée Sohond. Ces vagues embranchements qui sillonnent le plateau du Kurdistân ne constituaient qu'une limite flottante. A l'est, l'Arménie était séparée de la mer Caspienne par les monts Parakhoatrès.

[3] Ce fut seulement depuis le IIe siècle av. J.-C., sous la dynastie des Artachissiân, jusqu'au IVe de notre ère, sous celle des Archaguni, que l'Arménie atteignit parfois la mer Caspienne.

[4] Les Géorgiens (Gouriens et Grousiens, primitivement Ibères) et leurs voisins du Caucase, les Albanes, ont d'abord imposé des rois à l'Arménie au Ier siècle de notre ère, puis, deux ou trois cents ans plus tard, ont accepté son autorité religieuse en se laissant convertir par elle au christianisme. Les relations intimes des deux royaumes ont abouti à la formation d'une population intermédiaire dénommée arméno-géorgienne. Les Lazes, qui occupent les Alpes Pontiques, se sont aussi quelque peu fondus avec les Arméniens dans le bassin du Tchorokh, où les Arméno-Géorgiens se sont ins-

ouest, la Colchide, puis le fleuve Acampsis (Tchorokh), dont cependant ils ne possédèrent jamais l'embouchure, servaient de refuge à des populations indépendantes que les Arméniens, impuissants à les subjuguer, sinon en quelques districts, durent laisser entre eux et le Pont-Euxin, dans leurs montagnes inaccessibles ([1]).

Ainsi l'Arménie se trouve assise, dans sa partie centrale, sur une ligne de crêtes montagneuses qui ne porte pas de nom unique, mais que l'on peut considérer, en quelque sorte, comme la colonne vertébrale de l'isthme compris entre les grands bassins maritimes du nord et du midi : d'une part la mer Noire et la mer Caspienne ; de l'autre la Méditerranée et l'océan Indien. Cette ossature délimite en effet le partage des eaux vers cette double direction ; mais elle ne se suit pas régulièrement sous forme de chaîne distincte, elle est constituée par une série de soulèvements brisés d'échancrures, dentelés de pics, et couronne le sommet du haut plateau à son altitude moyenne la plus considérable. La direction générale en va du nord-est au sud-ouest. Sans négliger les chaînons par où elle commence près de la mer Caspienne au sud de l'Araxe, on peut la faire partir de l'Ararat, le sommet le plus élevé de toute l'Arménie (près de 5,185 mètres d'après les dernières mesures [2]). C'est l'Aghri-Dagh qui s'attache à l'Ararat ; ses cônes volcaniques nombreux mais d'une faible saillie pour la plupart, sont dominés par le Tchinghil et le Perli-Dagh (qui dépassent 3,000 mètres,

---

tallés en maîtres au moyen âge, sous la dynastie des Bagratides. Quant aux Albanes, ils n'ont été que des auxiliaires des Géorgiens, puis des vassaux religieux du catholicos arménien, qui leur confia la garde de la gorge de Derbend, après l'avoir enlevée aux Perses, pour empêcher les Hongrois de passer par cette dépression du Caucase le long de la mer Caspienne.

[1]) Voir la carte annexée à l'ouvrage de M. Th. Reinach, *Mithridate Eupator*. Les monts qui bordent la Colchide et séparent ainsi l'Arménie de la mer Noire sont appelés Adjara par les Arméniens et Imerkévi par les Géorgiens. Après avoir livré passage au Tchorokh, ils se continuent vers le sud-ouest sous le nom arménien Palkhar, transcription de Paryadrès ; c'est là que, dans la même langue, se trouve Khakhtik ou pays des anciens Khalds. Cette région est donc celle où se réfugièrent les Khalds après avoir été chassés, comme nous le verrons, de l'Ourartou par les Arméniens. Elle s'étend jusqu'aux sources du Loukos, que les Arméniens dénomment Gaïl-guet (*gaïl* est le nom du loup, comme λυκός); Gaïl-guet a fait le nom moderne de Kelkid, désignant le Loukos, appelé aussi Yéchil-Irmak.

[2]) H. F. B. Lynch, *Armenia*, 1901, t. II, p. 385.

soit environ 1.500 mètres au-dessus de la plaine[1]). En se prolongeant jusqu'au Bingöl-Dagh, l'Aghri sépare l'Araxe de la branche orientale de l'Euphrate : ce dernier cours d'eau prend sa source au sud de l'Aghri ; le premier, au nord du Bingöl, et ils coulent en sens inverse. Le Bingöl est aussi le nœud où convergent divers autres chaînons, en particulier, au nord-ouest, ceux qui, passant au-dessus de la source de l'Araxe pour constituer la ligne de partage des eaux, vont rejoindre le Palandœken (3.250 mètres) au nord duquel l'Euphrate occidental trouve son origine. De ses innombrables combes, le Bingöl, dont la masse et une altitude (3.294 mètres[2]) sont suffisantes pour condenser les nuages de toute la région, fait découler un nombre incalculable de ruisseaux vers les fleuves qui l'entourent. C'est, avec l'Ararat, le sommet le plus utile pour l'hydrographie de l'Arménie. Ainsi parvenue à son faîte médian, l'arête dorsale se continue, à l'ouest, entre les deux branches de l'Euphrate, sous le nom de monts du Tersîm (Dersim), jusqu'à la jonction du double cours en un seul. Enfin toute cette épine vertébrale, faisant une simple brèche pour laisser passer l'Euphrate, se prolonge jusqu'à l'Anti-Taurus, entre l'Euphrate et le Halys, sous le nom antique de monts Seydisès (noms variés aujourd'hui). Les ramifications que l'Anti-Taurus envoie vers le nord-est pour rejoindre les secondes Alpes Pontiques et qui contribuent à former, dans cette région, la crête que nous décrivons, ont pour sommets principaux le Sipikor-Dagh et le Kop-Dagh, ce dernier entre Erzéroum et Baïbourt.

Tels étaient bien le centre et la ceinture de l'Arménie que nous décrivent les historiens grecs. Hérodote ([3]) nous apprend le premier qu'à l'est des Ciliciens se trouvaient les Arméniens, possédant beaucoup de moutons et de bœufs. Strabon ([4]) précise très exactement la

---

[1]) Elisée Reclus, *Géographie universelle*, 1884, t. IX, p. 321. Le carton ethnographique de l'Arménie, p. 345 de ce tome, dessine très nettement la chaîne entre l'Ararat et le Bingöl-Dagh.

[2]) Altitudes du Palandöken et du Bingöl-Dagh, H. F. B. Lynch, *Armenia*, t. II, p. 398.

[3]) Hérodote, *Histoires*, V.-cf, Xénophon, *Anabase*, IV, 4.

[4]) Strabon, *Géographie*, l. XI, c. XIV (édit. de Casaubon) p. 527. — cf. Hérodote, *ibid.*, qui écrit comme Strabon Ἀρμενία, Ἀρμενίη. Au temps de Strabon, c'est déjà le Paryadrès qui délimite l'Arménie au nord ; elle a déjà fait sa jonction avec la mer Hyrcanienne (Caspienne) aux bouches du Kouros ; elle occupe le versant méridional du Taurus jusqu'au Tigre en suivant ce fleuve et en remontant le Zab ; son plateau central supporte les deux branches originaires de l'Euphrate et donne naissance aux deux cornes du Tigre ; ses voisins du nord sont les Ibères et les Albanes ; ceux de l'est sont les Mèdes, ceux de l'ouest les Cappadociens ; ses fleuves tributaires du Pont-Euxin sont le Halys et le Loukos ; le centre du pays est la région de l'Ararat ; il porte le nom de Grande Arménie entre le Tigre et le Kouros.

position du pays appelé dores et déjà l'Arménie par les Grecs et les Perses. Mais à ce moment il portait encore l'ancien nom d'Ourartou (Ararat) chez les Assyriens, et les Arméniens l'appelaient le Grand-Haïk. Très bien renseigné, puisqu'il était originaire d'Amasia, l'une des capitales du Pont, Strabon (63 av. J.-C. — 23 apr. J-C.) assigne à l'Arménie, presque trait pour trait, les limites qui viennent d'être indiquées. Traduites en langage de cosmographie moderne, elles s'étendent, en somme, entre les 35,5 et 46 degrés de longitude orientale (méridien de Paris), et les 37,5 et 41,5 degrés de latitude septentrionale. L'altitude moyenne du haut plateau qui occupe le milieu de ce vaste espace sur presque la moitié de sa dimension est d'environ 1.500 mètres au-dessus du niveau de la mer.

Après avoir ainsi posé l'Arménie à sa place, il nous paraît indispensable, pour l'intelligence de l'histoire et du caractère des Arméniens, de décrire brièvement l'orographie, l'hydrographie, le climat et les productions naturelles de cette région. Nombre d'évènements politiques ont été influencés ou déterminés par les conditions physiques très diverses qu'elle présente, passant du régime torride de la Mésopotamie aux rigueurs boréales du centre. En outre, le caractère de la population, ses dissensions intestines, sa résistance aux invasions étrangères, son isolement vis-à-vis des civilisations occidentales, bref, tout le côté social de l'histoire arménienne s'explique par ces circonstances géographiques et, ici plus que partout ailleurs, le milieu a produit les effets que subissent communément les peuples montagnards. Il semblerait que, farouche et prudente, l'Arménie s'est isolée volontairement, laissant à d'autres le profit et le péril de l'exploitation des rivages ou des plaines trop accessibles pour l'étranger ; aux habitants du Pont, aux Moschéens (supplantés par les Lazes), aux Colchidiens (absorbés par les Géorgiens) l'usage du riche littoral de la mer Noire dont les fleuves, surtout le Phase (le Rion actuel), abreuvaient les troupeaux à toison d'or convoités par Jason ; aux Perses et aux Mèdes les rives de la Caspienne, dont les sources de naphte étaient l'objet de compétitions incessantes pour y trouver sans frais le fluide combustible si utile au culte du feu ; aux Assyriens, aux Macédoniens, aux Parthes, aux Romains les opulentes cultures de la Mésopotamie, colossale arène de batailles incessantes, grenier toujours débordant pour inviter au pillage. Aussi l'Arménie ne s'est-elle pas écroulée complètement comme les empires voisins. Quand elle eut cherché, par hasard, à rivaliser d'ambition avec eux, elle n'a pu être repoussée au delà des retraites montagneuses où elle s'est fortement cantonnée.

Elle n'a point connu la splendeur de l'Assyrie ou de la Perse, mais elle a résisté à tout, elle a prospéré obscurément, elle est devenue la protagoniste du progrès dans l'Asie Ottomane centrale ; elle a pu ainsi se maintenir avec ses traits essentiels jusqu'à nos jours.

Il est important de remarquer que, malgré ses nombreux accidents, tout le plateau arménien constitue une unité géographique très favorable à la formation d'un peuple homogène. Aucune chaîne n'y établit une barrière difficile à franchir, telle que nos Alpes, nos Pyrénées ou le Caucase(1). Aussi les communications, bien que pénibles en hiver, ont-elles toujours été aisées sans travaux d'art. Nous verrons que les Arméniens échappaient aisément à l'ennemi et qu'ils ne voulaient pas des ponts romains, n'y voyant qu'un moyen d'invasion et trouvant aussi aisé de franchir les fleuves à pied que d'escalader les pentes jusqu'aux cols partout nombreux. De même — observation capitale pour l'intelligence des guerres que nous aurons à rapporter — le plateau arménien n'oppose aucune barrière inaccessible aux pays circonvoisins. Le nord et l'ouest descendent en pentes douces, en de nombreuses places, vers la vallée du Cyrus et vers la Cappadoce : l'est fait suite aux plateaux du Kurdistân ; quant au sud, malgré la subite descente en Mésopotamie, le Taurus n'est nulle part assez large pour offrir une grande résistance, et, de plus, il présente des passes très faciles, soit à l'est par le Zab et le Botân Sou, soit à l'ouest entre Diarbékir et Kharpout(2). Cette disposition a permis à l'Arménie, tantôt de s'étendre, tantôt de recevoir les influences des civilisations étrangères.

II.

Pour permettre au lecteur de se représenter les caractères physiques de l'Arménie, nous hasarderons une comparaison qui, sans doute, n'est pas exacte de tout point, mais qui peut être suggestive. Cette région, presque entièrement montagneuse, offre des conditions climatologiques et des richesses naturelles analogues à celles de la Suisse ; seulement, tout y est plus extrême : l'Ararat est plus haut que le Mont Blanc ; les lacs de Vân et d'Ourmiah sont bien plus grands que ceux de Genève et de Constance ; les plaines, parfaitement horizontales, présentent une étendue inconnue aux vallons helvétiques ; la rigueur de l'hiver est sensiblement plus accentuée que dans la plupart des

---

[1] M. Lynch (*op. cit.*, t. II, p. 897) estime que seul le Merdjân-Mouzour-Dagh, qui borde la plaine d'Erzinjân et supporte le plateau du Dersim, pourrait être appelé une barrière.

[2] H. F. B. Lynch, *op. cit.*, t. II, p. 388.

cantons alpestres; la transition brusque de ces frimas à des étés dévorants, et surtout le voisinage de régions tropicales à côté de ces plateaux glacés pendant six mois ne sauraient trouver de point de comparaison en Europe; aussi la Suisse ne produit-elle pas, comme l'Arménie, du blé à 1.500 mètres d'altitude, de l'orge à 2.000, du coton, du vin, des fruits de toute sorte, du riz, des vers à soie, dès que les montagnes s'affaissent; celles-ci, par contre, sont plus pittoresques dans nos Alpes, plus simples et plus majestueuses, mais plus tristes et plus dénudées en Orient. De même que la Suisse est le sommet du système orographique européen, ainsi l'Arménie domine toute la partie occidentale de l'Asie, si l'on découpe dans ce continent, depuis la Méditerranée, une surface à peu près égale à celle de l'Europe, et elle possède la source des fleuves qui se déversent dans tous les bassins environnants ([1]). Ainsi que dans notre massif alpestre, la neige y est très abondante: à Bitlis elle atteint 5 mètres de profondeur en janvier; sur l'Ararat, les neiges éternelles ont au moins une épaisseur de 610 mètres ([2]); à Erzéroum, pendant l'hiver de 1902-1903, le thermomètre centigrade est descendu à —39°, et pendant plusieurs mois la température s'y maintient sans interruption entre —10° et —20°, malgré le soleil, souvent étincelant, qui ne parvient pas à réchauffer l'atmosphère. Alors la campagne n'offre d'autre point sombre que les lointains villages; les rues des villes sont couvertes d'une épaisse couche de glace, atteignant parfois plus d'un mètre; les ruelles peu fréquentées sont même complètement comblées de la neige rejetée des terrasses; on ne voit plus ni chevaux, ni mulets, mais seulement des chameaux de caravanes qui bravent toutes les rigueurs, revêtus de leurs longs poils, et quelques bœufs tirant de légers traîneaux. C'est qu'il ne suffit pas à un pays d'être voisin de nombreuses mers ou de se trouver à une latitude sensiblement voisine de la zone tropicale, pour participer au climat maritime ou équatorien : la direction des montagnes qui s'opposent également aux vents de l'ouest et du sud livre l'Arménie aux bises du nord, tandis que la Géorgie, plus septentrionale, est bien moins froide par suite de la barrière sans brèches

---

[1] Fait curieux, le centre de figure de l'Ancien Monde, Europe, Asie et Afrique, se trouve à l'est du lac d'Ourmiah (Elisée Reclus, *Géogr.*, t. IX, p. 17). Il est vrai, nous n'avons pu comprendre cette région dans le territoire de l'Arménie, mais elle appartient au même système orographique, et les Arméniens s'y sont plus ou moins répandus. D'ailleurs il ne faut voir là qu'une coïncidence fortuite avec les légendes sans fondement qui faisaient partir de ces parages la dispersion des peuples.

[2] H. F. B. Lynch. *Armenia*, t. I, p. 171.

que le Caucase oppose aux aquilons ; d'autre part, l'altitude moyenne de la première surpasse de beaucoup celle de la seconde, comme aussi bien celle de la Suisse ; elle y favorise la radiation terrestre et détermine un climat nettement continental, il est vrai dans un sens modéré et dans une mesure qui cesse d'être pénible en été, où la chaleur est légère, quoique très sèche et dévorante ([1]). Il en résulte une fertilité remarquable et des conditions sanitaires plus avantageuses que dans la plupart des autres contrées de l'Orient. Proportions gardées, voilà bien la Suisse.

Deux différences, néanmoins, se présentent, l'une à l'avantage de cette dernière contrée, qui est bien boisée, l'autre au profit de l'Arménie, qui possède plus de grandes plaines. Celles de Mouch, d'Erzéroum, d'Erivân, de Kharpout, du Passîn, de Baïbourt, de Khenous, sans compter les larges vallées du Tigre et de l'Araxe, offrent à la culture des espaces immenses ; il en est de même dans le plateau transcaucasien, entre la frontière russe et Alexandropol. Par suite, les habitants ne sont pas obligés de se livrer à peu près exclusivement au pâturage : ils cultivent largement les céréales, le coton, le tabac, le sésame, le chanvre, le lin, les légumes, et, dans les vallons plus creux, la vigne, le mûrier, la plupart des arbres à fruits, qui sont originaires, pour un grand nombre, des régions comprises entre la mer Caspienne et l'Euphrate ; mais ils y ont gardé, comme toutes choses, leur état naturel au lieu de suivre les progrès que les artifices de la nature leur ont permis d'accomplir en Europe. Par contre, la Suisse a eu la sagesse de conserver ou de reconstituer ses forêts, qui lui assurent un écoulement régulier des eaux. En Arménie, s'il est encore vrai que sur la périphérie russe, persane et mésopotamienne, les pins, les chênes, les ormes, parfois les noyers, et dans les ravins, les peupliers et les saules hérissent, vigoureux ou légers, certains versants de montagnes, presque tout le centre est dépouillé de végétation arborescente, au point que, depuis le Zigana-Dagh, où la route de Trébizonde franchit les secondes Alpes Pontiques, jusqu'à l'Ararat, et au delà, les caravanes cheminent des semaines entières sans rencontrer un arbre ni même une broussaille en dehors des rares jardins urbains. On croirait se trouver dans un désert frappé du feu du ciel, si les plaines n'étaient

---

[1]) « La belle saison, en Arménie, ne dure que quatre mois, de juin à septembre : la végétation y est tardive. » (Th. Reinach, *Mithr. Eupator*, p. 366). L'auteur en cite pour preuve un épisode des guerres de Lucullus, que nous rapporterons en son lieu. Ajoutons que le printemps est pluvieux, et l'automne, au contraire, fort doux.

couvertes de moissons et si les flancs des montagnes peu rocheuses mais meublées de cendres, de cailloutis et d'humus, n'étaient vêtus d'un tapis d'herbe fine que broutent les moutons. La responsabilité de cette dénudation grâce à laquelle le pays entier est sombre et morose, incombe exclusivement aux habitants, dont l'imprévoyance à déboiser les moindres coins n'est pas entravée par le gouvernement, qui leur laisse apporter en ville des racines de jeunes plantes par centaines de charretées. Ils ont porté ainsi un coup néfaste au régime des eaux, à la douceur du climat, à la fertilité du sol. Le peuple en est réduit à se chauffer avec la fiente des animaux, dont il ne peut se servir comme engrais ; le bois est tellement cher que seuls les riches peuvent en user ; quoique la houille paraisse abonder, on ne l'exploite pas, dans ce pays où l'industrie n'est guère plus développée que chez les simples sauvages.

Un fait constaté par tous les géographes, c'est que, par suite sans doute de ce déboisement continu, la dessiccation est en progrès constant depuis l'antiquité. Aux inondations produites par la fonte des neiges succèdent des mois d'aridité où presque tous les cours d'eau sont à sec, à tel point que pendant le printemps il est impossible de voyager, tandis que de juin à octobre on peut parcourir toute l'Asie Mineure, la Mésopotamie, l'Afghanistan jusqu'à l'Inde en traversant à pied les fleuves sans jamais avoir de l'eau jusqu'à la ceinture ; on trouve au moins, jusqu'au travers de l'Euphrate et du Tigre, des gués et des rochers qui rendent inutiles les ponts. Les vallées creusées par ces puissants cours d'eau sont pourtant des témoins de leur volume primitif. N'aurait-on d'autre preuve de leur ancienne richesse, plus abondante et plus régulière, que les civilisations assyrienne et chaldéenne auxquelles ils fournissaient l'alimentation formidable requise pour les irrigations de la plaine et les besoins des villes[1], on pourrait

---

[1] M. E. Reclus (*Géogr.*, t. IX, ch. V, III, Bassins du Tigre et de l'Euphrate, *passim*) croit devoir attribuer à la diminution des eaux de l'Euphrate la disparition des innombrables cités qui florissaient sur son cours et la stérilisation progressive de la Mésopotamie ; il constate que le volume d'eau débité à l'embouchure confluente du Tigre et de l'Euphrate était autrefois supérieur à celui de tout autre fleuve, même le Nil, entre l'Indus et le Danube. Il n'en est plus ainsi. On ne peut nier que les canalisations prodigieuses par lesquelles Chaldéens et Assyriens avaient fécondé la Mésopotamie n'aient régularisé le cours des deux fleuves, et ce doit être à l'enlèvement de ces canaux, non entretenus dans l'époque moderne, qu'est dû l'incessant bouleversement des lits naturels, auxquels E. Reclus attribue la ruine définitive, sur le Tigre, de Ninive et de Bassorah ; mais ce fait même confirme notre déduction : les canaux absorbaient une quantité d'eau immense, utilisée pour la culture ; et cependant, le débit total a diminué.

en conclure en toute certitude que le déboisement des monts arméniens a été la grande cause de la déchéance des fleuves qui en dérivent. Nous avons des indications plus directes de la diminution progressive, sans aucun doute attribuable à cette même cause, qu'ont subie les chutes de neige et de pluie depuis l'antiquité. Strabon rapporte(¹) que, des deux fleuves jumeaux, l'Euphrate, dont le nom signifie d'ailleurs « le Fleuve par excellence », apportait plus d'eau que le Tigre à leur confluent (le Chat-el-Arab moderne), tandis que la proportion est aujourd'hui renversée(²), ce qui montre bien que l'Arménie, où se nourrit l'Euphrate, s'est plus desséchée que la Mésopotamie. D'autre part, Strabon(³) nous amène à la même conclusion par l'exposé d'un autre phénomène : dans la province appelée alors Chorsène (en arménien Khorziânk, au sud du Dersim), la neige tombait avec une abondance si excessive et si imprévue, que les voyageurs portaient une longue perche afin de pouvoir la dresser à côté de leur corps s'ils étaient engloutis sous l'avalanche des flocons ; elle leur servait ainsi à pratiquer une cheminée d'air à travers la voûte de leur tombeau, et c'était un signal pour attirer après la tourmente la pitié des passants. Bien que des piétons imprudents soient encore aujourd'hui, sur les plus hautes passes de l'Arménie comme au sommet de nos Alpes, surpris par des bourrasques meurtrières, il est certain que nulle part on n'est plus obligé de prendre de pareilles précautions. Il est permis d'en conclure que la quantité de neige a notablement diminué, n'étant plus sollicitée par la cime des forêts. Sur les grandes routes, en plein cœur d'hiver, les caravaniers persans et tartares continuent, tout comme en été, à frayer les sentiers montagneux ; c'est seulement au col de Vavouk, près du Zigana, et dans le Dévé Boyoun en revenant de Bayazid, que parfois les chameaux succombent, mais plutôt de froid que sous l'effort de la tempête ; partout ailleurs, les paysans circulent sans crainte des villages aux villes, avec leurs traîneaux à bœufs, quand le sol se sent bien sous la mince couche blanche, ou tirant eux-mêmes des traîneaux à bras, comme dans la région de Bitlis où, par exception, la neige est trop profonde pour permettre à aucun animal d'y marcher.

---

¹) Strabon, l. XI, c. XII.

²) E. Reclus, *Géogr.*, t. IX, p. 390 montre, d'après La Rennie, que le débit moyen du Tigre est maintenant environ le double de celui de l'Euphrate. Toutefois, on sait aussi que divers affluents de l'Euphrate, traversant autrefois le désert, se sont desséchés complètement ; mais comme ils ont certainement toujours été intermittents et faibles, ils ne peuvent avoir amené une telle différence.

³) Strabon, l. XI, c. XIV ; — cf. Xénophon, *Anabase*, I-IV.

Sur tous les autres points, les descriptions des anciens géographes concordent avec l'état présent du pays. L'Arménie est restée naturellement riche en minéraux, en charbons de terre, en naphte, en argent, fer et cuivre ; elle abonde en sources thermales : ses pentes rocheuses renferment des matériaux de construction de tout genre, y compris le marbre et le porphyre. Par malheur, on a cessé d'exploiter toutes ces richesses. C'est bien une terre promise, capable de tenter la convoitise des étrangers, mais industriellement improductive par suite de l'incurie des indigènes : seuls les grands gouvernements, celui d'Alexandre, celui de Rome, celui des Arabes et même des Turcs à l'époque de leur première activité, ont su tirer parti de ces ressources minérales ; et enfin les Arméniens ont quelque peu imité leur exemple, depuis leur conversion au christianisme jusqu'au milieu du moyen âge, en construisant de nombreuses et belles églises, mais les industries métallurgistes ont toujours été abandonnées ; seuls les souverains se sont montrés avides d'épuiser les mines d'or, qui, de fait sont vides, et celles d'argent, qui n'offrent plus le métal vif. Il est possible que les merveilleux gisements exploités par les anciens nous aient été, à vrai dire, décrits avec une exagération plus ou moins fabuleuse (¹). On doit remarquer néanmoins que, si des conquérants de passage ont raflé la superficie, le fond, accessible aux seuls moyens de notre science qui devine les filons, de nos machines qui creusent les galeries, de nos instruments qui épurent le minerai, n'en recèlent pas moins encore des trésors indubitables. D'ailleurs, en maints endroits le charbon, le fer, le pétrole affleurent à la surface, et nul n'en a cure, surtout le gouvernement qui s'en est réservé la propriété et qui n'accorde les concessions qu'à des conditions ruineuses décourageant les étrangers.

Les oscillations de la température entre des points extrêmes, et plus encore la sécheresse ne caractérisent, cependant, que la partie centrale de l'Arménie, tout ce haut plateau qui constitue environ la moitié de sa surface.

Là, les fleuves ne peuvent servir à l'irrigation dans la plus grande partie de leur parcours, car ils se précipitent encaissés entre des mas-

---

¹) Strabon (l. I, c. XIV, 529) parle d'une mine d'or exploitée dans la province Syspiridès (aujourd'hui Ispir, dans le bassin du Tchorokh), et si célèbre qu'Alexandre y envoya un de ses généraux, nommé Menon. On ne saurait plus en tirer de profit. Nous verrons que les rois du Pont et d'Arménie avaient tiré de leur sol des richesses considérables en or et en argent, avec lesquels ils se constituaient des trésors de guerre, entretenaient une cour splendide et décoraient magnifiquement leurs temples. Mais pendant ce temps, la population restait à peu près aussi misérable qu'aujourd'hui.

sifs rocheux atteignant parfois, comme autour de l'Euphrate quand il descend d'Erzindjân, des hauteurs de cinq cents mètres à pic. Les routes elles-mêmes ne peuvent toujours en suivre les bords; du reste, ce sont des lits à sec, comme celui du Tchorokh et de divers torrents, qui, pendant l'été seulement, servent de routes en maintes régions. Aussi le Kara-Sou, branche supérieure et occidentale de l'Euphrate, ne féconde-t-il en Arménie que deux ou trois plaines. Le Mourad-Sou, branche inférieure et occidentale, rend plus de services parce qu'il est plus long; encore a-t-il généralement le même caractère. Toutefois, les fleuves les plus isolés de la terre arable n'en sont pas moins les causes de la fertilité de celles-ci. En Arménie, d'innombrables ruisseaux découlent des monts, souvent d'un kilomètre à l'autre, faisant croître dans les ravines de magnifiques prairies; c'est eux que l'on canalise pour abreuver les champs, après les avoir fait choir sur la roue des moulins.

Ce régime physique et climatologique change instantanément dès que l'on descend les gradins du plateau central. Déjà en suivant la pente après avoir parcouru son long chemin de cailloux depuis l'Ala-Dagh où il prend sa source au-dessous de l'Ararat, le Mourad-Sou commence à s'épanouir, depuis Palou jusqu'à son confluent, en une série de vallons luxuriants, surtout aux environs de Kharpout, où la végétation est à certains égards celle des pays chauds. Un peu plus bas, le Taurus s'est échancré pour laisser passer le fleuve dont la masse a doublé par la jonction des deux branches : il a déterminé ainsi un partage tout spécial des climats de l'Arménie; car les vents et les eaux, qui se dirigeaient vers la Méditerranée, s'en détournent à ce point, après avoir fait la plus grande partie de leur chemin vers le golfe d'Alexandrette et l'île de Chypre, pour se rejeter subitement vers le golfe Persique. Aussi, la différence est-elle sensible, pour la température, la flore, le genre de travail qui en résulte, et par conséquent le caractère des populations, entre les trois zones de l'Asie-Mineure, auxquelles l'Arménie participe : aux bords de la mer et dans les vallées ouvertes aux brises marines comme celle de Kouros, se dessinent nettement les traits de la vie méditerranéenne; sur le plateau arménien, du Paryadrès au Taurus, c'est un mélange de ce climat avec le climat continental; enfin on se sent en Asie centrale, très loin des mers, dans la Mésopotamie. Or, en avançant ainsi dans les terres de plus en plus isolées, l'habitant devient aussi plus oriental, sans mélange d'hellénisme ni de romanisme. Ainsi l'Arménie forme la transition entre les deux extrêmes. Bien que jalouse de son fier isolement, elle a servi de rendez-vous aux civilisations européennes comme aux asiatiques, en même temps qu'elle accueillait à la fois les brises de mer et les tempêtes du plateau iranien. Elle semble ainsi avoir été destinée par la nature à jouer un rôle de distributrice ou simplement de conciliatrice. A ne considérer que les faits politiques les plus retentissants, dont les superficiels historiens du passé ont répercuté l'écho sans chercher à entendre la voix profonde du peuple, l'Arménie fut ce que nous appelons aujourd'hui un Etat tampon, amortissant le choc des grands rivaux qui l'entouraient : aussi n'a-t-elle pu se développer elle-même suivant ses ambitions et ses aptitudes. Mais si l'on cherche à comprendre le génie des Arméniens, on les verra toujours avides de profiter des progrès matériels et des lumières intellectuelles et morales qu'ils pouvaient emprunter autour d'eux. Dans l'antiquité, ils ont adopté l'esprit et les formes des diverses cultures orientales, tout en essayant d'y mêler, sans autant de succès que de bonne intention, les innovations des arts helléniques. Dans notre ère, ils se sont attachés, seuls en Asie Centrale, au christianisme, qui a été pour eux, dans une certaine mesure, le véhicule des idées gréco-latines ; encore, cependant, les verrons-nous toujours invinciblement attachés à l'esprit de tradition, qui caractérise essentiellement les peuples de l'Orient, et leur histoire religieuse moderne les montre-t-elle réfractaires aux progrès de la pensée, entraînant celui des mœurs, dont les écoles chrétiennes d'Europe leur ont vainement donné l'exemple. Ce peuple pourrait donc être rangé parmi ceux qui, sans avoir de civilisation propre, en ont une empruntée et intermédiaire.

Dans l'intérieur même de l'Arménie, les plateaux élevés et les vallées profondes présentent des caractères climatologiques différents qui entraînent une culture et un genre de vie dissemblables. On doit distinguer trois zones principales : le centre, le midi et le nord-est.

Le centre [1] offre une superficie rocheuse, en général impropre aux travaux agricoles. Il ne serait même pas habitable par une population sédentaire sans ses nombreuses vallées, généralement très étroites, et ses plaines souvent immenses, dont le sol est régulièrement arrosé. Ce sont elles qui font vivre pour les trois quarts les paysans en leurs villages très clairsemés et les habitants de quelques

---

[1] Cette expression, comme d'ailleurs les deux suivantes, n'est que d'une exactitude approximative. Ainsi le plateau central se prolonge vers le nord, en soutenant le cours supérieur de l'Araxe, jusqu'au delà du district de Kars, où le froid est aussi rigoureux qu'à Erzéroum. Nous ne donnons ici que des indications générales. Une description complète se trouve dans H. F. B. Lynch, *Armenia*, 1901, t. II, c. XXIII, *Geographical*.

villes peu populeuses : ces terrains très fertiles fournissent le blé, mangé aussi souvent en grain que sous forme de pain ; ils donnent aux bestiaux l'orge et le fourrage d'hiver ; ils permettent une certaine culture maraîchère aux environs des centres urbains, qui vivent surtout de transit. Les huit dixièmes peut-être de la surface totale sont une série indéfinie de mamelons volcaniques, de croupes rocheuses, de collines arrondies, de contreforts et de croupes en cailloutis ou en cendres. Ces dernières élévations, bien différentes des sommets qui constituent, au moins pour un tiers de l'espace, un fonds absolument stérile, sont aussi les plus tristes d'aspect ; non seulement ces pentes basses sont complètement dégarnies, comme l'ossature la plus saillante, de tout arbre et même de simples broussailles, mais elles ne présentent généralement ni rochers, ni laves, et le voyageur n'y peut découvrir qu'en de rares points, profondément cachés dans la masse, de ces accidents pittoresques qui excitent l'admiration et offrent un lieu de repos à l'abri de leurs dentelures et de leurs grottes, au bord de leurs eaux fraîches qu'ombragent quelques verdures. Cette monotonie, à vrai dire rachetée par la magnificence des ensembles vus de loin, est aussi la principale cause de la richesse du pays : peu de grosses pierres et beaucoup de terre meuble, uniformément étalée entre de petits galets, voilà le meilleur terrain pour la végétation herborescente spontanée, fine et sèche, qui, couvée en hiver par la neige peu dense, offre l'aliment le plus favorable aux ovidés. Aussi tout ce pays, dès la fin du printemps jusqu'en plein automne, est-il couvert de troupeaux de moutons à grosse queue, de chèvres noires et de vaches assez maigres ; on ne fait de leur viande qu'une parcimonieuse consommation locale, mais le petit bétail fait l'objet d'une exportation considérable, et le gros fournit une quantité énorme de laitage, qui est avec le pain la base de la nourriture sous la forme de lait caillé aigre et de fromage absolument insipide. N'est-ce pas la marque propre des peuples encore barbares, que de ne pas même savoir tirer un parti avantageux de leurs richesses naturelles ? On pourrait sans doute obtenir une production triple des vallées et des plaines par une culture raisonnée et intensive : c'est pitié de voir la maigreur des moissons, la charrue avec laquelle on les prépare, simple tige de bois armée d'un crochet à pointe de fer, et exactement semblable à celle des primitifs Assyriens ; pour peu qu'on écorchât la terre au double de profondeur, on lui permettrait de fournir le double en quantité, sans plus de travail ni de dépense. Le reboisement, dont le gouvernement turc n'a pas le moindre souci (¹). serait indispensable. soit pour régulariser l'arrosage. soit pour fournir un chauffage combiné avec celui du charbon de terre qu'on laisse dormir à peu de distance ; alors le fumier pourrait être utilisé pour féconder le sol. Les villes de cette région ne sont que des villages agrandis, ressemblant comme eux à des tas de rochers cubiques recouverts de poussière et de cendre, uniformément gris et comme rongés de lèpre. avec leurs terrasses plates qui se couvrent en été d'herbes jaunes. quand elles ne sont pas surchargées de tések. ces gâteaux de bouse servant de combustible (²). ou de fourrage et de gerbes séchant au soleil. Seuls les minarets et le maigre élancement de quelques peupliers semés en des jardins rares et étroits viennent trouer par places l'uniforme mélancolie de ces cités autrefois luxueuses. Tel est le caractère de monotonie angoissante que présentent, aux yeux du voyageur, exténué par de longues journées de cheval. Bayazid. Mouch et Bitlis à l'est. Erzéroum, Baïbourt, Erzindjân et Sivas au centre et à l'ouest (³). Bitlis seule est bâtie en pierres bien parées.

Dans la zone méridionale, bien que Malatia, par suite de sa position occidentale, présente déjà l'aspect d'une ville un peu plus semblable aux nôtres, avec ses toits en tuiles et ses nombreuses fenêtres. Keghi, Palou. Kharpout (la vieille Mamuret-el-Aziz) située encore à plus de 1.000 mètres d'altitude). Diarbékir (dont la plaine n'a plus

---

¹) Nous verrons au chapitre suivant que les Perses se faisaient un devoir de défricher les terres incultes et de reboiser les montagnes. Les Arméniens, qui ont longtemps subi leur domination, n'ont nullement profité de cet exemple.

²) *Tések* est le mot turc. Les Arméniens appellent ce combustible *atar*, nom perse signifiant le feu. Comme les vocables persans qu'ils possèdent ont été empruntés par eux dans l'antiquité et se rapportent surtout à la religion, on peut croire que c'est là un vestige du culte du feu. De plus, l'*atar* étant déjà le combustible le plus commun, il en résulte que la région était en partie déboisée, quoique sans doute moins qu'aujourd'hui. Malgré leurs sages principes, les Perses ne sont point parvenus à enrayer la destruction des forêts, sans cesse poursuivie par l'incurie des habitants.

³) Erzéroum était primitivement la petite ville de Garîn, qui a laissé son nom au district environnant. Elle devint Théodosiopolis quand l'empereur Théodose y construisit un château-fort, encore existant. Elle a pris enfin le nom d'Erzéroum du petit fort voisin de Arz, que l'on a appelé l'Arz des Roumis. — Erzindjân fut la première cité importante des Haïkanes, qui y avaient établi le sanctuaire d'Anahit ; elle s'appelait alors Erez. Elle est située à 1366 mètres d'altitude, près de l'Euphrate (E. Reclus, *Géogr.*, t. IX, p. 363). Erzéroum est à 1,920 mètres, dans le quartier inférieur, celui des consulats. — L'histoire des principales localités arméniennes est retracée dans H. F. B. Lynch. (*Armenia, passim.*)

qu'une élévation de 900 mètres mesurés au point le plus près des monts Haïni) (¹) et Sert (Séert, Saird) reprennent la physionomie maussade des villes du centre. Mais l'œuvre morose de l'homme, reproduisant dans les constructions de Sert le type traditionnel de l'architecture assyrienne, quoique reproduite à des proportions sans grandeur, y est corrigée par l'exubérante fécondité de la nature. Les montagnes y sont, en quelques points, encore semées d'arbres, parce que l'hiver y est peu rigoureux; et leurs prairies montent plus haut, par suite de la faible persistance des neiges moins abondantes; leurs croupes n'en présentent pas moins la même physionomie plate et somnolente. Quant aux vallées de l'Euphrate méridional, du Tigre supérieur et des rivières qui vont se jeter à l'est dans ces fleuves, le Keghi-Sou et le Botân-Sou (rivières de Keghi et du Taurus), elles sont plus larges, mieux arrosées, comblées d'un humus moins volcanique : c'est que le soleil y éclate dans toute sa splendeur, brûlant même la région de Diarbékir qui se trouve déjà en Mésopotamie ; c'est aussi que les vastes espaces où se déroulent les eaux du double tributaire du golfe Persique y laissent pénétrer les vents chauds, et que les souffles humides de la Méditerranée y arrivent du golfe d'Alexandrette, tamisés et rafraîchis par les pentes adoucies du Taurus, de l'Anti-Taurus et du Taurus Arménien qu'elles imbibent de leurs vapeurs. Semblables aux côtes admirables de la mer Noire et de la Méditerranée, à cela près qu'il est aux trois quarts déboisé pour les besoins du plateau central, ce pays est le jardin de l'Asie-Mineure, produisant les graines et les fruits, les légumes et les fleurs des climats tempérés les plus riches. Il suffirait d'un peu d'art pour extraire de ses vignobles un vin moins alcoolique et moins impur, dont quelques verres bus par l'étranger lui expliquent l'ivresse subite du patriarche Noé. Quand l'horticulture et l'agronomie européennes auront aménagé le sol, perfectionné les espèces végétales et animales, nulle part au monde on ne pourra trouver de riz plus fin, de pêches et de melons plus succulents, de moutons plus fournis de chair et de laine. Il serait aisé, par un aménagement des prairies et par la sélection des types, d'y élever de magnifiques races ovines et bovines. L'homme n'y présente plus ces traits rudes, cette humeur chagrine ou rusée qui attristent le visage des habitants

---

¹) H. F. B. Lynch, *op. cit.*, t. II, pp. 390 pour Kharpout et 388 pour Haïni. — On pourrait, à la rigueur, comprendre dans cette région la plaine de Mouch, qui jouit d'un climat plus modéré que le plateau, par suite de sa faible altitude (1,350 m. d'après Lynch, *op. cit.*, t. II, p. 394).

du plateau : mis à part les Kurdes pillards qui infectent ces parages luxuriants non moins que l'est de l'Arménie où ils sont chez eux, les indigènes, à peu près exclusivement Turcs, Arméniens et Kézilbaches, reflètent le sourire de la nature, manifestent comme la terre une exubérance de vie joyeuse et satisfaite, tant que les caprices d'une autorité despotique n'imaginent pas de troubler la sérénité des chrétiens en inventant des complots pour les exterminer. Toutes proportions gardées, s'il nous est permis de chercher à fixer les idées du lecteur par une nouvelle comparaison, ce territoire et ses habitants ressemblent assez aux vallées et aux populations de la Loire et de la Garonne, moins la grâce des lignes et la hardiesse des initiatives.

Intermédiaire entre ces deux extrêmes, le climat de la troisième zone, assise entre le lac de Vân et l'Ararat, puis, en remontant vers le nord, sur les vallées de l'Araxe et le plateau qui descend en pentes douces vers le Kour, participe au climat de la première région dans sa partie montagneuse et à celui de la seconde sur les bords des lacs et des fleuves : il y existe, en effet, un certain nombre de lacs secondaires, comme le Balik-Göl au sud de l'Ararat, plein de poissons comme son nom l'indique, et le Gœkchekh au nord de la même montagne (¹), masse d'eau encore très importante et ceinte de rocs sauvages : c'est en partie à ces petites mers intérieures, dont l'influence est encore accrue par le voisinage du lac d'Ourmiah, le plus vaste de tous, mais qui n'est pas arménien, que l'est et le nord-est du pays doivent leur climat tempéré. Les Arméniens se sont répandus en assez grand nombre hors de chez eux dans l'empire persan ; ils se sont bien plus encore poussés vers le Caucase, où ils sont les maîtres de deux grandes et belles villes, Tiflis et Bakou : peut-être même est-ce en Russie d'Asie que se trouve plus de la moitié de la population arménienne totale, grâce aux améliorations apportées par leurs incessants immigrants et par les soins du gouvernement russe dans les vallées de l'Araxe et du Kouros (on dit aujourd'hui la Koura). Centre du partage des eaux par lui-même ou par les chaînes qui le prolongent à l'ouest, l'Ararat rejette les cours qui dépendent directement de lui, soit dans la mer Caspienne, soit dans le lac de Vân, et l'inclinaison qu'il détermine dans ce double sens fait que les vents frais et humides

---

¹) Gökchekh signifie « bleu ». Ce lac est aussi appelé Sevân : c'est le Lychnites de Ptolémée, et le Gegham ou Geghark (Jeɥam, Jeɥark) de la littérature arménienne. M. Lynch (*Armenia*, t. II, p. 43) lui attribue 1,933 mètres d'altitude. — Le Balik-Göl est à l'altitude de 2,255 mètres (Lynch, *op. cit.*, t. II, p. 385).

viennent ici de ces deux bassins d'évaporation (¹). En dehors de Vân, d'Erivân (près de laquelle se trouve la métropole chrétienne Etchmiadzin) et d'Alexandropol, les villes de quelque importance que pourrait nourrir ce sol fertile sont pourtant peu nombreuses. Elles l'étaient davantage autrefois : c'est sur l'Araxe que se trouvait la plus vieille capitale, Artaxata, et c'est sur le plateau transcaucasien que florissait au moyen âge la nouvelle capitale Ani. De l'une et de l'autre il ne reste plus que de misérables ruines, attestant leur ancienne prospérité. Mais aujourd'hui le transit s'en est détourné, pour passer, d'abord par Erzéroum quand il se faisait entièrement par caravanes, puis par Tiflis, depuis que les chemins de fer en ont fait un centre de premier ordre. « Vân dans ce monde, et le paradis dans l'autre », dit un proverbe arménien (²). On doit bien en rabattre quand on y arrive en quittant nos beaux sites européens ; mais pour les indigènes, ils n'ont rien de préférable. La végétation est spontanée, drue, variée, mais ne produit pas tous les fruits du midi. L'hiver est court et léger, l'été n'a point de chaleurs étouffantes, grâce à l'altitude (1.825 mètres à la sur-

---

¹) Le bassin du lac de Vân est semé de magnifiques volcans isolés qui ont surgi au milieu du plateau et qui ne forment point de chaînes s'opposant aux courants d'air. Les principaux sont le Tendörek, le Sipân-Dagh et le Nimroud-Dagh, ces deux derniers situés sur la rive nord-orientale du lac, et possédant d'immenses cratères éteints ; au siècle dernier, le Tendörek était encore en activité. D'ailleurs, toute l'Arménie, quoique soulevée par le plissement du globe (v. Suess, *La Surface de la terre*, trad. fr.), a subi de nombreuses éruptions. L'Ararat et le Palondöken montrent par leur forme qu'ils furent d'origine volcanique : les chaînes qui les relient possèdent quantité de cônes. Par exception, l'Aghri-Dagh est en partie granitique (Lynch, *op. cit.*, t. II, p. 385), continuant ainsi la structure du Zagros du Kurdistàn. Il s'est produit semblablement diverses autres suites de phénomènes géologiques en série. C'est ainsi que les trois grands volcans précités, le Tendörek, le Sipân et le Nimroud, paraissent appartenir au même système d'éruption qu'une chaîne plus méridionale, couverte aussi de laves d'époque relativement récente, le Karaja-Dagh, au sud-ouest de Diarbékir (Lynch, *op. cit.*, t. II, p. 388). Le Nimroud-Dagh a été pour la dernière fois en éruption en 1441, d'après un écrivain arménien de Vân qui a vu de ses yeux le phénomène et qui appelle le mont Mamroud entre Akhlat et Bitlis. C'est un copiste des anciens auteurs arméniens, nommé Vartan ; il a consigné le fait dans une chronique, d'après Indjidjân, *Archéologie*, p. 106 (Venise).

²) Vân, ainsi nommée de la province Biaïna connue comme riveraine du lac par les inscriptions khaldiques, portait dans l'antiquité arménienne le nom de Thouspa. Moïse de Khorin la désigne ensuite sous le nom de Sémiramguerd (construite par Sémiramis) ; la célèbre reine, dont l'existence ou du moins les fastes sont mythiques, aurait choisi le magnifique rocher isolé au bord du lac pour y construire ses jardins suspendus. Les Arméniens sont prodigues de telles légendes : c'est ainsi qu'ils appellent Diarbékir Dikranaguerd, bien que Tigranocerte ait été construite bien plus bas.

— 54 —

face du lac) qui tempère la radiation solaire. Il en est de même pour la vallée de l'Araxe. La première plaine que ce fleuve traverse au nord de l'Aghri-Dagh, celle de l'Altoun, est à une élévation de 2,235 mètres, et sa vallée moyenne dans le district de l'Ararat mesure l'altitude approximative de 1.000 mètres quand elle en débouche. Aussi l'hiver y est-il moins rude et moins long que sur l'autre versant de la montagne, où le plateau d'Alasguert est à 1.677 mètres [1]. De plus, l'orientation des larges couloirs de l'Araxe, aboutissant à des steppes vers l'Orient, lui amène les bons vents; d'autre part, la chaleur y est douce et néanmoins suffisante pour faire croître de magnifiques moissons, en maints endroits même la vigne et les arbres fruitiers. Dans le reste de l'Arménie russe, contrée fort riche jusqu'au lac Gökchekh et au plateau Kars aussi froid que celui d'Erzéroum, on obtient tous les produits des pays tempérés, voire quelques-uns des pays chauds : riz, coton, mûrier, pourvu que l'on se trouve dans une dépression assez basse et bien exposée. Obligée à un dur labeur qui la récompense au centuple, grâce aux quelques voies ferrées rendant possible le transport des grains à une certaine distance, la population est active, pacifique, obstinée, reproduisant beaucoup de traits de nos paysans normands ou bourguignons. Aussi fut-elle au moyen âge le type du véritable Arménien, celui qui sema, près du lac de Vân et au nord de l'Araxe, ces innombrables monuments religieux, parfois même civils, témoignant d'une civilisation très avancée. C'est une race de colons, comme ceux du midi sont une race de vignerons; ceux du centre ont conservé davantage les mœurs patriarcales, sous l'influence de la vie encore à demi nomade à laquelle les pasteurs sont astreints du printemps à l'hiver [2].

En dehors de ces trois grandes zones générales, plusieurs points, particulièrement favorisés par la nature, tranchent avantageusement sur leur rude entourage : C'est ainsi qu'au nord les luxuriantes vallées

---

[1] H. F. B. Lynch, *Armenia*, t. II, p. 379; t. I, p. 146; t. II, p. 384. Elisée Reclus (*Geogr.* t. IX, p. 329) ne donne que 1,625 pour le lac de Vân. Nous préférons les mesures de M. Lynch, plus récentes et mieux étudiées.

[2] On trouvera dans la *Géographie sociale de la France* par M. Demolins une foule de traits qui peuvent s'appliquer aux Arméniens de l'est et du midi ; dans la revue *La Science Sociale*, dirigée par le même économiste, de nombreux articles étudiant les populations auxquelles l'art pastoral a imprimé son caractère donneront une idée de l'existence des Arméniens du centre. Quant à ceux qui se livrent au commerce dans les villes indigènes ou étrangères, ils sont devenus des urbains analogues aux nôtres.

de Guémush-Khâné et du Tortoum approvisionnent de fruits tout le centre, lequel compte lui-même des coins délicieux, comme autour d'Erzinjân et de Khenous. Ces exceptions proviennent de la dépression du terrain. Telle que la nature l'a faite, sans art, ni science pour l'exploiter, l'Arménie se suffit donc à elle-même. Elle n'importe que de mauvais produits européens, la laine de ses moutons lui ayant toujours fourni le vêtement malgré l'imperfection du tissage, et ses mines lui donnant les métaux indispensables pour ses besoins élémentaires : seul le travail du cuivre, le plus utile pour le ménage, y fut de tout temps assez habilement pratiqué ; enfin ses roches de tout genre y ont fait naître de puissants bâtisseurs, autrefois très habiles. Elle exporte, sans doute depuis l'antiquité, ses quarante millions de moutons à Damas et à Constantinople ; elle fournit de vin toute l'Asie-Mineure centrale. Le jour où notre industrie aura éventré le sol, il en jaillira de grandes fortunes.

La configuration générale du plateau favoriserait une culture extensive, et a permis les agglomérations d'habitants comme les concentrations d'armées. Toutes ces montagnes délimitent régulièrement, à peu de distance les uns des autres, des compartiments fermés sur le pourtour, mais ouverts par une ou deux gorges, et qui présentent d'immenses surfaces horizontales comme une table[1]. Ces plaines, tout à fait caractéristiques et répandues sans interruption de l'Euphrate et du Tigre à l'Araxe et aux premiers affluents du Kouros, ont eu pour conséquence, ainsi que les vallées également fermées comme celles du Tchorokh, du Bitlis-Sou, de la rivière de Keghi, la constitution de principautés féodales fortes, jalouses, très utiles quand leurs chefs obéissaient aux rois, mais souvent aussi désastreuses pour l'unité nationale. Beaucoup de ces plaines sont d'anciens lacs desséchés ; mais tandis qu'en Perse, où le même phénomène s'est produit, l'eau trop salée a stérilisé la terre en s'évaporant, celle des lacs d'Arménie, plus douce, l'a fertilisée en couvrant le sol d'un excellent humus[2].

---

[1] La plus élevée de ces plaines est celle d'Erzéroum (1,753 mètres). Viennent ensuite, par ordre d'altitude, Alasguert (1,677 m.), Khenous (même hauteur), Passîn (1,525 m.), Malazguerd (même hauteur), Baïbourt, (1,520 m.). Le lac de Vân (1,718 m.), un peu moins haut que la première, détermine, naturellement, une température beaucoup plus douce. Pour ces mesures, v. H. F. B. Lynch, *Armenia*, t. II, p. 401.

[2] Lynch, *op. cit.*, t. II, p. 404.

— 56 —

III

Les guerres anciennes et modernes, les nombreuses discordes civiles dans l'antiquité païenne, la résistance aux influences politiques et surtout religieuses de l'empire grec dans la période chrétienne, l'esprit encore patriarcal et indolent des habitants de l'Arménie, anciens et nouveaux et quelle que soit leur race ; les exactions de gouvernements étrangers, libéraux à vrai dire dans l'antiquité, mais depuis lors vexatoires par fanatisme et souvent sanguinaires par crainte ; enfin le caractère essentiellement pacifique des Arméniens qui, au temps de Rome, se sont vite apaisés quand ils ont vu leurs ambitions tourner à leur désavantage, et qui, durant notre ère, ont généralement préféré, quoi qu'on en dise, l'expatriation à la révolte : telles sont les principales causes de l'état de torpeur où s'engourdit ce pays. Pour l'en tirer, il suffirait de l'impulsion d'une civilisation supérieure garantissant l'ordre et la justice, donnant l'exemple du travail et de la sagesse patiente. Les Arméniens sont, en effet, doués d'une faculté d'imitation remarquable. Livrés à leur génie propre en toute liberté, ils sauraient, sans s'assimiler complètement aux peuples européens jusqu'à en perdre leur nationalité, à laquelle ils tiennent avant tout, montrer aux autres races orientales comment on peut se mettre au pas de nos progrès. Ils l'ont prouvé par tous les emprunts qu'ils ont faits aux grandes civilisations de jadis ; ils le prouvent encore par ceux qu'ils font sans cesse à la nôtre.

Sans qu'il nous soit possible d'étudier ici toutes les conditions requises pour leur assurer le complet développement auquel ils aspirent, nous nous arrêterons seulement à l'une des principales, qui a trait à la géographie étudiée dans ce chapitre, et dont l'exposé est indispensable pour l'histoire. Il s'agit des moyens artificiels de communication. Dans l'espèce, ce sont exclusivement les routes, nulle navigation n'étant possible, ni sur les mers trop éloignées, ni sur les lacs trop restreints, ni sur les fleuves trop accidentés et trop secs pendant les chaleurs.

Au XIVe siècle avant notre ère, c'est-à-dire six cents ans avant la première apparition des Arméniens dans le centre de l'Asie antérieure, une ébauche de grande route stratégique et commerciale avait déjà été réalisée, en partie par les Syriens, les Lydiens, les Assyriens, en partie par les vagues populations des hauts plateaux et de l'« isthme médique », qui sentaient le besoin de communications, soit entre les lointaines rives de la Méditerranée et de l'Océan asiatique, soit plus simplement entre elles-mêmes. Les tronçons de cette route qui, à l'ouest, partaient de l'archipel égéen, et, au sud, de l'Euphrate moyen, aboutissaient naturellement, tout d'abord, sur le Pont-Euxin : aux vallées minières du Thermodon (Deïrmoun-Déré de nos jours, petit fleuve dont l'embouchure est à l'ouest de Trébizonde), et à celles de l'Iris (le Loukos des Grecs, le Ghaïl des Arméniens) ; ce tracé traversait le territoire des Khâti (Hittites). Ces diverses fractions se soudèrent à un point quelconque de l'empire hittite et « se changèrent en une voie continue, sur laquelle les caravanes et les armées circulèrent désormais. Partie des champs de la Méonie, elle remontait la vallée de l'Hermos d'ouest en est, puis elle escaladait les gradins du plateau central, et, se redressant de proche en proche vers le nord-est, elle filait aux gués de l'Halys : elle franchissait le fleuve deux fois, la première aux deux tiers environ de son cours, la seconde à petite distance de la source, puis elle s'infléchissait brusquement sur le Taurus et elle ralliait en Mélitène les sentiers qui conduisent dans le bassin du haut Tigre, à Nisibe, à Sangara, au vieil Assour, plus bas, au delà de la montagne et sous les murs de Charchémis (capitale des Hittites), ceux qui s'en vont au Nil ou dans les cités riveraines du golfe Persique » ([1]). Pour arriver là, elle empruntait ceux des tronçons qui se dirigeaient vers le sud-est ; enfin la route aboutissait à Suse, plus tard, lorsque Darius eut fait de cette ville le centre de son empire.

Il y a, en effet, des voies naturelles constituées par les conditions physiques : les peuples en profitent pour se diriger vers les centres d'attraction. En Arménie, ces voies sont les fleuves, quand les vallées en sont assez larges et que les chaleurs ont mis leur lit à sec ; ce sont aussi les grandes plaines communiquant par des gorges : ce sont enfin les passes des montagnes. L'attraction a été constituée, soit par la richesse propre du pays, soit par les besoins du transit entre l'Orient et l'Occident. A ce dernier point de vue, l'Arménie est le lieu de passage le plus favorable de toute l'Asie antérieure : la Mésopotamie est déjà difficile à traverser depuis que les cultures artificielles ont en grande

---

[1] Maspéro, *Hist. anc. des peupl. de l'Or. class.*, t. II, p. 365, d'après Kiepert, *Ueber des Pers. Königsstr. durch Vorderas, nach Herodot.*, dans *Monatsber.* de l'Acad. de Berlin, 1857, p. 123-140 ; Ramsay-Hogarth, *Prehellenic Monum. of Cappadoce*, dans *Recueil de Travaux*, t. XV, pp. 92, 94. — M. F. Justi (*Gesch. des alt. Pers.*, p. 6) donne un tracé qui ne remontait pas si haut. C'est qu'en effet, la route se divisait en Arménie pour aller, soit vers la mer Caspienne, soit vers le golfe Persique.

partie disparu, et elle est bordée par le désert de Syrie, qui rend les gros transports impossibles et qui fut le cimetière de nombreuses armées envahissantes ([1]). Quant au Caucase, il a toujours été une voie secondaire, jusqu'à ces derniers temps, où les chemins de fer ont accaparé une grande partie du transit. Mais une fraction notable en reste encore à l'Arménie par les caravanes si lentes et si coûteuses. Qu'une voie ferrée les remplace, il n'y a aucun doute que le transit presque entier lui reviendra. Car la route de Perse à la mer Noire la plus courte passe par Tébriz, Bayazid, Erzéroum, Baïbourt et Trébizonde. De même, dans une direction presque perpendiculaire, le chemin entre Constantinople et Bagdad ne peut être que ce qu'il a toujours été, par Sivas, Kharpout (ou Malatia), Diarbékir et Mossoul. Le chemin de fer en construction de Smyrne à Bagdad pourra seul modifier ce trajet : il se rétablira dès qu'une autre ligne assurera la même rapidité et la même économie de transport entre la mer Noire et le golfe Persique. Ainsi l'Arménie est admirablement située pour devenir un centre de distribution des richesses : Erzéroum et Sivas sont encore les entrepôts d'où s'irradient les marchandises vers les régions circonvoisines([2]), et où se partagent les embranchements de la route principale. D'autre part, la richesse du pays lui a de tout temps attiré les convoitises pillardes des empires asiatiques ou européens. Tel est le revers de la médaille ; l'Arménie est une proie désignée aux entreprises du plus fort. Seulement elle est merveilleusement constituée pour se défendre. Il lui suffit de fortifier les principales passes ([3]), et si l'ennemi les force,

---

[1]) Aussi, quand le développement de la Chaldée et de l'Assyrie exigea la création d'une seconde route par le sud, elle passait bien entre les deux fleuves, mais elle évitait le désert en se ramifiant vers les deux extrémités du Taurus, pour se diriger, le long de l'Arménie ou à travers elle, vers la mer Noire et vers la mer Caspienne. Chemin faisant, elle envoyait un courrier à la côte de la Syrie septentrionale et sans doute un autre à celle du Bosphore. Telle était la grande artère de la Babylonie : ses communications directes avec Tyr devaient être moins importantes.

[2]) Outre les deux principales directions de la première route, celle qui suivait la latitude, et dont le point de divergence était en Arménie, ce pays déterminait aussi, dès le début, divers embranchements de la même voie pour les besoins du plateau et des régions limitrophes ; l'un suivait l'Euphrate occidental (Kara-Sou moderne) vers Vân ; un autre l'Arsanias ou Aradzani (Euphrate oriental, Mourad-Sou) vers Bitlis ; un autre l'Euphrate entier vers la Mésopotamie.

[3]) Autour de l'Arménie, les conditions se présentent souvent analogues. C'est ainsi que les fameuses « Pyles Ciliciennes », par lesquelles il faut nécessairement passer pour franchir le Taurus, peuvent aisément être barrées pour arrêter les armées qui, partant du golfe d'Alexandrette, voudraient atteindre la courbe de l'Euphrate en Arménie (E. Reclus, *Géogr.*, t. IX, p. 473).

elle peut l'exténuer aisément par une guérilla d'embuscades jusqu'à ce que l'hiver vienne ensevelir l'adversaire. C'est ainsi qu'aujourd'hui les canons défendent l'approche d'Erzéroum si sûrement que les Russes se reconnaissent impuissants à enlever une nouvelle fois la place en venant du Caucase. Aussi les Arméniens, malgré leurs nombreux revers, se sont-ils défendus avec un acharnement dont témoignent les ruines de forts qu'ils avaient semés dans le pays, à côté de ceux qu'y avaient aussi édifiés leurs conquérants passagers. Même vaincus par les Perses, par les Romains, par les Bysantins, par les Arabes et les Turcs, — toujours vaincus parce qu'ils étaient trop faibles numériquement et surtout trop divisés entre eux, — ils ont lassé leurs dominateurs, qui ne tardaient pas à considérer une nouvelle guerre comme trop onéreuse, et tout en accordant leur soumission nominale, ils ont réussi à vivre dans une demi-indépendance qui a seulement cédé à la puissante concentration du gouvernement ottoman.

Il est impossible de comprendre les destinées de l'Arménie sans se représenter aussi exactement que possible les directions offertes à ses voisins par la structure même des montagnes qui la supportent. Des deux grandes voies que nous avons décrites, l'une, celle du sud au nord, conduisait en Europe les produits de la Chaldée, de l'Arabie, de l'Inde et des îles ; l'autre, de l'est à l'ouest, y dirigeait ceux de l'Asie centrale. De la Perse, autrefois comme aujourd'hui, d'immenses caravanes traversaient l'isthme médique sur les plateaux de l'Iran, longeaient les lacs de l'Ararat, et s'irradiaient vers le Caucase, vers Trébizonde ou Smyrne, ou enfin vers la Syrie. Le point de jonction entre cette dernière branche et la première route était la Mélitène. Ainsi l'Arménie, pays étoilé dans tous les sens, était destiné par sa forme même aussi bien que par sa position concentrique à être une table mathématique de directions après avoir attiré à lui toutes les activités humaines. Aussi cette première branche se développa-t-elle avec le mouvement des affaires et les ambitions belliqueuses, si bien que l'Arménie ne tarda pas à posséder un réseau complet, qui s'est maintenu en partie jusqu'à nos jours. C'est seulement depuis que la navigation de la mer Noire est sûre et facile, c'est-à-dire depuis moins d'un siècle, que la seconde partie de la grande voie longitudinale, entre Erzézoum et Smyrne, a été abandonnée [1] : il ne subsiste plus que la première

---

[1] Dans l'antiquité, à peine deux ports du Pont, Aminos et Sinope, servaient-ils d'étroits débouchés sur la mer Noire. « Ni Trébizonde, ni les autres ports du littoral du Paryadrès n'avaient encore su attirer directement le commerce. » (Th. Reinach, *Mithr. Eup.*, p. 233.)

moitié de Trébizonde à Tébriz; mais ce raccourci n'a causé aucun détriment à l'Arménie, il a seulement appauvri le centre de l'Asie Mineure. Au temps de Mithridate Eupator, roi du Pont, et de Tigrane le Grand, roi d'Arménie (I⁰ʳ siècle av. J.-C.), les deux grandes routes de cette région étaient, l'une établie par le roi du Pont, l'autre entretenue et restaurée par lui, mais léguée par les Perses. La première, au nord, partait d'Artaxata et suivait les vallées de l'Araxe, de l'Euphrate et du Loukos. La seconde, ancienne route royale persane, franchissait le Tigre, l'Euphrate et le Halys, en passant par Tigranocerte (en Mésopotamie septentrionale). C'était la fameuse route royale de Sardes à Suse, qui « projetait certainement un embranchement vers Amisos et Sinope (Hérodote V. 52) » (¹). Mais ce port, isolé comme une île au bout du promontoire le plus septentrional de l'Asie Mineure, et manquant de routes dirigées vers l'Arménie (²) ne pouvait offrir de débouché à cette dernière. « C'est dans les bazars de Comana (au sud de la Petite-Arménie, en Cappadoce, à l'est de l'Anti-Taurus) que les caravanes d'Arménie venaient décharger leurs ballots de marchandises (Strabon, XII, 3, 36) » pour aller de là, soit vers Sinope, soit vers Éphèse (Strabon. XII. 2. 10) (³). Nous verrons cette route servir aux relations incessantes par lesquelles Mithridate et Tigrane se soutenaient mutuellement, soit contre leurs voisins, soit contre Rome. Sous la domination persane antérieure, elle était fort bien entretenue. Il fallait 90 jours de poste pour la parcourir de Sardes à Suse, en utilisant 111 relais (Hérodote. V. 51-53). On sait qu'après avoir traversé toute l'Asie Mineure, elle passait « chez les Arméniens par-dessus l'Euphrate », et que sans cesse elle était parcourue par les courriers royaux portant les ordres, en sens inverse, par les émissaires des satrapes envoyant leurs rapports : les uns et les autres employaient les chevaux de relai en allant toujours au bac ou au galop. En même temps, elle servait aux voyageurs ordinaires et au transport des marchandises, lesquelles se faisaient déjà, non seulement par mulets, mais par chameaux (⁴). C'était dans l'aboutissement persan, l'Elam, qui avait

---

¹) Th. Reinach, *Mithr. Eup.*, p. 233.
²) E. Reclus, *Géogr.*, t. IX, p. 566.
³) Th. Reinach, *Mithr. Eup.*, pp. 233, 234.
⁴) Maspéro, *Hist. Anc. des Peupl. de l'Orient classiq.*, t. III. p. 689, d'après Ramsay, *Historical Geogr. of Asia Min.*, pp. 27, 35 pour le tracé de la route. — Le Ghilzân, situé au sud du bassin du lac de Vân, envoyait à Salmanozar III, roi d'Assyrie de 860 à 820 av. J.-C. un tribut de chameaux ; on les voit gravés sur la porte de Balawât (Maspéro, *op. cit.*, t. III, p. 68). Les chevaux de ce pays étaient déjà parfaitement harnachés, comme le montre un autre monument de Ninive, l'Obélisque Noir Maspéro, *op. cit.*, t. III, pp. 67, 92).

Suse pour capitale, que se concentraient les denrées de l'Asie, en grande partie destinées à l'Europe. On peut croire que la chaussée était certainement encaissée ; cependant on n'en retrouve plus trace, et la piste suit, les trois quarts du temps, les dépressions naturelles, dont les accidents rendent le trajet en voiture impraticable. A ce point de vue, nous avons pourtant des témoignages qui permettent de conclure à un état de viabilité meilleur dans les temps primitifs qu'il ne l'est aujourd'hui : nous verrons à plusieurs reprises les Khalds, comme les Hittites, les Assyriens, les Syriens et les Egyptiens, employer une charrerie de guerre légère et robuste. Ils y avaient beaucoup plus de mérite que les autres peuples, étant obligés de manœuvrer dans ces terribles montagnes de l'Ourartou que les Arméniens devaient occuper après eux : il fallait bien qu'ils eussent rendu carrossables les principales passes et les régions du midi où, de nos jours, toute espèce de véhicule est inconnu. Pourtant les rois d'Assyrie escaladaient aussi ces pentes sur leur char ([1]) ; un pareil tour de force est devenu impossible.

On le voit, donc, au double point de vue des relations commerciales, puis des compétitions politiques entre les empires des deux mondes, l'Arménie devait être fatalement le champ de bataille par excellence, tantôt pour les luttes pacifiques de la concurrence et de la civilisation, tantôt pour les rivalités sanglantes qui établissent la gloire des conquérants et entraînent le malheur des peuples. Il n'est pas étonnant qu'une région si bien douée par elle-même, et un lieu de passage si indispensable soit souvent devenu la proie de puissants ambitieux et le théâtre de furieuses rencontres entre eux et leurs compétiteurs. Les guerres furent pour l'Arménie une cause incessante de ruine. Guerres entre les tribus arméniennes éparses, comme il arrive infailliblement entre tous les montagnards. Guerres bien plus terribles contre l'Assyrien, le Mède, le Grec, le Perse, le Turc ou l'Arabe. Les noms de Darius, de Lucullus et de Pompée, de Chosroès, de Bajazet, de Paskiewitch y répandent un glorieux et mortel fracas, choqués dans un éternel tournoi entre les héros et les tyrans, entre les chevaliers de la croix et ceux du croissant, entre l'ours du pôle et le lion du désert.

Comment eût-on voulu qu'un peuple ainsi broyé entre les meules de l'ambition, du fanatisme et de la politique parvînt à conserver

---

[1]) On voit ce char gravissant les monts de l'Ourartou, sur la porte de Balawât (Maspéro, *op. cit.*, t. III, p. 61).

assez de force et de cohésion pour sauvegarder son indépendance, quand jamais la population totale, même aux époques de pleine prospérité, ne dépassa vraisemblablement six à sept milions d'âmes (¹), et quand ses traditions l'avaient habituée de toute antiquité à fuir plutôt qu'à lutter, plutôt qu'à combattre jusqu'à la mort ou la victoire comme tant de plus hardis en d'autres montagnes, les Albanais, les Suisses, les Berbères? L'Arménien n'a guère qu'une force de résistance passive. On doit l'admirer pour l'obstination avec laquelle il s'est maintenu dans son pays d'adoption, presque toujours vassal ou mettant sur son propre trône des rois étrangers, mais pratiquement libre jusqu'à l'invasion seldjoucide. En revanche, militairement parlant, on le verra, dans toute cette *Histoire*, lâcher plus souvent qu'il ne gagne du terrain. Ce qui le domine, c'est le désir du gain, l'âpreté aux luttes économiques, qui caractérise tant d'autres peuplades montagnardes. Tant qu'il a cru pouvoir s'emparer de régions plus riches, il a poussé de l'avant, de la Thessalie au Caucase, mais en évitant les conflits, en profitant de l'émigration ou de l'affaiblissement des voisins : c'est peut-être le seul peuple de l'antiquité asiatique dont l'histoire n'ait pas conservé trace de fastes épiques jusqu'aux environs de notre ère. Une fois installé sur le plateau central, il s'y est maintenu ferme tant qu'il y a trouvé l'aisance, grâce aux dominations libérales qu'il y subissait habituellement : depuis Darius jusqu'aux Seldjoucides, on ne

---

¹) D'après des renseignements personnels, nous pouvons évaluer approximativement comme il suit le nombre des Arméniens actuellement existants à travers le monde :

Arméniens de la Turquie d'Asie	993,600
» de la Transcaucasie russe	1,128,970
» de la Turquie d'Europe	200,000
» de Roumanie, Serbie, Bulgarie	21,250
» de la Perse	43,000
» de l'Egypte	10,000
Catholiques arméniens de Russie	37,000
Nouvelle colonie arménienne des Etats-Unis	30,000
Arméniens d'origine ancienne absorbés par la population en Italie, en Transylvanie, en Pologne, aux Indes, en Océanie, etc.	20,000
Colonies éparses dans les principales villes de l'Europe.	1,000
Total	2,484,820

Les centaines et les milliers ne doivent pas être pris en considération, faute de statistiques officielles. Les renseignements concernant la Russie et les provinces balkaniques sont seuls certains; ils se trouvent dans l'almanach arménien *Louïs* (La Lumière), Tiflis 1905.

signale qu'une colonie fondée par lui, et encore pas bien loin, en Hyrcanie, au sud-est de la mer Caspienne. Mais, sitôt que la barbarie mongole l'opprime, il commence, au lieu de résister et de s'assurer la prédominance qu'il lui eût été possible de maintenir, cette longue série de fuites éperdues qui ont fait de lui, avec les Juifs, le peuple le plus dispersé que l'on connaisse au monde. Dès le XIIe siècle, la capitale Ani et plusieurs autres villes importantes sont complètement désertées. De nombreuses colonies se forment ensuite sur tous les points du globe où il y a quelque chose à gagner. Encore aujourd'hui, l'Arménie se vide sans cesse, et depuis longtemps, les Arméniens, pour plus de la moitié, ne sont plus chez eux ; ceux qui y restent sont en infime minorité. Inquiets, généralement craintifs, rarement capables de se concerter tous ensemble pour une action énergique, ils ont les qualités et les défauts d'une population pacifique qui veut devenir sédentaire mais qui cherche toujours un lieu de repos sans pouvoir y séjourner indéfiniment. Ils n'imiteront pas le Kurde, l'Arabe ou l'Afghan, pour qui la tente mobile est le seul foyer et à qui le désert sans fin sert d'horizon seul digne d'envie ; ils cherchent à se fixer sur un sol par la culture, tout en se livrant partiellement à l'art pastoral ; ils créent des villes où puisse s'exercer leur habileté commerciale et industrielle ; ils bâtissent des centaines de forteresses pour se défendre et des milliers de monastères chrétiens après les temples païens pour satisfaire leur tempérament mystique ; — et cependant, ce sont d'éternels errants, qui ne quittent pas seulement, comme les Basques ou les Savoisiens, leurs cimes natales pour y revenir après fortune faite, mais transportent à chaque instant leurs familles et leurs biens en d'autres régions avec l'intention de s'y établir à demeure, jusqu'à ce qu'une nouvelle épreuve les incite à un nouveau changement.

C'est que l'Arménie est en somme un pays trop âpre pour satisfaire une humanité avide de bien-être et néanmoins incapable d'inventer les moyens industriels nécessaires pour mettre à profit ses ressources cachées. L'Arménien n'est pas initiateur. Doué d'une remarquable faculté d'assimilation, il n'a rien su créer de vraiment original : même son architecture chrétienne, si intéressante, n'est qu'un dérivé du byzantin mâtiné de persan. Il n'a jamais su, à l'exemple des anciens Grecs et Romains, ni, dans les temps modernes, à l'exemple des peuples d'Occident, transformer la nature par de hardis travaux d'art. Sa patrie est restée, entre ses mains, telle qu'il l'a trouvée ; il n'y recueille guère que les richesses offertes d'elles-mêmes ou exigeant peu de travail.

Aussi, ce haut plateau et les riches vallées environnantes, où pourrait vivre une population fort dense, ne possèdent-ils que 6 habitants par kilomètre carré(¹). Quoique le climat en soit très sain, des épidémies de tout genre, dont la fièvre typhoïde, la syphilis, le croup sont endémiques, déciment continuellement cette race très prolifique, par suite de l'abominable malpropreté où vivent les paysans et de l'incurie avec laquelle les eaux si pures des neiges fondues sont amenées dans les villes par des conduites en bois pourri. On voit tout cela depuis des siècles, et l'on ne fait rien pour y remédier (²). Il y a tout lieu de croire que l'hygiène n'était guère plus avancée dans l'antiquité. Cependant la prospérité paraît y avoir été plus grande comme la population plus dense. La principale cause de cette décadence est certainement politique. Les Arméniens, faute d'initiative, ont besoin du stimulant d'un gouvernement puissamment organisateur et de la protection d'une administration bienveillante. Ils en jouissaient autrefois, depuis les Perses jusqu'aux Seldjoucides. Aujourd'hui, tout est changé... Cependant, ils ont tort de se plaindre sans cesse et de tout. En somme, les Turcs les font bénéficier d'une tolérance que nul autre peuple conquis n'a jamais pu se flatter d'obtenir à un degré supérieur. Il leur serait aisé d'imiter la sage résignation des Grecs de l'empire Ottoman, qui ont su, par un effort incessant, y devenir les maîtres dans la sphère économique et sociale.

Mais nous ne pouvons insister davantage sur les caractères de l'Arménien moderne : il nous fallait seulement marquer en quelques traits leur persistance depuis les temps les plus anciens. L'un de ceux qui frappent le plus et qui honorent singulièrement ce peuple, c'est son obstination à persévérer dans ses traditions nationales malgré tant d'obstacles. Montagnard têtu, patient, que rien ne peut abattre, il a conservé ses mœurs, sa langue, sa religion, ses souvenirs historiques, il a le culte de son passé, qui, à vrai dire, l'empêche un peu de comprendre le présent, — si bien qu'il reste sous nos yeux comme l'une des races les plus anciennes du monde, race sans doute fort mélangée au cours des âges, mais dont l'élément primitif est resté prédominant, absorbant les autres au point d'en rendre la trace fort difficile à découvrir, soit dans sa langue, soit dans sa constitution physiologique, soit enfin dans ses institutions.

---

¹) E. Reclus, *Géogr.*, t. IX, p. 339.
²) Voir la description de l'existence actuelle des habitants dans les *Choses et Gens d'Arménie* par l'un des auteurs de cette *Histoire*, Noël Dolens.

CHAPITRE III

Constitution de la Nation Arménienne.

I

Tant que leur émigration flotta dans l'Asie Mineure proprement dite, les Arméniens n'étaient qu'une tribu confusément mélangée à maintes autres, d'origine également phrygienne ou de provenance étrangère. Ils ne commencèrent à former un groupe discernable qu'une fois établis à l'est du Halys, dont le bassin remplit la majeure partie de l'isthme, entre le golfe de Chypre et la mer Noire.

A quelle époque occupèrent-ils les terrasses occidentales du haut plateau, qui devinrent leur première patrie, sous le nom de Petite-Arménie, entre la Cappadoce et le Pont? Nous pouvons être sûrs que ce ne fut pas avant l'an 1100, époque approximative de la mort de Tiglatphalazar Ier : ce conquérant assyrien ne fait aucune mention d'un nom arménien dans ses *Annales*, ni dans les inscriptions où il énumère ses victoires, qui s'étendaient sur le Naïri, entre l'Euphrate et le Halys, englobant les sources mêmes de l'Euphrate et du Tigre, et ne devaient être bornées que par le massif de l'Ararat. Aucune trace, non plus, dans les récits des hauts faits, moins connus, à vrai dire, accomplis par ses successurs jusqu'à la fin de la dynastie ninivite des Pashé, vers le milieu du X⁰ siècle (¹).

Mais les rois de cette race laissèrent se disloquer le disparate empire de leurs prédécesseurs : un si petit peuple que les Assyriens ne pouvait longtemps maintenir sa domination à si grande distance, et il lui fallait acquérir la science administrative avant de se concilier tant de populations hétéroclites, peu disposées à la soumission. Aussi, une centaine d'années après Assourîrba, c'est-à-dire vers le milieu du IX⁰ siècle, les Ciliciens, proches parents des Hittites syriens, envahirent les provinces occidentales du royaume assyrien ; les Hittites, renforcés par eux, se raffermirent à la fois en Syrie et dans la région moyenne de l'Euphrate ; ils s'emparèrent même de toute la Mésopotamie (²). Occupés ainsi à mettre la main sur les riches plaines méridionales, ils avaient fait place libre sur le plateau du nord, laissant à d'autres plus modestes l'âpreté de ses hivers, et trouvant trop étroites ces vallées et ces plaines ou trop arides ces pâturages montagneux. Ces nouveaux venus furent, à l'est de la crête, les Khalds, puis, à l'ouest, les Arméniens, qui rencontrèrent certainement encore dans le pays une partie des anciens habitants.

Le premier document qui nous révèle leur présence dans le sud de la Cappadoce a été trouvé près de Malatia : c'est une inscription des Khalds qui y signale le nom des Arméniens sous Ménouas, roi d'Ourartou, de 828 à 784 (³).

Faute de documents, nous ne pouvons savoir si ce peuple complexe, principalement composé d'Indo-Européens apparentés avec les Phrygiens, et désormais constitué sous le nom d'Arméniens, s'était maintenu dans ces premières marches de sa nouvelle patrie pendant une période suffisante et en contact assez intime avec les Hittites pour fusionner tant soit peu avec eux : il nous a fallu évincer l'hypothèse qui tendrait à assimiler les langages de ces deux peuples. Il n'en est

---

¹) Pour ces données chronologiques, v. Maspéro. *Hist. anc. des Peupl. de l'Or. classiq.*, t. II, p. 665.

²) *id., ibid.*, pp. 669-670.

³) Lehmann, dans le recueil *S. Ac. Wissench.*, Berlin, 1900, p. 621, lit ce nom Urmani ou Armeni. On ne peut guère douter qu'il ne s'agisse des Arméniens. La province d'Armina, dont nous avons parlé, est trop lointaine, et se présente avec une autre forme vocalique ; l'histoire n'a conservé aucune trace de l'expansion vers l'ouest du peuple qui l'habitait et qui, d'ailleurs, devait déjà être les Kurdes, bientôt connus sous le nom de Carduques ou Gordyens.

pas de même pour les autres nations qui résidèrent longtemps avec les Arméniens dans la Petite-Arménie : même en l'absence de toute preuve positive, on doit supposer que cette cohabitation prolongée mêla les sangs, comme il arrive toujours, par les mariages, les rapts, l'esclavage et les guerres.

Sous leur roi Madyès les Scythes délivrèrent Sardanapal (626-606) assiégé dans Ninive par Cyaxare, premier héros des Mèdes (621-585) et en profitèrent pour ravager la Babylonie, puis pour plonger pendant vingt-huit ans toute l'Asie occidentale dans la terreur, au témoignage d'Hérodote (500-424 av. J.-C.). Peu à peu ils finirent par devenir paisibles ([1]). Ils ne faisaient plus parler de leurs exploits au temps de Strabon (Ier siècle av. J.-C.), qui les signale dispersés, sous le nom de Sakes, dans l'Arménie, la Cappadoce et le Pont. Ainsi, vraisemblablement devenus bons voisins pour les autres populations de ces pays, on peut croire qu'à la longue, ils apportèrent leur contigent à la constitution physiologique des Arméniens. Ceux-ci avaient pu emprunter aussi quelques éléments aux Cimmériens que les Scythes vinrent culbuter lors de leur irruption, et qui, « depuis leurs échecs en Lydie et sur le Taurus, avaient à peu près concentré le gros de leurs clans dans la Cappadoce ainsi que dans les régions de l'Halys et du Thermodon » ([2]). Ce n'était pas, d'ailleurs, pour le plus grand bien des autres populations que Cimmériens et Scythes s'étaient emparés des meilleurs cantons. Il semble plutôt qu'ils aient été pour elles une nouvelle cause de barbarie, et n'aient pas peu contribué à rendre leur civilisation tardive. En effet, ils avaient tout bouleversé là comme ailleurs. Strabon les en accuse expressément pour l'Arménie ([3]).

D'autres tribus sauvages vinrent également mettre obstacle au développement de l'élément quasi-hellénique dont les fils d'Armen portaient le germe. Comme les Scythes se montraient impuissants à rien fonder après avoir tout détruit, ils ne trouvèrent rien de mieux que de chasser des bassins du Halys et du Haut Euphrate, pour s'établir à leur place, les Moskou et les Tabal, qui émigrèrent vers le nord-est, mais qui ne devaient pas avoir tous quitté leurs foyers, car les Grecs les connurent bientôt sous les noms de Mosques et de Tibaré-

---

[1] Les Scythes paraissent, en effet, avoir pris des habitudes sédentaires et pacifiques depuis que Cyaxare les avait obligés à renoncer à toute prétention en tuant par trahison Madyès et tous ses officiers (Hérodote, I, CVI).

[2] Maspéro, *op. cit.*, III, p. 474.

[3] Strabon, XI, VIII, § n.

niens dans les chaînes bordières du Pont-Euxin, si bien qu'en arrivant à leur suite les Arméniens durent en trouver quelques restes ; ils furent en effet repoussés, non seulement par les Scythes, mais par les débris des hordes cimmériennes et par des populations phrygiennes, parmi lesquelles la tribu arménienne. Aussi « le bassin du haut Halys et le Milidon ne tardèrent-ils guère à s'appeler l'Arménie » (1).

Ainsi de multiples facteurs hétérogènes ont altéré dès le début le type primitif. Sans savoir au juste dans quelle proportion, un fait certain, c'est que les squelettes les plus anciens de ce qu'on appelle improprement la « race » arménienne dénotent évidemment une combinaison de nombreux éléments ethnologiques. Mais quelle était la nature du sang ainsi infusé dans ses veines ? On a cru longtemps qu'il devait avoir une forte teinture sémitique. Seuls les Hittites auraient pu la lui apporter, car les Arméniens venaient de Macédoine, les Scythes et les Cimmériens du nord de la mer Noire. Or, si l'on ignore encore la provenance des Hittites, on s'accorde généralement à reconnaître que ce n'étaient pas des Sémites, mais un composé de races inconnues.

A d'autres points de vue, les Hittites peuvent nous suggérer une idée de la façon de vivre des Arméniens primitifs. Socialement, c'étaient des pasteurs. On a même cru qu'ils ont donné à l'Egypte les « rois pasteurs ». Du moins, l'hypothèse qui attribue une origine hittite à cette dynastie des Hyksos demeure seule vraisemblable après toutes celles qui ont été proposées pour expliquer ce gouvernement d'étrangers (2). Ils dominèrent l'Egypte — ce qui prouverait que les Hittites n'étaient déjà plus des barbares — avec l'énergie d'une race militaire, d'abord cruelle, puis, une fois maîtresse, sage et ferme dans son administration, à l'égal des dynasties indigènes. La majeure partie de la nation était restée dans ses foyers, et ce ne fut en tous cas que des bandes d'aventuriers qu'elle put envoyer en Egypte, selon la tradition de toutes les races pastorales. A peine effleurés par la conquête chaldéenne, les Hittites d'Asie Mineure et de Syrie ne purent

---

1) Maspéro, *op. cit.*, III, p. 520, 521.
2) Maspéro, *op. cit.*, t. II, p. 56 pour ce qui concerne l'origine des Hyksos ; et p. 81 pour la date de leur expulsion par l'un des rois thébains Amosis ou Tethmosis. Une note de la p. 57 signale cependant quelques savants d'après lesquels la tribu royale des Hyksos serait d'origine touranienne ; ceux-là même reconnaissent que la majorité en était composée d'éléments différents. L'hypothèse que ce furent des Hittites ne résulte pas seulement de la similitude de ce nom avec celui de Khâti (Hitti), mais des vraisemblances historiques.

être soumis par les Egyptiens, « et Touthmosis III lui-même, après avoir franchi leurs frontières et saccagé plusieurs de leurs villes, ne les compta jamais sérieusement au nombre de ses sujets » ([1]).

Telle fut donc la situation des Arméniens à l'époque où ils commencèrent à cohabiter avec les restes des Hittites qu'ils purent trouver encore à Cappadoce. Une analogie politique permet de supposer qu'ils ont eu des relations assez intimes. A l'exemple des Hittites qui appelaient toujours leur roi « le roi du Grand Hâti », les Arméniens appelaient le leur « le roi de la Grande Arménie ». Ce n'est pas que ces souverains gouvernassent seulement la plus grande partie du Hâti et de l'Arménie, car ils gouvernaient aussi le Petit-Hâti (dépendance syrienne) et la Petite-Arménie : mais c'était là un titre que nul autre roi de l'Orient ne s'est jamais attribué ([2]).

Quelle que fût leur provenance, toutes les populations de l'Asie Mineure tiraient leur subsistance en partie de la culture, en partie de l'élevage, dans un pays bien arrosé où les plaines et les pâturages sont également abondants et où les Phrygiens avaient, dans la région occidentale, poussé déjà fort loin les arts agricoles sous toutes leurs formes ([3]). D'ailleurs, dans l'époque moderne, les Arméniens sont encore restés mi-cultivateurs, mi-pasteurs. La prédominance de l'élevage a dû s'accentuer à mesure qu'ils s'avançaient vers les montagnes du Kurdistân. Ils ont conservé à un certain degré des mœurs « patriarcales », des goûts nomades, une prédilection pour la vie sous la tente, et nombre de caractères qui suggèrent à l'observateur la certitude d'une tradition invétérée d'existence demi-pastorale. — Quant à l'organisation sociale et à la politique intérieure des Hittites, elle semble avoir été féodale. Ils avaient des rois, dont le plus puissant fut Sapaloulou, mais généralement trop faibles pour réduire à l'obéissance les seigneurs provinciaux : d'où le désordre administratif et l'incohérence des armées, pourtant braves et bien équipées de chars. On peut admettre que les Arméniens, bons cavaliers comme leurs parents phrygiens, se distinguaient, parmi ces soldats sans bouclier ni cuirasse, par le maniement hardi des armes offensives, bien que nul document ne nous apprenne s'ils ont réellement alors participé à quelque opération

---

[1]) Maspéro, *op. cit.*, t. II, pp. 351, 352, d'après E. de Rougé.

[2]) Les Egyptiens appelaient Grand-Hâti le royaume hittite. M. Maspéro (*op. cit.*, petite édit., p. 215) ajoute : « Les Hittites du sud étaient peut-être pour les Egyptiens Khiti-le-Petit (ou Hâti) » d'après E. de Rougé (*Leçons*, dans les *Mélanges*, t. II, p. 270).

[3]) Maspéro, *op. cit.*, petite édit., p. 286.

militaire; mais il est vraisemblable qu'à l'instar de tous ces peuples ils ont dû courir les aventures. En tous cas, on ne peut se défendre de reconnaître des linéaments de leur type, tel qu'on le rencontre encore parfois aujourd'hui, dans les têtes de « Hittites » — dénomination évidemment générale — dont les monuments égyptiens nous montrent les profils si énergiquement accusés. Toujours est-il que, si rien ne nous permet d'affirmer positivement que les Arméniens fussent affiliés socialement ou liés politiquement avec leurs voisins, ils ont dû partager l'organisation féodale commune à la plupart des peuples indo-européens, tout au moins subdivisés en tribus basées sur l'hérédité familiale et devenant aisément féodaux lorsqu'un chef parvenait à dominer en souverain sur les autres clans. Aussi nous les verrons y persévérer au cours de leur histoire. Ont-ils adopté l'écriture des Hittites qui semble participer des hiéroglyphes chaldéens et de l'alphabet cypriote, et dans laquelle M. Jensen voit tant de détails qui lui rappellent l'histoire arménienne? (¹). Voilà ce que nous ignorons : ils ne pouvaient nous en laisser de monuments, à cette époque où seuls les gouvernements souverains gravaient sur la brique, le bronze ou le granit leurs principaux actes et le souvenir de leurs exploits (²).

Assurément, le nom des Arméniens ne figurant sur aucun document avant le IXe siècle, ce sont là de simples déductions, autorisées néanmoins par la position même de cette tribu qui suivait patiemment et sans écarts sa lente ascension vers l'Orient.

Si l'on admet ces hypothèses, on comprend qu'elle soit tombée naturellement au pouvoir des Mèdes dès que leur empire naissant s'étendit vers l'Asie Mineure. Ce fut à la suite de leur conflit avec Alyate, roi de Lydie, qui les trouva décidés à lui disputer la conquête du Halys. Il fut vaincu par Cyaxare à Ptéria, dans la vallée d'un tributaire oriental de ce fleuve. Le traité de l'an 585 rejeta les Lydiens, et l'élément grec qui aurait pu les suivre, en deçà du Halys; les Arméniens, ainsi que les autres peuples établis au delà, devinrent

---

¹) P. Jensen, *Hittiter und Armenier*, 1898, donne de nombreuses figures de ces hiéroglyphes, parmi lesquelles il croit reconnaître sans aucune raison sérieuse des types de têtes arméniennes. Mais cette assimilation trop hasardeuse portant sur des signes conventionnels n'empêche pas la ressemblance des portraits sculptés.

²) Maspéro, *op. cit.*, pp. 352-358; 401-403. La minute la plus ancienne du monde que nous possédons est le texte, gravé sur argent, du traité conclu entre Ramsès II et le roi Khatousarou : l'Egyptien, quoique vainqueur, était obligé d'accorder à son adversaire hittite autant de concessions qu'il lui en arrachait, et il s'estima très flatté d'épouser sa fille.

vassaux des Mèdes. Ils continuèrent à subir ce joug sous le règne d'Astyage, et passèrent, avec toutes les possessions de la Médie, aux mains des Perses lorsque Cyrus établit l'hégémonie de ces derniers en détrônant Astyage.

Voilà pourquoi les Arméniens sont devenus et sont restés un peuple à tendance orientale : tout au long de leur histoire, nous les verrons repousser souvent, fût-ce à leur plus grand dommage, les influences politiques ou religieuses de Rome et de Bysance, se défier généralement de la civilisation hellénique que leurs voisins mêmes, comme le roi du Pont, adoptaient avidement, se laisser profondément imprégner des idées et des mœurs persanes, s'étendre de plus en plus vers l'Iran et le Caucase, et, même après leur conversion au christianisme, non seulement préférer, sur un point capital du dogme (1), la tradition des simples croyances asiatiques à l'évolution de la pensée européenne, mais encore s'accommoder plus aisément du joug musulman que de l'ingérence orthodoxe. Tels furent les effets de la conquête persane, étendue avec une rapidité foudroyante sur l'Asie Mineure entière, sur la Mésopotamie et sur l'isthme caucasique. Ainsi commençait la longue suprématie des Iraniens : les peuples qui auraient pu préparer en Asie une irradiation de l'hellénisme sont refoulés par la défaite de Crésus, neveu d'Alyate, que les Grecs avaient soutenu. Les Lydiens ne purent dès lors entretenir que des relations commerciales avec leurs compagnons de servitude par delà le Halys (2).

Xénophon rapporte une conversation entre Cyrus et Cyaxare, pendant que celui-ci était encore « roi des rois » et que Cyrus n'était

---

1) Cependant, dans l'ensemble, la philosophie et les dogmes chrétiens en Arménie furent conformes à ceux de l'Occident ; par suite de ce double fait que pendant les IVe et Ve siècles l'Eglise arménienne n'eut aucun motif de dissidence avec l'ensemble de l'Eglise (Simon Weber, *Die Kathol. Kirche in Armen.*, 1903), et que par la suite tous les Pères grecs ont été traduits en arménien, ainsi que nombre de Philosophes grecs. Il nous semble toutefois qu'il y a opposition constitutionnelle entre le génie helléno-latin, initiateur, sans cesse transformant le christianisme lui-même, et le génie arménien traditionaliste, se mettant à grand'peine à la remorque du premier.

2) Maspéro, *ibid.*, t. III, ch. V et VI. Il est à noter que, sans avoir cherché explicitement à préciser quand les Arméniens passèrent du bassin du Halys dans la Grande Arménie, le savant historien dit, p. 615, à propos de l'expédition de Cyrus contre Crésus, que les Perses évitèrent de traverser « les massifs montagneux de l'Arménie » pour se rendre « d'Ecbatane au cours moyen du Halys ». Les massifs du Kurdistan et du Taurus oriental se trouvent sur la ligne entre ces deux points. De plus, la carte annexée à l'ouvrage pour le temps de Nabuchodonosor place les Arméniens aux sources de l'Euphrate et du Tigre.

qu'un officier de sa cour. Le roi voulait entreprendre une expédition contre Ninive, mais les Arméniens, alliés et tributaires des Mèdes, refusaient d'y participer. Cyrus, fort de l'amitié qu'il avait contractée avec Dikran, fils d'un roi d'Arménie dont nous ignorons le nom (¹), propose à son maître de mettre à profit cette amitié pour soumettre traîtreusement les Arméniens. Il lui suffisait d'avoir une cavalerie. Il l'obtint et vint en Arménie. Le roi de ce pays, ayant deviné ses projets, se prépare aussitôt à résister. Cyrus, qui connaissait la montagne, s'empare des défilés et fait prisonnier le père de son ami. Dikran, qui se trouvait en chasse pendant ce coup de main, supplie Cyrus de lâcher sa proie, lui promettant de l'argent, des troupes, et s'engageant en outre à servir sous ses ordres. Ainsi fut fait, et Cyrus augmenta de contingents arméniens l'armée de Cyaxare dans ses opérations contre les Ninivites. Dikran, fils du roi d'Arménie, était le chef de la cavalerie arménienne. Cette aventure montre dans quelle mesure les Arméniens étaient soumis aux Perses. Cyrus rappelle en effet au roi d'Arménie qu'il s'était engagé envers Astyage à payer tribut, à ne pas bâtir de forts, à contribuer aux entreprises militaires du suzerain. Depuis ce temps, les Arméniens restèrent attachés à Cyrus : lorsque celui-ci prit Babylone, ils avaient dans son armée un général de cavalerie nommé Yambas. L'amitié de Cyrus et de Dikran resta sans nuage jusqu'à la mort du premier (²).

Pendant le règne de Cambyse, fils de Cyrus, occupé à soumettre l'Egypte après l'avoir vaincue, et pendant la courte aventure de l'imposteur Gaumâta, qui, à la mort de Cambyse, essaya de confisquer sa succession, on n'entend plus parler des Arméniens. Mais ils commencent à jouer un rôle dès les débuts du règne de Darius (521-486), qui monte sur le trône de Perse sans autre droit que d'avoir assassiné Gaumâta. Comme sa victime avait su gagner les faveurs du peuple,

---

¹) La tradition arménienne, conservée dans les historiens arméniens de l'époque chrétienne, parle aussi de ce Dikrân (Tigrane) contemporain de Cyrus et de Cyaxare. Moïse de Khorène (*Histoire*, I, 22) lui donne pour père Ervânt; M. Simon Weber (*op. cit.*, p. 13) croit que Xénophon (*Cyropédie*, II, 4 ; III, 1) veut désigner en effet Ervânt quand il parle du roi père de Dikrân ; en tout cas, il ne le nomme pas, et la supposition est gratuite. L'existence de Dikrân lui-même n'est pas contestable. Mais on ne l'a pas intitulé Tigrane Ier, tout d'abord parce que nous ne savons s'il a succédé à son père, ensuite parce que de ce temps il n'y avait que des rois de hasard, qui n'ont point fondé de dynastie; nous trouverons plus tard celle des Artachissiâns, à laquelle appartiendra Tigrane Ier le Grand.

²) Xénophon, *Cyropédie*, IV, 4.

Darius dut reconquérir son empire morceau par morceau. Pendant qu'il était occupé à réduire Babylone, les révoltes éclatèrent de tous côtés. Celle des Arméniens était, avec celle des Mèdes, la plus formidable, car Darius, malgré l'infériorité numérique de son armée vis-à-vis de celle des Chaldéens, fut obligé de détacher deux colonnes, « l'une vers la Médie, avec le Perse Vidarna..., l'autre vers l'Arménie sous l'Arménien Dâdarshish » (¹); d'où l'on voit que les Arméniens, déjà peu portés à se soutenir les uns les autres, avaient conservé sous Darius les postes importants que l'amitié de Cyrus leur avait accordés. Il n'eût tenu qu'à eux de mettre à profit les faveurs royales, si le nationalisme intransigeant qui dans la suite leur causa tant de malheurs ne les avait déjà poussés à des révoltes insensées. Le satrape d'Arménie était peut-être encore Hydarnès, le premier que nous connaissions, et que Strabon nous dit avoir été nommé en 521, l'année même de l'avènement de Darius, dont il avait été le compagnon d'armes; l'écrivain grec lui donne le titre de roi (²). Cette appellation se retrouvera plus tard, soit que les suzerains n'aient vu aucun inconvénient à flatter ainsi la vanité nationale des peuples incorporés à leur empire, soit que la satrapie devenue héréditaire se fût graduellement émancipée. Dâdarshish atteignit les rebelles près d'un village ou d'une petite ville (a : v a h a n a) nommé Zouza, non loin de la frontière (³). Ce fut le 8 Thouravâhara (19 avril 521). L'inscription de Béhistoun, d'où ce texte est tiré, permet de supposer que la rencontre de Zouza fut favorable aux Arméniens (⁴). Mais ils furent défaits deux semaines plus tard, auprès du fort oriental de Tigrâ, qui porte aujourd'hui le nom de Till, près du Tigre (et où se bifurque la route de Bit-

---

¹) Maspéro. *op. cit.*, t. III, pp. 678-679, d'après l'inscription de Béhistoun, col. II, l. 18-57. Cette inscription ayant donné lieu à des variantes dans l'interprétation, nous suivrons le double récit de M. Justi, dont le second complète ou rectifie le premier. Cf. Weissbach-Bang, dans *Die Altpersischen Keilinschr.*, pp. 16-19. — Les Arméniens semblent avoir concerté leur révolte, non-seulement avec celle des Mèdes, dirigée par Fravarti (Phraortès), mais avec celles des Parthes, des Sagartiens et des Margianes. Fravarti en était sans doute l'instigateur : il est le seul mentionné par Hérodote (l, 130).

²) F. Justi, dans *Grundriss der Iran. Philol.*, t. II, p. 490.

³) On pense que Zouza est la localité kurde Zôzân : Rich, *Kurdistân*, II, 124, cité par M. Justi. Les géographes, ajoute-t-il, ont aussi placé une bourgade de ce nom auprès de l'île du Tigre, appelée Bêzabdé ou Gozartâ, en arabe « l'île », Dzezîrah. F. Justi, dans *Grundriss* etc., t. II, p. 429.

⁴) F. Justi, *Gesch. des Alten Persiens*, p. 53.

lis); c'était le 18 du même mois (29 avril). Une troisième déroute eut pour théâtre le voisinage de la place forte Ouchyâma en Arménie, le 9 Thâigratschi (20 mai); le général de Darius établit son camp à cet endroit dans le but évident de barrer la grande route royale, qui, venant de l'Arménie, passait par là. Les Arméniens furent-ils trop intimidés pour persister ou leur antagoniste trop affaibli par ses victoires ? Toujours est-il que Darius ne put recommencer les hostilités qu'au début de l'année suivante. Il avait remplacé Dâdarshish par Vahoumiza, qui atteignit les révoltés, le 15 Anâmaka (18 janvier 520), dans une région assyrienne dont le nom est détruit sur l'inscription et que la tradition susite nomme Izzila.(²). Alors les Perses poussèrent de l'avant jusqu'à Antigara (Tidjari dans le Kurdistan), où fut livrée une bataille, après laquelle le même général établit encore son camp pour attendre Darius, le 30 Thouravâhara (1ᵉʳ juin 520). Vahoumiza fut chargé d'intercepter le défilé de Rowandiz qui conduit de l'Atropatène à l'Assyrie ; d'autres combats eurent lieu sur le territoire septentrional de Ninive (³). Ces faits se trouvent racontés dans les inscriptions cunéiformes de Darius (⁴). Ce dernier s'est fait sculpter sur les rochers de la passe de Bagistana (Behistoun), traversée par la principale route qui joint le Tigre à l'Iran ; il se fait amener enchaînés les neuf chefs de la rébellion, et le septième est un Arménien (⁵). Ses compatriotes y sont nommés les « Arminya », et c'est eux qu'un siècle plus tard Hérodote appellera Ἀρμένιοι (⁶).

Leur habileté à se pousser aux premiers rangs en profitant des circonstances se dessine dans une étrange aventure. Après avoir pris et démantelé Babylone, Darius crut pouvoir s'en éloigner pour réduire

---

¹) Justi, *Gesch. des Alten Persiens*, p. 53 ; — cf. *id.*, *Grundriss der Iranischen Philologie*, vol. II, p. 429.

²) Izitoush en Assyrie, d'après Maspéro, *ibid*. Pourtant, M. Justi lui-même transcrit ce nom sous la forme Atchitou, dans *Gesch. des Alten Persiens*, p. 53. Du moins, il nous semble qu'il s'agit de la même bataille, l'histoire n'en mentionnant qu'une seule en Assyrie. D'ailleurs, cet auteur n'est pas d'accord avec lui-même : dans ses deux ouvrages, il fixe le fait d'armes qui eut lieu en Assyrie, ici en décembre 520, là en janvier 520. Cela prouve que l'inscription est d'une interprétation difficile. M. Justi attribue la cessation des hostilités à ce que les Arméniens n'avaient plus de prétendant national : *Gesch. des Alt. Pers.* p. 54.

³) F. Justi, dans les deux ouvrages précités, *ibid*.
⁴) Spiegel, *Persische Keilinschr.*
⁵) Justi, dans *Grundriss* etc., *loc. cit.*
⁶) Hübschmann, *Armenische Grammatik*, p. 402.

les Mèdes, lorsqu'à l'exemple de Gautâma, qui s'était fait passer pour Smerdis, ce frère de Cambyse préalablement assassiné par Darius, un Arménien du nom d'Arakha se présente aux Chaldéens comme le fils de Nabounâid, auquel Cyrus avait déjà une première fois pris Babylone, et s'y fit acclamer roi en décembre 519; mais il fut renversé après un mois ou six semaines par le Mède Windafrâ. Cet Arakha figure enchaîné avec les divers autres prétendants que Darius se fait amener dans le bas-relief de Béhistoun (¹).

Ainsi énergiquement réprimés, les Arméniens semblent avoir abdiqué toute velléité d'indépendance complète, tant que se maintint le royaume achéménide. On leur réservait d'ailleurs, pour les contenir, des hommes de confiance. Le récit de la campagne de Cyrus le Jeune contre Artaxerxès II, en 401, nous montre Téribaze comme hyparque, dit Xénophon (c'est-à-dire autre chose qu'un simple satrape), dans l'Arménie occidentale, et Orontas, gendre d'Artaxerxès, comme vice-roi de l'Arménie orientale. La charge resta héréditaire pour la famille de ce dernier sous les Achéménides (²).

On ne sait que pour une seule guerre persane les Arméniens y participèrent en formant un corps d'armée spécial : c'était dans l'expédition de Xerxès contre les Grecs (³); ils étaient sous les ordres du général perse Artochmès, gendre de Darius (⁴). Si leur nom ne paraît pas plus souvent, c'est qu'à cette époque les hauts faits militaires méritaient seuls une mention, destinée à glorifier des noms princiers; et sous une administration aussi serrée que celle de Darius le rôle d'un si petit peuple, sans culture, sans chefs propres, relégué dans ses montagnes loin des centres brillants, ne pouvait être que fort modeste, autant dire politiquement nul, bien qu'il fournît parfois, comme tout autre, des aventuriers audacieux prêts à tenter les occasions de fortune. En général, il dut suivre le sort commun. Au vulgaire troupeau des armées enrôlées par Darius contre la Scythie et la Thrace qu'elles conquirent en 514; aux régiments qui réduisirent les colonies grec-

---

[1] Maspéro, *op. cit.*, t. III, p. 682, d'après l'Inscript. de Béhistoun, col. III, l. 75-91.

[2] F. Justi, *Gesch. des Alt. Pers.*, p. 59.

[3] Sous le règne de Xerxès (486-465), une inscription du rocher de Vân, la seule en langue persane qui s'y trouve, atteste que l'Arménie (ancien Ourartou), dès lors habitée par les Arméniens, appartenait à ce roi comme elle avait appartenu à son père (H. F. B. Lynch, *Armenia*, vol. II, p. 66).

[4] Hérodote, VII, 73. Artochmès commandait à la fois les Phrygiens et les Arméniens, parce qu'alors on associait dans l'armée les peuples apparentés ensemble.

ques d'Asie Mineure en 494-493 ; à la colossale conscription levée contre la Grèce pour venger l'échec de Marathon, mais qui fut arrêtée dans ses derniers préparatifs par la révolte de l'Egypte en 487-486, il est probable que les Arméniens fournirent leurs contingents, bon gré, mal gré, fût-ce pour lutter contre leurs anciens frères d'Europe, dont ils avaient oublié la parenté. On ignore, en tous cas, quelle fut leur proportion en ces entreprises. Elle était peut-être assez forte dans l'armée de 800.000 hommes lancée par Xerxès sur Athènes, et qui, ayant ravagé l'Hellade, se retira de honte après le désastre de la flotte à Salamine. Combien d'entre eux, s'il en fut incorporé à l'escadre de 300 trières et à l'armée de 60,000 hommes laissés par Xerxès sous les ordres de Mardonius, purent rentrer dans leurs foyers, parmi les 40,000 survivants de la défaite de Platées, où Mardonius périt ? Fatiguées de ces aventures lointaines aboutissant aux revers et aux bousculades, les provinces centrales de l'empire, y compris l'Arménie, refusèrent de participer aux escarmouches dont les satrapes voisins de la Méditerranée harcelèrent encore, de 476 à 465, les colonies grecques coalisées par la ligue de Délos sous l'instigation d'Athènes ([1]).

On connaît l'armement qu'avaient les Arméniens enrôlés dans les armées de Xerxès. Comme presque tous les peuples de l'Asie Mineure, et spécialement comme les Phrygiens qui combattaient à leurs côtés, les Arméniens commandés par Artochmès portaient un casque de cuir tressé, un étroit bouclier, une courte lance, un javelot et une dague ; ils avaient les pieds protégés par de hautes bottes ([2]).

Le règne pacifique d'Artaxerxès Ier (465-424), occupé seulement au début par une nouvelle insurrection de l'Egypte, ne met point en scène les Arméniens. A la mort de ce monarque trop faible pour assurer l'avenir, l'empire tomba dans l'anarchie. Son fils légitime, Xerxès II, est assassiné au bout de quarante-cinq jours par un frère illégitime, lequel disparaît lui-même sous les coups d'un autre frère, Okhos. Celui-ci réussit à soulever en sa faveur la noblesse persane et plusieurs satrapes, en particulier celui d'Arménie, l'eunuque Artaxarès, qui devient l'un des plus grands ministres d'Okhos, intronisé sous le nom de Darius II (424-404) ([3]).

Les entreprises de Darius II contre le monde hellénique, et les intrigues occasionnées, comme d'habitude, par sa succession, provo-

---

[1]) Maspéro, *op. cit.*, t. III, ch. VII.
[2]) F. Justi, *Gesch. des Alten Persiens*, p. 117.
[3]) Maspéro, *op. cit.*, t. III, p. 746.

quèrent l'expédition des Dix Mille, dont le chef Xénophon décrivit, dans l'Anabase, les pays traversés dans leur retraite en escaladant les hauts plateaux du nord, comme l'indique le titre du livre. Cette alliance d'un Grec avec un Perse s'explique par les circonstances. Les villes du littoral ionien étaient tombées l'une après l'autre sous les coups de Tissapherne, satrape de Sardes, et les Athéniens n'y possédaient plus que les deux ports de Halicarnasse et de Nantion, ainsi que trois îles. Aussi cherchaient-ils une occasion de se venger, d'autant plus que Cyrus (le Jeune), le fils cadet de Darius, s'étant fait attribuer une véritable royauté de l'Asie Mineure par sa mère, la puissante et cruelle Parysatis, s'était allié aux Lacédémoniens pour devenir prépondérant sur son frère Arsakès, et leur avait assuré le succès de la triste journée d'Ægos-Potamos, où Sparte l'emportait, grâce à l'étranger, dans sa longue rivalité contre Athènes (405). N'ayant pas réussi à supplanter Arsakès, qui assuma le nom d'Artaxerxès II (404-358) à la mort de leur père, Cyrus embaucha 13.000 Hellènes à Sardes, sans compter 100.000 indigènes (401), et alla se faire tuer à leur tête à Cunaxa, près de Babylone. C'est alors que les Dix Mille Grecs survivants regagnèrent le Pont-Euxin à travers l'Assyrie et l'Arménie. Leur itinéraire exact a été l'objet de nombreuses discussions. Il n'en est pas moins certain qu'ils passèrent près des sources de l'Euphrate, et rencontrèrent souvent les Arméniens. Xénophon en parle comme d'une des populations résidentes, et nous laisse une description assez détaillée de leurs habitations et de leurs mœurs.

Quand les Dix Mille arrivèrent, en sortant de la Mésopotamie, dans la vallée du Tigre supérieur au pied du Taurus oriental, ils étaient sur la rive gauche du fleuve. Ils apprirent que la montagne était occupée par les Carduques (Kurdes) et qu'au delà ils trouveraient le pays des Arméniens. On le leur décrivit comme une contrée vaste et prospère où ils pourraient voyager sans difficulté dans la direction de leur choix [1]. Sur cette frontière des Carduques, alors indépendants d'Artaxerxès II, ils franchirent, sans doute non loin de son confluent avec le Tigre, une rivière qui descend des pentes méridionales du lac de Vân, le Kentritès (aujourd'hui Botân-Sou) [2], et au nord de laquelle

---

[1] Xénophon, *Anabase*, III, 5.

[2] *Anabase*, IV, 3, 1. — On considère souvent le Kentritès ou Botân-Sou comme la « corne orientale » du Tigre. — Les montagnes qui le séparent du lac de Vân sont bien encore le Taurus arménien, et non le Niphatès, comme l'ont cru beaucoup de géographes : ce dernier se trouve, non au sud du lac de Vân, mais au nord, où les

on leur dit que se trouvaient les Arméniens, sujets des Perses et gouvernés par le satrape Orontas. Mais ils durent forcer le passage, auquel s'opposait une armée d'Arméniens, de Mardes et de Khalds sous la direction d'Orontas et du général Artoukas. Sur le versant méridional du Taurus on se trouvait déjà en Arménie : on escaladait un plateau en pentes douces qui descendaient jusqu'au Tigre. Là, il n'y avait plus de villages, par suite de la guerre que les Arméniens avaient livrée aux Carduques. Xénophon décrit un bourg que les Grecs découvrirent, on ne sait trop à quel point, et où ils campèrent après une marche de 5 parasanges (37 klm. $1/2$). C'était un centre assez important ; il contenait un château pour la résidence des satrapes, et ses principales maisons étaient munies de tours. De là, en deux étapes, ils parcoururent dix parasanges en remontant vers les sources du Tigre. Alors, soit que l'ennemi s'opposât à ce qu'ils franchissent le Taurus, soit que, renseignements pris, cette montagne leur apparût comme impraticable au delà de la gorge qui joint Diarbékir à Kharpout, ils revinrent le long de la chaîne dans la direction du nord-est, et trouvèrent ainsi le chemin le plus accessible pour franchir le haut plateau et gagner le Pont-Euxin. Ce chemin commence par la vallée du Téléboas (Bitlis-Sou, ou rivière de Mouch). Il leur fallut trois journées pour l'atteindre en parcourant 15 parasanges (112 klm., 5). Cette rivière, raconte le chef des Dix Mille, n'est pas importante, mais très agréable et bordée de nombreux villages ; la contrée où elle coule est « l'Arménie occidentale ». Elle était désignée sous le nom de province de Tarôn ; c'est en effet la dénomination que, dans toute leur histoire, les Arméniens ont donnée au district de Mouch. Elle avait pour satrape Téribaze, ami du roi de Perse, lequel, lorsqu'il était dans le pays, ne permettait qu'à ce satrape de l'aider à monter à cheval. Téribaze, qui, outre sa propre armée, avait sous ses ordres des Khalybes et des Taïk, également mercenaires[1]. « vint au devant des Grecs avec de la cavalerie, et leur envoya un truchement qui exposa aux chefs le désir qu'avait son maître de causer avec eux. Ayant décidé d'accepter cet entretien, ils allèrent à sa rencontre jusqu'à portée de voix et lui demandèrent ce qu'il

---

Arméniens connaissent encore aujourd'hui une montagne sous le nom de Niphat. — Que le vrai Taurus soit séparé du Taurus arménien par la vallée du Bitlis-Sou, il n'en constitue pas moins la même ligne de soulèvement. — Enfin, ce Bitlis-Sou, que Xénophon appelle Téléboas, n'est qu'un affluent du Kentritès, et c'est à tort qu'on le désigne parfois comme la corne du Tigre.

[1] *Anabase*, IV, 4.

désirait. Il exprima le vœu de conclure avec les Grecs un traité d'après lequel il s'engagerait à ne les contrarier en rien, pourvu que de leur côté ils promissent de ne pas incendier les habitations et de ne prendre que les vivres nécessaires. Les Grecs accueillirent la proposition et passèrent le traité. Alors, en trois marches, accompagnés de Téribaze qui les suivait avec ses troupes à la distance de dix stades, ils pénétrèrent de quinze parasanges dans la plaine et vinrent aux châteaux royaux, qui étaient entourés de nombreuses agglomérations d'habitations remplies de vivres. Pendant la nuit, tandis qu'ils dormaient, tomba une grande quantité de neige; aussi, le matin, décidèrent-ils que les soldats se disperseraient avec leurs chefs dans les villages; car on ne voyait aucun ennemi, et l'on croyait être en sûreté par suite de la neige abondante. Là, on trouva tous les vivres dont on avait besoin, bêtes de boucherie, grains, vieux vins parfumés, raisins secs, légumes en conserve de tout genre... Sur divers indices inquiétants, ils crurent devoir concentrer leurs troupes; mais dans la nuit qu'ils passèrent ainsi, il tomba une immense quantité de neige, si bien que les armes et les hommes couchés y furent ensevelis. Les bêtes de trait y étaient elles-mêmes tellement empêtrées qu'elles ne pouvaient s'en tirer qu'avec beaucoup de peine (¹). Plus haut, montant jusqu'à la ligne de partage des eaux, sans doute sur la chaîne qui sépare Erzéroum de Khenis et se termine au Bingöel-Dagh, tout le pays était couvert d'une brasse de neige. A peine y trouva-t-on le bois nécessaire pour chauffer toute l'armée, qui subit de nombreuses pertes par suite du froid; puis, les jours suivants, beaucoup de soldats tombèrent de faim ou furent perdus en route parce que la neige les avait aveuglés ou leur avait enlevé les orteils: les chaussures et les courroies pénétraient dans la peau et se soudaient aux pieds. Les traînards qui ne pouvaient atteindre un village avant la nuit se couchaient dans la neige, et beaucoup y restaient, privés d'ailleurs de vivres par l'ennemi, car celui-ci les harcelait et détournait les bestiaux attardés. Un jour, quelques-uns se dirigèrent vers un lieu qui paraissait noir: effectivement, la neige y était fondue par une source thermale; et les malheureux répondirent aux instances de Xénophon leur montrant l'ennemi prêt à les surprendre, qu'il pouvait les tuer, mais qu'il leur était impossible de supporter plus longtemps la torture du froid (²).

On franchit alors le cours supérieur de l'Araxe, qui, près de sa

---

¹) *Anabase*, IV, 4.
²) *Anabase*, IV, 5.

source, portait le nom de Parsis ou Phasis (¹). Mais ce ne fut pas sans difficulté. Loin de craindre les étrangers comme dans la plaine du Tarôn, les habitants du Passîn (qui donnait son nom à l'Araxe sur son territoire) se liguèrent avec les bandes de Taïk et de Khalybes (probablement les Khalds) qui poursuivaient les Dix Mille, et leur livrèrent bataille, d'ailleurs sans succès.

Ensuite on atteignit la plaine d'Erzéroum et l'on franchit près de sa source l'Arsanias (Euphrate oriental, aujourd'hui Mourad-Sou). Là, Xénophon apprit que le pays était encore l'Arménie, et qu'au nord il trouverait les Khalds. Depuis ce point, l'itinéraire de la fameuse retraite a été tracé en divers sens vers le Pont-Euxin par les géographes. Deux points sont hors de doute : c'est d'abord l'ordre suivant dans lequel les Dix Mille traversèrent les dernières populations en quittant l'Arménie : les Taïk (Taok, Taoukh), les Khalybes, les Scuthènes (Scythiniens, Scythes), les Macrons (Makres) et les Colchiens (Colchidiens); c'est ensuite que ces derniers se trouvaient auprès de Trapézonte (Trébizonde), par conséquent à l'embouchure du Déirmèn-Déré. Mais dans quelle direction ces peuples se succédaient-ils ? Est-ce du sud au nord-ouest en suivant la route naturelle d'Erzéroum à Trébizonde ? Est-ce du sud au nord-est d'abord, puis de l'est à l'ouest-nord-ouest en remontant la vallée du Tchorokh, puis celle du Déirmèn-Déré ? Il nous paraît indubitable que les Grecs choisirent ce dernier parcours, quoiqu'il fût le plus long et le plus difficile. En effet, les Arméniens appellent encore aujourd'hui Taïk un district arrosé au nord-nord-est d'Erzéroum par le Tortoum-Sou, affluent du Tchorokh, entre l'Olti actuellement russe et le caza-turc d'Ispir. De plus, on sait que les Macrons occupaient le Paryadrès, à la place où se trouvent aujourd'hui les Lazes. Enfin le texte de Xénophon énumère de longues journées qui supposent une marche au moins double de celle qui est nécessaire pour atteindre Trébizonde par le nord-ouest. Quant à la présence des Chalybes et des Colchidiens, elle ne peut fournir aucune indication, car ces peuples n'étaient pas chez eux aux environs de Trébizonde : ils ne pouvaient avoir envoyé là que des colonies (²). On le voit donc,

---

¹) *Anabase*, IV, 6. On a prétendu à tort qu'il s'agissait du Phase de Colchide (le Rion géorgien). Nous verrons bien que les Grecs passèrent chez une colonie de Colchidiens, mais elle était près de Trébizonde.

²) La carte de M. Justi (*Gesch. des Alten Pers.*, p. 6) adopte l'itinéraire qui nous paraît aussi le plus vraisemblable : par l'est en traversant le pays des Taïk, puis par le nord en franchissant le Tchorokh, ensuite par un retour vers l'est en descendant le

l'Arménie s'arrêtait alors aux secondes Alpes Pontiques, cette chaîne nommée aujourd'hui le Doumli-Dagh et le Giavur-Dagh, qui clôt par le nord la plaine d'Erzéroum. De plus, cet exode nous fournit quelques indices intéressants sur la situation politique et sociale des Arméniens à cette époque. Bien que vassaux des Perses, ils étaient en pleine possession du pays : ils en avaient expulsé les habitants antérieurs, ces Khalds réfugiés en partie dans les chaînes bordières de la mer Noire ; ils ne s'étaient laissé repousser ni par les Scythes, condamnés au même exil, ni par les Kurdes, toujours cantonnés dans leurs montagnes au sud du lac de Vân, ni par les Mardes, restés entre ce lac et celui d'Ourmiah.

Après ce coup d'œil d'ensemble, il n'est pas moins intéressant de relever dans le récit de Xénophon nombre de détails qui nous retracent un tableau de la situation économique, à certains égards plus prospère que de nos jours, à laquelle les Arméniens étaient déjà parvenus. Toutefois, rien ne nous autorise à croire qu'ils fussent, dans leur vie privée, plus florissants que les populations environnantes également éloignées, soit des côtes pontiques ou ioniennes, soit des grands centres iraniens. Après avoir mis en fuite Téribaze, qui les trahissait, les Grecs, ne lui ayant tué que quelques hommes, mirent cependant la main sur une vingtaine de chevaux et sur un butin qui dénonce bien la mollesse proverbiale des satrapes : c'était la tente de Téribaze, con-

---

fleuve, et enfin, après avoir passé la chaîne côtière à la première gorge, par l'ouest chez les Macrons jusqu'à Trébizonde. Toutefois, il nous paraît étrange que, malgré le texte fort clair de Xénophon, cette carte, à l'exemple des autres pour la même époque (par ex. celles de M. Maspéro, en particulier, *op. cit.*, t. III, p. 329), ne fasse figurer ni les Khalybes, ni les Colchiens près de Trapézonte : les premiers s'étaient évidemment répandus de l'ouest à l'est, et les seconds de leur patrie septentrionale aux rives de l'Asie Mineure. — D'autre part, la carte de M. Justi nous semble légèrement fautive en deux endroits. Après avoir franchi le Tigre, il faudrait tracer un détour plus à l'ouest, vers la source de ce fleuve ; et après avoir passé par la plaine de Mouch, il n'est pas vraisemblable que l'armée se soit dirigée vers le nord-est jusqu'à Malazaguert : elle a dû suivre par la plaine du Boulânik la route naturelle vers la plaine du Passîn jusqu'à Hassân-Kaleh. De la sorte, elle se serait approchée, conformément au texte, plus près de la source de l'Euphrate occidental. Reste à savoir si elle a franchi ce fleuve un peu au-dessous, en entrant dans la plaine d'Erzéroum, qui offre des issues faciles vers le Tortoum-Sou, affluent du Tchorokh, ou si elle a gagné directement cette rivière. — On peut s'étonner que les Grecs aient ainsi préféré la voie la plus longue et la plus ardue. Cela révèle assurément une grande ignorance topographique. Les habitants ne paraissent pas avoir connu le pays au delà de leur étroite vallée. L'un d'eux, enfin, qui avait parcouru la montagne plus loin que les autres, s'engagea à conduire les Grecs en cinq jours de marche sur un sommet d'où l'on verrait la mer. Ainsi fut tenant des coupes, des lits à pieds d'argent et quelques individus qui se dirent boulangers et échansons. Plus loin, l'historien rapporte en ces termes ce qu'ils trouvèrent dans les villages situés près de l'Euphrate, après avoir échappé au désastre dont les menaçait la neige sur les plateaux déserts : dans le village où Xénophon vint camper lui-même au hasard, il vit tous les habitants avec leur chef. « Il n'y manquait que dix-sept poulains, mis de côté pour l'impôt dû au roi. La fille du chef, mariée depuis neuf jours, était aussi absente : son mari était allé chasser le lièvre, et on ne la retrouva dans aucune des localités voisines. Les habitations, enfouies sous terre, possédaient deux entrées. L'une, pour les êtres humains, ressemblait à l'ouverture d'un puits. Au ras du sol elle était fort étroite, mais en bas, très large : on y descendait par une échelle. La seconde, pour les animaux, était creusée en pente (¹). Bien qu'aujourd'hui il y ait partout des portes, à vrai dire très basses, on rencontre encore de ces misérables terriers aux flancs des montagnes et jusque dans les quartiers pauvres des villes. Néanmoins, depuis longtemps presque toutes les habitations rurales sont des maisons au-dessus de terre. Par contre, les riches seuls possèdent une estrade élevée au-dessus du bétail ou dans une chambre séparée : pendant l'hiver toute la famille, chez la plupart des paysans, couche, à quinze ou vingt personnes ensemble, sur un étroit terre-plein au niveau des vaches. Manque de chauffage, on a toujours été obligé de vivre ainsi au contact des bêtes : « c'était cependant, ajoute Xénophon, dans la même maison que se trouvaient à la fois chèvres, moutons, bœufs, volaille, avec petits et poussins, tous recevant leur nourriture dans l'étable d'en bas. On trouva également du blé, de l'orge, des raisins secs et de la bière d'orge en de grands vases de terre. Dans ces amphores, où l'orge affleurait jusqu'aux bords, étaient plongés des tuyaux de roseau sans nœuds. Pour boire, on y mettait la bouche et on aspirait. Non mélangé d'eau, ce breuvage était très fort, et, pour ceux qui y étaient habitués, fort agréable. »

---

fait. Mais on n'aurait pas éprouvé tant de difficultés si l'on était allé par le nord-ouest, où la voie naturelle est si claire qu'on n'a presque pas besoin de guides comme dans cet inextricable lacis de montagnes du Tchorokh. Aussi nous ne pouvons admettre avec M. Reclus (*Géogr.*, t. IX. p. 326) que le mont Thèchès d'où les Grecs lancèrent enfin leur cri enthousiaste Θάλαττα, Θάλαττα! fût, soit d'après Strecker le Kolat-Dagh, situé non loin de la source du Pyxitis (Déirmèn-Déré), soit d'après Briot un pic deux fois plus éloigné de la mer, au delà du col du Vavouk.

¹) *Anabase*, IV. 5.

Xénophon invita le chef de ce village à partager son repas, et se le rendit favorable en l'assurant qu'on ne prendrait pas ses enfants. Cet homme reconnaissant lui montra où le vin était caché. On peut croire à ce récit que l'armée se trouvait non loin de la vallée de Tortoum, la seule qui, au nord, produise du raisin ; encore aujourd'hui n'y fait-on plus de vin. Quant à la bière d'orge, elle n'est plus connue nulle part : elle paraît avoir complètement disparu depuis le XVIIIe siècle, où Niebuhr avait retrouvé une localité de ces parages dans laquelle on la buvait encore de la même façon. Une autre ressource également évincée par l'exemple ou la contrainte des musulmans, c'est le porc, que Xénophon fait figurer quelques lignes plus bas en continuant l'énumération des vivres ([1]).

Les gens d'Arménie entendaient le persan, qui n'était cependant pas leur langue. En effet, Xénophon demanda au chef du village dont on vient de parler, et en se servant d'un interprète qui traduisait ses paroles en persan : « Quel est le nom du pays ? » A quoi il lui fut répondu : « L'Arménie. » — « Pour qui, poursuivit-il, a-t-on enlevé les chevaux ? » — « Pour le roi, c'est un tribut. » Puis, il apprit que la région voisine était celle des Chalybes ([2]). De nos jours, jamais les Arméniens n'oseraient dire qu'ils sont en Arménie : on les traiterait comme révolutionnaires. Du reste, ce n'est plus exact, la majorité de la population étant partout musulmane. Le peuple chrétien y parle bien le turc, mais par la nécessité de fréquenter quotidiennement les voisins de cette langue, tandis qu'autrefois on paraît avoir appris la langue persane par désir de plus haute culture, les Perses eux-mêmes, devant être fort rares en ces provinces. En somme, la civilisation a plutôt reculé.

Sous le régime de Darius, elle devait être, en effet, assez avancée. Comme les autres provinces de l'empire perse, l'Arménie était administrée par des satrapes, que ce roi créa par une excellente invention politique. Au lieu de persister dans le système assyrien de Tiglatphalasar III, qui investissait ses officiers de pouvoirs presque absolus, en faisant de véritables vice-rois soumis à vrai dire aux directions du maître, mais toujours portés à abuser de leur quasi-indépendance, Darius comprit au contraire que tant de peuples divers ne pouvaient rester volontiers soumis sans jouir d'une certaine liberté d'allures, mais qu'en même temps il fallait les maintenir dans la fidélité en ayant

---

[1]) *Anabase*, IV, 5.
[2]) Il traversa les Khalybes près de la mer : IV, 7 et 8.

toujours bien dans la main les chefs qu'il leur préposait. Aussi eut-il soin que chacun d'eux conservât sa dynastie propre, sa langue, son écriture, ses mœurs, sa religion, sa législation particulière, le droit de frapper monnaie au nom de ses chefs. De plus, tandis que pour réduire la turbulence des Grecs, il les maintenait soumis à toutes les charges antérieures, il exempta de toute charge positive, sauf un certain tribut, la plupart des barbares qui vivaient dans le Taurus et les montagnes du centre. Seulement, les ayant ainsi satisfaits dans leur vanité nationale, il en exigeait la soumission, la paix, l'ordre, le respect des courriers et des caravanes qui traversaient leur territoire. Ainsi, tout en maintenant les institutions nationales, il imposait l'observation des lois générales. C'est ce qui eut lieu dans l'Arménie comme ailleurs. Elle avait été constituée en satrapie entre 519 et 515. Cependant, comme la révolte avait montré le peuple arménien disposé à profiter de son autonomie pour s'émanciper complètement, on lui choisit généralement pour satrapes, non pas l'un de ses princes, mais des Perses à la dévotion du roi. De même que dans les autres provinces, à côté du satrape, il y avait deux autres délégués royaux : le secrétaire et le général. Darius choisissait lui-même ses satrapes « dans toutes les classes de la nation, parmi les pauvres comme parmi les riches, parmi les étrangers comme parmi les Perses ; (Hérodote, I, 153 et IX, 107 mentionne deux étrangers, l'un Lydien, l'autre Grec) ; mais il ne confia les satrapies importantes qu'à des personnages alliés par le sang ou par un mariage à la famille achéménide. » On peut croire qu'en temps de calme, Darius établit pour les Arméniens le même ordre que pour les Grecs, dont « il exigea seulement que l'autorité appartînt presque partout chez eux aux factions aristocratiques et aux tyrans électifs ou héréditaires, à qui leur intérêt personnel commandait la fidélité » ; pourtant, comme les Arméniens se distinguaient parmi les moins souples à courber sous le joug, nous avons vu que par la suite on leur imposa souvent comme satrapes des favoris de la cour, princes ou eunuques perses. Le roi les nommait et les révoquait à son gré. « Ils exerçaient l'autorité civile dans sa plénitude, ils avaient une cour, des gardes du corps, des palais et des parcs immenses, des paradis ;... ils répartissaient l'impôt à leur guise ; (Hérodote, VI, 42, en cite un exemple pour Sardes) ; ils administraient la justice, ils possédaient le droit de vie et de mort. » Nous ignorons les noms et l'origine de la plupart de ceux qui administrèrent l'Arménie sur ces bases. Nous pouvons être sûrs, cependant, d'un fait général plus important que ces détails : c'est que dès lors, la tranquillité, la sécurité, la justice y régnèrent, que les transactions, la culture, les industries élémentaires, tous les principaux facteurs de la civilisation purent s'y développer librement (¹). — Aux côtés des satrapes, le secrétaire royal « délégué ostensiblement aux besognes de la chancellerie, mais appliqué réellement à surveiller leur conduite pour en référer aux ministres », complétait le mécanisme de l'administration civile en maintenant par sa surveillance la prépondérance de l'esprit général sur les tendances nationales de la province ou les ambitions de son chef. Enfin le général commandait selon les vues du roi, les soldats perses, les milices indigènes et les mercenaires étrangers. Le plus souvent c'était l'ennemi du satrape et du secrétaire. Ces trois rivaux se tenaient mutuellement en échec, de manière à rendre une révolte sinon impossible, au moins très difficile. « Par surcroît de précaution, le roi dépêchait chaque année des officiers qu'on nommait ses *yeux* ou ses *oreilles*. Ils surgissaient au moment où l'on s'y attendait le moins, examinaient la situation financière ou politique, réformaient les abus de l'administration, réprimandaient ou suspendaient les fonctionnaires. Ils étaient accompagnés d'un corps de troupes qui appuyait leurs décisions... Un rapport défavorable, une irrégularité légère, même un simple soupçon, suffisaient à disqualifier un satrape : quelquefois on le déposait, souvent on le condamnait à mort sans procès. » (²) A part ces inspecteurs, qui seraient aujourd'hui non moins nécessaires qu'autrefois, l'Arménie est gouvernée, sous le présent régime ottoman, par un système identique, et il est probable que, sous les diverses autres dominations, romaine, byzantine, arabe, on lui appliquait la même tradition. On peut même dire que, si elle s'en affranchit ou si elle lui fut appliquée maladroitement aux heures où revivait sa fringale d'indépendance, ce fut l'une des causes de sa perte : nous verrons souvent les satrapes proprement arméniens, choisis alors parmi les seigneurs et les princes par les rois du pays, ou plutôt s'imposant à celui-ci par leur rang et leur puissance, abuser de leurs pouvoirs arbitraires pour déchaîner l'anarchie par leurs compétitions ou

---

¹) Les satrapes « réprimaient les brigandages, la piraterie, les compétitions de cité à cité, les guerres locales, ils réglaient à leur tribunal des querelles qui auraient été vidées autrefois les armes à la main, et, au besoin, ils imposaient leur décision aux deux factions par la force brutale ; ils entretenaient les routes et ils veillaient à ce que la sécurité fût complète de jour et de nuit ; ils protégeaient l'industrie, l'agriculture, et, selon les préceptes de leur loi religieuse, ils se faisaient un honneur de défricher les champs incultes ou de reboiser les sites dénudés » (Maspéro, *ibid.*, t. III, p. 692). Voilà bien des avantages qui ont disparu.

²) Maspéro, *op. cit.*, pp. 688-690.

pour trahir la patrie en passant à l'ennemi. Bien que le système de Darius eût pour but principal de lever les impôts, et que les satrapes fussent destinés avant tout à cette fonction, il est à croire que la régularité avec laquelle elle s'exerçait, et les avantages qui résultaient de l'ordre établi permirent à l'Arménie de travailler efficacement à sa prospérité matérielle ; — il n'y était pas encore question, semble-t-il, de culture scientifique, littéraire ou artistique. — Un autre avantage particulier dont elle aurait pu bénéficier comme tout l'empire, ce fut l'introduction d'une monnaie loyale. Le *darique* d'or ou d'argent n'eut jamais plus des trois centièmes d'alliage. Cependant, l'usage n'en étant pas obligatoire, les provinces méditerranéennes seules l'adoptèrent couramment ; les provinces du centre continuèrent à peser les lingots et à battre leur monnaie respective (Hérodote, III, 96), ce qui suffirait à montrer qu'elles n'appréciaient pas également le progrès. La plus forte partie de l'impôt consistait en redevances en nature, destinées à l'alimentation de la cour et aux équipements militaires. Les Arméniens payaient un tribut de 30,000 poulains. De plus, les satrapes vivaient exclusivement aux frais de leur province, et leur existence fastueuse, avec l'entretien de leur suite, ne laissait pas de constituer une lourde charge [1]. Sous Artaxerxès II (406-358), l'Arménie constituait la treizième satrapie de l'empire, payait conjointement avec ses voisines jusqu'à la mer Noire, 400 talents d'impôts en numéraire [2]. C'était une somme intermédiaire entre celle de 1,000 talents due par Babylone et celle de 170 talents exigée de l'Arachosie (province de l'Afghanistan actuel) [3]. Xénophon trouva les choses en cet état pendant la retraite des Dix Mille.

En résumé, le régime auquel l'Arménie était astreinte sous la domination persane paraît avoir été assez libéral. A l'exemple de la plupart des grands peuples d'origine indo-européenne, les Perses possédaient une charte établissant fortement leurs libertés, définissant exactement les droits respectifs du prince et du peuple [4]. On est au-

---

[1] Maspéro, *ibid.*, t. III, pp. 691, 692.

[2] Justi, *Grundriss der Iranischen Philolog.*, p. 438 : — id. *Gesch. des Alt. Pers.*, p. 58. Là nous ne voyons cités que 20,000 poulains. C'est que l'auteur s'est inspiré à des sources différentes. Dans ce second ouvrage, il a dû consulter Xénophon (*Anabase*, 4, 5, 24, 34). Il y fait un calcul sur l'ensemble des contributions de l'empire persan : elles devaient s'élever au total de 14,560 talents (825 millions de fr.), et en moyenne, les sujets ne payaient, dit-il, que 1 thaler (3 fr. 75) par tête.

[3] Hérodote, III, 91, 92.

[4] F. Justi, *Gesch. des Alt. Pers.*, p. 36.

torisé à en conclure que, par une naturelle analogie, ils appliquaient les mêmes principes aux nations vassales. De fait, l'Arménie, plus que toute autre, y trouva toute facilité de vivre suivant son génie propre, et même de s'agrandir peu à peu au détriment de ses voisins et pour la préparer à la subite et éphémère conquête d'une grande partie de l'Asie occidentale au Ier siècle avant notre ère. « L'autorité des Séleucides ne put jamais s'implanter solidement dans cette province montagneuse, où le persisme avait poussé des racines encore plus profondes qu'en Cappadoce » ([1]). Cette appréciation nous fait soupçonner une différence de régime entre la Petite-Arménie, trop lointaine pour ne pas échapper partiellement à la griffe du maître, et la Grande-Arménie orientale, plus immédiatement reliée à la cour.

Pourtant, c'est bien cette dernière qui joua le grand rôle historique que nous aurons à retracer. La raison semble en être ailleurs : à l'est, les Arméniens devinrent numériquement prépondérants, maîtres chez eux, tandis qu'entre l'Euphrate et le Halys ils furent toujours mélangés avec les restes d'un grand nombre de peuples qu'ils avaient partiellement expulsés : les Cataons, sis entre les deux branches de l'Euphrate dans l'Acilisène (province dont le centre est actuellement Erzindjân) ; les peuples variés de la Sophène (province nommée T Sopk par les Arméniens et dont le centre est Kharpout), de l'Odomantide, de l'Anzitène (aux sources du Tigre, autour d'Amida et Diarbékir), de l'Arzamène ; les Assyriens qui avaient colonisé les vallées où coulent les sources de l'Euphrate oriental (la Tarônitide, pays de Tarôn, aujourd'hui région de Mouch) ; les Chalybes (que Strabon identifie avec les Khalds)([2]) et les Mossynèces (appelés plus tard les Moschi, Mosques, quand ils eurent émigré comme les Chalybes sur les côtes de la mer Noire), près de l'Euphrate occidental (Carénitide appelé *karin* par les Arméniens, nom de la province où fut fondée plus tard Théodosiopolis, en arménien karnoxaxakh, l'Erzéroum actuelle ; — Derxène, le Terdjân, au nord-ouest de l'Acilisène) ; les Ibères habitant alors les contreforts du Paryadrès et la vallée supérieure du Kouros (Chorzène, qu'il ne faut pas confondre avec une autre Chorzène, que nous avons

---

[1]) Th. Reinach, *Mithr. Eupat.*, p. 101.

[2]) Strabon, XII, 3, 19, édit. Didot, dit que les Χαλδαίοι se nommaient auparavant Χάλυβες. On ne peut pas admettre avec M. Marr (*Grammaire* etc., en russe, p. 98) que Χαλδαίοι soit emprunté à l'arménien *xalti*, dans lequel *ti* serait un pluriel. C'est quelquefois vrai, mais les Khalds se dénommaient eux-mêmes *xaldini* dans leurs inscriptions cunéiformes (Hübschmann, *Altarmen. Ortenname*, p. 1).

vue située dans le Tersim actuel ; — Gogarène, entre Tiflis et Alexandropol, aujourd'hui le *xazax* et le *borT* (*alu*)(¹).

Dans l'est du pays qu'ils allaient occuper, c'est-à-dire aux sources de l'Euphrate et dans le bassin du lac de Vân, les Arméniens trouvèrent peut-être aussi des populations variées, mais la plupart étaient fondues sous le nom de Khalds en un groupe ethnique assez cohérent pour devenir bientôt maîtres de l'Ourartou entier. Ce royaume avait emprunté son nom à la province de l'Ararat, située au pied de l'énorme montagne que nous appelons de même, mais qui portait le nom de Masi. (Il ne faut pas confondre, comme les Hébreux semblent l'avoir fait, ce Masi ou Masios avec le Masios de la Mésopotamie.) Mais il s'étendait aussi, au nord, sur la vallée de l'Araxe, au sud, par delà le lac de Vân jusqu'à celui d'Ourmiah. La traduction grecque du nom des Khalds donnait Χαλδαία. Les auteurs désignaient en même temps sous le terme Ἀλαρόδιοι le principal peuple habitant ces régions. Comme il n'y en avait pas deux assez notoires pour être distingués par les Grecs, on en a conclu que ces deux appellations désignaient la même nation. Cette opinion est généralement reçue aujourd'hui, bien que certains historiens (²) préfèrent se réserver en observant que nous manquons de documents précis pour identifier les Ourartiens, les Khalds et les Alarodiens. La difficulté ne peut porter, cependant, que sur les deux dernières dénominations : le titre d'Ourartien n'a point de signification ethnographique et désigne, quels qu'ils soient, les habitants de l'Ourartou. Or, il paraît bien certain que la principale de ces populations indigènes portait pour les Grecs le nom d'Alarodiens et se donnait à elle-même celui de Khalds (³). Comme les Arméniens, après les avoir supplantés politiquement, s'arrangèrent pour vivre en paix avec le gros de la population qu'ils n'avaient pas chassé plus loin, il est bien certain que ce nouvel élément physiologique s'ajouta en larges proportions à tant d'autres pour constituer le type de l'Arménien définitif. Toutefois, on a eu tort de considérer les Khalds comme des « proto-Arméniens ». Nous savons maintenant qu'il n'y a entre eux aucune consanguinité d'origine, car les Khalds n'étaient pas indo-

---

¹) Th. Reinach, *op. cit.*

²) Hübschmann, *op. cit.*, sur la province Ararat.

³) Sur l'identité de l'Ourartou, diminué par la conquête médique, avec le pays des Alarodiens d'Hérodote (III, 94 ; VII, 79), v. H. Rawlinson, *On the Alarodians*, dans G. Rawlinson, *Herodotus*, t. IV, pp. 203-206.

européens (¹). La fusion s'est faite par la suite et le dernier élément a donné son nom aux autres, comme les Francs, plus ou moins mélangés avec les Celtes et les Ligures dont ils n'étaient pas parents, leur ont imposé le leur. Il serait moins inadmissible de donner aux Khalds le titre de « pré-Arméniens », si l'on entend par là qu'ils les ont précédés, leur ont préparé le terrain et les ont fait hériter de leur propre civilisation. En effet, elle devint un facteur essentiel de la civilisation arménienne.

Aussi nous estimons nécessaire de résumer ici l'histoire des Khalds, étant arrivés à l'époque où les Arméniens passèrent dans l'Ourartou. Il est impossible de fixer une date à cette immigration, parce qu'elle ne consista pas dans une irruption soudaine à main armée, mais fut le résultat d'une lente infiltration, traditionnelle chez ce peuple de colons et de pasteurs que nous n'avons pas encore vu et que nous ne verrons pas de longtemps entreprendre une opération militaire. Nous savons seulement que l'évènement se produisit dans l'intervalle des soixante ou quatre-vingts ans qui séparent l'*Histoire* d'Hérodote de l'*Anabase* de Xénophon. La première, énumérant les peuplades de l'Asie depuis la mer Egée jusqu'au plateau de l'Iran, place à l'ouest des Mèdes les Alarodiens, qui constituaient donc encore une nation distincte, malgré l'épuisement et la désagrégation où elle était tombée à la suite de ses guerres avec l'Assyrie, comme nous ne tarderons pas à le voir. On ne peut croire que les Arméniens y fussent déjà introduits, car Hérodote les place à l'est des Ciliciens et à l'ouest des Matiènes : il ajoute que la frontière entre les deux premiers était constituée par l'Euphrate, et qu'il fallait 15 étapes pour traverser l'Arménie (²). Les Ourartiens n'ont jamais pénétré si loin vers l'Occident. Tout est changé lorsque Xénophon conduit ses Dix Mille à travers le bassin du lac de Van. Nous avons vu qu'on lui disait qu'il était en Arménie sur tous les points de son parcours traversant le pays que les

---

¹) On hésitait encore à la fin du XIXᵉ siècle, l'origine indo-européenne des Arméniens n'étant pas démontrée. Maspéro, qui reconnaît pourtant la tradition, leur attribuant une origine phrygienne (*op. cit.*, t. III, p. 521), dit : « Chez ces premiers Arméniens » en parlant des Khalds (*ibid.*, p. 54). Bien d'autres fois il énonce la même opinion en appelant les Khalds des Arméniens (*ibid.*, p. 143). Dans plusieurs passages de l'histoire de l'Ourartou, nous serons obligés de rectifier ces expressions, que l'auteur a d'ailleurs supprimées dans sa petite édition de 1904.

²) Hérod., V, 49 et 52.

Khalds occupaient autrefois, et il ne cite plus les ʾΑλαρόδιοι d'Hérodote. La prise de possession de l'Ourartou par les Arméniens était donc terminée pacifiquement sous la domination des Perses[1], et elle fut le résultat d'une lente poussée[2], qui se dirigea vers l'est, puis vers le nord.

Rien ne permet de supposer que les Arméniens aient ainsi chassé les Khalds de vive force, mais ils ont dû forcer à la retraite ce peuple épuisé par la guerre, comme tant d'autres colons ont expulsé les races belliqueuses dont la vigueur s'était énervée sans qu'elles aient pris goût aux occupations sédentaires qui attachent au sol. En tous cas, les nouveaux venus ont suivi leurs prédécesseurs à la piste. En effet, les Khalds se trouvaient d'abord au sud du lac de Vân ; ils montèrent ensuite au nord du bassin vers l'Ararat. Les Arméniens vinrent encore les y supplanter pour constituer la Grande Arménie entre le lac de Vân, l'Araxe et l'Euphrate. Enfin, plus tard, ils prirent encore la place des Khalds dans toute la vallée de l'Araxe jusque vers le Kouros. Mais partout il était nécessairement resté un certain nombre des anciens habitants, que leurs successeurs absorbèrent. En attendant, la treizième satrapie que la Grande Arménie forma sous Darius ne dépassait pas les bassins de l'Euphrate et du Tigre supérieurs, entre le Taurus et le bas Arsanias (Euphrate oriental)[3], tandis que les Ourartiens associés aux Matiènes et aux Saspires (habitants de la vallée d'Ispir dans le bassin du Tchorokh) composaient la dix-huitème satrapie à la même époque[4]. Cette même satrapie « où habitaient les Alarodiens d'après Hérodote est appelée par Xénophon (Anabase IV, 4) l'Arménie orientale. D'ailleurs le pays qui porte en persan le nom d'Armina (en dialecte de Suse harminija) porte en langage de Babylone le nom de *urastu* (forme modifiée de urartu). — Politiquement, néanmoins, le territoire des Alarodiens ne fut uni en un grand royaume arménien avec le territoire de l'Arménie occidentale que du temps des Grecs, vers 189 av. J.-C., par le roi arménien Artaxias (artachis) (Strabon, 551):

---

1) Cf. Hübschmann, *Armen. Gramm.*, p. 402.
2) Maspéro, *op. cit.*, t. III, pp. 520-521.
3) Hérodote, III, 93, 94.
4) Belck et Lehmann, Recherches sur l'histoire des Khalds, dans *Verhandl. der Berlin. Anthropol-Gesch*, 1895, pp. 580-587 ; 607 ; — cf. Maspéro, *op. cit.*, t. III, p. 177.

depuis lors, la nationalité des Alarodiens disparut complètement » (¹). Toutefois, on en trouve encore des traces, sous le nom de Chaldiens, dans la région de Trébizonde jusqu'au XV⁰ siècle de notre ère, et sous celui de Chaldéens dans le bassin de Van, où un groupe de chrétiens le porte aujourd'hui (²).

II

La civilisation semble avoir été chez les Khalds aussi brillante que chez les nations de l'Asie Antérieure les plus avancées au temps des Assyriens ; c'est parce que ces derniers parvinrent, non sans peine, à abattre la puissance des rois Khalds, dont les principaux avaient été les Arghistis et les Ménouas, que les Mèdes peut-être, ou en tous cas les Perses les soumirent aisément, et que les Arméniens les refoulèrent sans éprouver de résistance ; une fois éclipsée la dynastie « qui avait disputé la prépondérance aux Assyriens, le peuple qu'elle n'avait jamais pénétré profondément retournait à grands pas à sa rudesse native » (³). Il devait pourtant rester quelque chose de la splendeur passée, dont le souvenir est gravé sur le magnifique rocher de Van. Nous ne saurions mieux résumer que par une citation empruntée à M. Maspéro les renseignements qui nous sont parvenus sur la situation de ce peuple à l'époque où il apparaît dans l'histoire. Puis, ce sera encore dans ce savant auteur que nous puiserons le résumé de son histoire jusqu'au moment où les Arméniens, prenant possession de son pays, commencent à se fondre ethnologiquement avec lui et substituent leur nom au sien dans les fastes politiques.

Quelques observations préalables sont encore nécessaires. Il n'est pas prouvé que les Khalds se soient donné ce nom à eux-mêmes. M. Belck a cru le lire dans une de leurs inscriptions vanniques (v. *Zeitschr. für Ethnol.*, Berlin, 1899, page 116). M. Sayce assure au contraire qu'il ne l'a jamais rencontré dans cette source, et que le nom Khaldia (*Xaldija*) des Assyriens signifie le dieu Khaldis. On n'en a

---

¹) E. Meyer, *Gesch. des Altert.*, I, p. 297.
²) H. F. B. Lynch, *Armenia*, t. II, pp. 68, 69. L'auteur signale et admet, p. 68, une hypothèse d'après laquelle les Chaldéens, identifiés avec les Khalds et les Alarodiens, seraient les Saspires de l'antiquité, habitants du district d'Ispir dans le bassin du Tchorokh.
³) Maspéro, *op. cit.*, t. III, p. 520.

pas moins légitimement appelé Khaldiens, fils de Khaldis, le peuple qui l'adorait, comme on a appelé Assyriens celui qui adorait Assur (¹).

De plus, le nom d'Ourartou par lequel on désigne le pays occupé par ce peuple conviendrait moins que celui de Biaïna, car les Khalds ont résidé plutôt dans la province de Vân que dans celle de l'Ararat, et ils sont revenus à Vân pour y établir le siège de leur gouvernement, comme les Arméniens le feront aussi plus tard. Vân est une forme dérivée de Biaïna par l'intermédiaire de Bouana (²).

« Au milieu du IXe siècle, l'Ourartou était divisé en plusieurs fractions.

» On pense que l'Ourartou était à cheval sur l'Ararat et sur l'Araxe ;... Ourartou est le seul nom que les Assyriens connussent pour le royaume de Vân ; il a été reconnu dès le début des études assyriologiques, ainsi que l'identité avec l'Ararat des Hébreux et avec les Alarodiens d'Hérodote (³)... Les Mannaï ont été identifiés au début avec le peuple de Vân. Sayce a reconnu le premier qu'on devait les placer au voisinage du lac d'Ourmiah (*The Cuneiform Inscription of Van*, dans le *J. R. As. Soc.*, N. S., t. XIV, p. 388-400). Ils sont les Minni de Jérémie (51, 27), et c'est dans leur pays, la Minyas, qu'une tradition plaçait l'arrêt de l'arche après le Déluge universel (Nicolas de Damas, *Frag.* 76, dans Müller-Didot, *Frag. Hist. Græc.*, t. III, p. 415 ; cf. Josèphe, *Ant. Jud.*, I, III § 6)... La population y était probablement fort mélangée, car ces montagnes ont de tout temps offert un asile sûr aux proscrits, et chacune des migrations qui bouleversèrent l'Asie Antérieure y a échoué quelques débris des nations voisines. L'élément principal, celui des Khaldi, appartenait par le sang à cette grande famille de tribus qui s'étendait en travers du Taurus, des rives de la Méditerranée à celles du Pont-Euxin, Khalybes, Mouskhou, Tabal, Khâti (ou Hittites). L'attribution du nom de Khaldi aux indigènes a été démontrée par Lehmann (Belck-Lehmann, *Ueber neuerlich auf-*

---

¹) H. F. B. Lynch, *Armenia*, vol. II, pp. 56, 57.

²) Lynch, *op. cit.*, *ibid.* M. Sayce croit même que Bitani en est une autre forme que M. Lynch pense pouvoir retrouver dans le nom du Botân-Sou, en supposant qu'on a appliqué le nom de Bitani aux districts du sud.

³) Il ne faudrait pas entendre par cette expression que les Khalds fussent les ancêtres des Arméniens, mais qu'ils occupaient les premiers le pays où vinrent ensuite les Arméniens. Nous l'avons vu, M. Maspéro a lui-même reconnu que ces derniers viennent des Phrygiens. — Le passage suivant qui établit une comparaison entre les Khalds et les Arméniens du temps de Xénophon pourrait tout au plus insinuer qu'il s'était déjà fait un commencement de fusion.

gefundene Armenische Keilinschr., dans *Zeitschr. für Ethnol.*, 1892. p. 131-132). Jensen seul a jusqu'à présent soulevé des objections contre cette identification. (*Grundlagen für eine Entzifferung der Khatischen oder Cilicischen Inschriften.* p. 124). Le peu qui nous a été conservé de la langue s'apparente au peu que nous connaissons des idiomes parlés par les gens d'Arzaspi ou du Mitâni (dans la Mésopotamie septentrionale). et ce qu'on entrevoit de la religion ne manque pas d'analogie avec les vieux cultes hittites (Jensen. *ibid.*, p. 128 sqq; Belck-Lehmann. *Ueber neuerlich aufgef. Keilinschr. in russisch und türkisch Armenien.* dans *Zeitschr. für Ethnol.*. 1892. p. 129-130.) Les monuments nous rendent d'ailleurs. chez ces Arméniens primitifs [1]. la plupart des traits qui caractérisent les Arméniens actuels. Ils nous les révèlent hauts de taille. robustes. lourds. tenaces. âpres au labeur et à la bataille. fiers de leur indépendance. Cf. ce que Xénophon dit des Khaldi de son temps : Ἐλέγοντο δὲ οἱ Χαλδαῖοι ἐλεύθεροί τε καὶ ἄλκιμοι εἶναι (*Anab.*, IV. III. § 4: cf. V. V. § 17) et la peinture qu'il trace de leurs mœurs guerrières dans la *Cyropédie*. III. II. § 7. Une partie d'entre eux menaient la vie de pâtres. errants à la garde de leurs troupeaux pendant le meilleur de l'année. et forcés de suivre l'herbe de la vallée aux forêts et à la montagne selon la saison, puis bloqués par les frimas pendant l'hiver. dans ces habitations à demi souterraines où leurs successeurs se cloîtrent aujourd'hui encore (E. Reclus. *Géogr.*, t. IX. p. 355)... Quand le sol s'y prêtait. ils le cultivaient avec une habileté rare. et ils lui arrachaient des récoltes abondantes. Ils s'ingéniaient à capter les sources. à les conduire au loin par des systèmes de rigoles. à les déverser dans leurs champs et dans leurs jardins (Belck-Lehmann. *Ueb. neuerl. aufgef. Keilinschr.* dans *Zeitschr. für Ethn.*, 1892. p. 136-147). La tradition arménienne. d'accord avec la tradition classique. attribue la construction de ces canaux à Sémiramis. (*Storia di Mose Corenese*. Venise 1841. p. 51-54). Ils s'entendaient à soutenir par des murs l'humus toujours prompt à s'ébouler sur leurs pentes rapides. Les industries étaient peu développées chez eux. sauf peut-être celle des métaux ; n'étaient-ils pas les cousins de ces Chalybes pontiques. dont les mines et les forges approvisionnaient déjà de fer le monde hellénique ? On a recueilli dans

---

[1] Nous avons vu que Strabon ne se contente pas d'apparenter les Khalds et les Chalybes, mais qu'il les identifie.

leurs ruines des statuettes, des coupes, des boucliers votifs, les uns travaillés au repoussé, les autres burinés ; on y voit des zones concentriques d'animaux ou de personnages, traitées à l'assyrienne, mais d'un beau style et d'une dextérité de touche remarquable. Ils habitaient des bourgades, fortifiées pour la plupart ou perchées sur des hauteurs de défense facile, telle que celles de Van et de Toprah — Kaléh. Leurs villes étaient petites, même les villes royales, et ne pouvaient se comparer aux cités de l'Assyrie ou de l'Aramée. Elles affectaient d'ordinaire la figure d'un carré long, dessiné avec plus ou moins d'exactitude. Les murs en étaient construits de blocs équarris grossièrement et couchés en lits réguliers, mais sans mortier ni lien d'aucune sorte ; la tête en était crénelée, des tours carrées les flanquaient d'espace en espace, et des braies en masquaient le pied aux points les plus menacés. On accédait à l'huis par des sentiers étroits et dangereux, parfois courant en corniche sur la face à pic du rocher (Belck-Lehmann, *Chaldische Forschungen* dans *Verhandl. der Berlin. anthrop. Gesellsch.*, 1895, p. 601-614). Les maisons particulières étaient d'une facture assez simple, des boîtes rectangulaires de pierre ou de brique, nues à l'extérieur et percées de portes basses, mais surmontées parfois d'une galerie ouverte que de courtes colonnettes soutenaient ; une terrasse couronnait le tout, ou souvent un toit à double pente mieux approprié que la terrasse à braver les pluies et les neiges de l'hiver. Les palais princiers se distinguaient des habitations privées par les dimensions des parties et par le soin plus minutieux de l'appareil. On leur appliquait quelquefois une façade à colonnes, décorée de boucliers ou de disques en métal sculptés ; des dalles de pierres rayées d'inscriptions revêtaient les parois des salles intérieures, sans qu'on ait constaté si les rois joignaient aux dédicaces et aux récits de leurs victoires le tableau des batailles livrées et des citadelles détruites. Le mobilier ressemblait à celui des maisons ninivites, mais en moins riche, et peut-être les pièces les plus précieuses y étaient-elles importées de l'Assyrie ou des manufactures araméennes. Les temples paraissent n'avoir différé qu'assez peu des palais, au moins pour qui les apercevait du dehors. La maçonnerie en était plus régulière et la disposition plus savante : le parvis s'y encombrait de mers d'airain et de statues ; le matériel y comprenait des autels, des pierres d'offrande, des idoles humaines ou bestiales, des cratères identiques à ceux des sanctuaires euphratéens, mais nous ignorons le détail et la nature des cultes auxquels ils servaient. Un être suprême, Khaldi, dieu du ciel autant qu'on peut le croire, protégeait la nation entière, et lui donnait son nom comme Assour aux Assyriens, comme Kashshou aux Cosséens, comme Khâtou aux Khâti : il était assisté dans le gouvernement de l'Univers par le dieu de l'air, Téisbas, et par celui du soleil, Ardinis. Des bandes de divinités secondaires se ralliaient autour de cette trinité souveraine : ... une seule inscription en énumère 46, dont plusieurs n'étaient adorées que dans une localité déterminée. Il semble que ce panthéon ne souffrît point de déesse indigène : la seule qu'on y ait signalée jusqu'à présent, Saris, est probablement une variante des Ishtar de Ninive ou d'Arbèles, empruntée sur le tard aux Assyriens (Sayce, *The Cuneiform Inscript. of Van deciphered and transl.*, dans *J. R. As. Soc.*, N. S., t. XIV, p. 412-417) [1].

Assournazirabal, roi d'Assyrie, fut le premier qui entama l'Ourartou, de 879 à 870. Avant lui, l'empire ninivite ne dépassait pas le Taurus oriental et le Zagros. « Il occupa les cols qui mènent aux rives de l'Arsanias (Euphrate oriental, au centre du plateau), ceux du Kirrouri (monts du Sassoun actuel, à l'ouest du lac de Van), comme ceux du Gilzân (vallée de la rivière appelée aujourd'hui Bitlis-Sou) ». Le royaume d'Ourartou « lui avait juré hommage et fidélité ». Il avait envoyé des résidents assyriens dans le Kirrouri et dans les pays voisins pour les espionner (*Annales d'Assournazirabal*, col. I, l. 56, 67 ; col. II, l. 15), et il leur faisait payer un tribut de bestiaux, de vin et de cuivre (*ibid.*, col. I, l. 54-56). Il y avait établi, comme dans toutes ses possessions, « des villes royales fortifiées avec soin, ... qui servaient d'entrepôts aux fonctionnaires pour emmagasiner les denrées perçues », comme Damdamousa, située au-dessous des sources de la corne occidentale du Tigre (*ibid.*, col. I, l. 103) ; de même il en avait élevé dans le Naïri, nom vague par lequel on désignait tout le plateau [2]. Le fils d'Assournazirabal, Salmanazar III, ne se contenta pas de cette situation et enfonça plus avant dans le cœur de l'Ourartou, sans trouver, paraît-il, de résistance sérieuse.

On le voit, ce pays occupé ainsi par différentes peuplades dont la principale et la maîtresse était les Khalds, n'avait pas toujours porté le nom d'Ourartou. Quand les Assyriens le conquirent, ils le connurent sous celui de Naïri, et l'un de ses premiers rois, Aramé, se don-

---

[1] Maspéro, *Hist. anc. des Peupl. de l'Or. class.*, t. III, p. 54-61.

[2] Maspéro, *op. cit.*, t. III, pp. 42 et 49.

nait le titre de roi du Naîri (¹). Ce n'était pas un État fortement aggloméré, mais un composé d'innombrables petits royaumes dont les dissensions assurèrent finalement la victoire à l'empire ninivite. Cependant, au IXᵉ siècle, le royaume d'Ourartou avait fini par établir son hégémonie sur tous ses voisins dans la moitié occidentale du Naîri, embrassant ainsi le district de l'Ararat, le canton de Biaïna, le bassin entier de l'Arsanias ou Euphrate oriental (Mourad-Sou). On croit que l'une des capitales annexées par les Khalds, la cité d'Arzashkoun, cachée derrière une épaisse forêt, devait être située vers les sources de ce fleuve (²). Assourbanipal craignait autant le royaume d'Ourartou que celui de Damas. Shardouri, fils de Loutipri, (Belck. *Das Reich der Mannäer* — les Mannéens dominaient sur la moitié orientale du Naîri, — dans *Verhandl. der Berlin. anthropol. Gesellsch.*, 1894, p. 486) semble avoir commandé aux peuples de l'Ourartou au début du règne d'Assourbanipal, et avoir eu pour successeur, à la fin du même règne, cet Aramé que nous avons signalé comme reprenant le titre de roi du Naîri tout entier. C'était un signe de concentration des forces du pays, et pour la briser le monarque assyrien dut entreprendre, dans la 18ᵉ année de son règne, une campagne contre Aramé, mais sans oser pénétrer dans le cœur de l'Ourartou. Il avait franchi l'Euphrate, brûlé le Goubbou, puis était redescendu à Damdamousa (située peut-être entre les villes actuelles de Kharpout et de Diarbékir). Malgré les cruautés par lesquelles il répandait la terreur, il ne put réduire Amidi (Diarbékir). Il crut du moins affaiblir cette marche frontière de la Mésopotamie en arrachant à la campagne 6.000 prisonniers qu'il établit en colons auprès de Ninive. Tels sont les hauts faits dont Assourbanipal se vante dans ses Annales. Il n'y avait pourtant guère de quoi être fier, car l'insurrection ne fit que s'accroître après son départ, probablement sous la direction d'Aramé : on suppose que c'est lui qui avait arraché à Salmanazar II l'allégeance des Gordiéens (Carduques, Kurdes) et des Araméens de l'Euphrate (Lehmann, *Schar Kischschati*, dans *Zeitschr. für Assyriol.*, p. 201, 202). Salmanazar réussit à le

---

¹) Maspéro, *ibid.*, p. 5o, d'après les inscriptions assyriennes et O. Schrader (*Keilinschr. und Geschichtsforsch.*, p. 579, avec énumération des pays compris dans la concept. de Naîri). L'inscription citée de Tiglatphalasar Iᵉʳ. (*Annales*, col. IV, l. 71-83) contient la liste de 23 rois régnant simultanément sur le Naîri, et (l. 96-98) la mention de 60 autres rois du même pays.

²) Maspéro, *ibid.*, d'après l'inscription du *Monolithe de Salmanaẓar III*, col. II, l. 47-54. Arzashkoun est peut-être l'Ardzik des historiens arméniens, près de Malasguert.

châtier. Il dévasta premièrement ses districts orientaux, puis celui de Shougounia ; il atteignit le lac de Van et sculpta son image sur un rocher. On le voit encore faire une campagne, peu de temps après, contre un autre Aramé, qu'il ne faut pas confondre avec celui de l'Ourartou, et qui dominait sur la Syrie septentrionale. Ce même nom, se retrouvant aux deux extrémités du peuple araméen, fait comprendre l'influence que devait exercer par la suite la civilisation araméenne, et explique que l'écriture araméenne devint, comme nous l'avons vu, officielle dans l'empire de Darius conjointement avec le cunéiforme persan. On peut admettre que les Araméens du nord se trouvèrent en contact avec les Arméniens lorsque ceux-ci succédèrent aux Hittites. En tout cas, Salmanazar II ne soumit certainement pas les Arméniens, qui n'étaient pas encore dans le pays d'Aramé [1]. Après avoir châtié les gens d'Iaïti vers les sources du Tigre, il fit sculpter, lui aussi, son image, dans le Naïri, en 845, sur le rocher d'où jaillit la source du Tigre, puis il envahit l'Ourartou et le dévasta jusqu'aux sources de l'Euphrate, où nous avons vu les Araméens résider. Telle fut la dernière campagne conduite par Salmanazar III en personne [2]. Mais loin d'être abattu, l'Ourartou continua la lutte avec une telle vigueur, qu'il ébranla fortement le grand empire suzerain. Il était lancé à la résistance par un roi valeureux, Shardouri II, dénommé Sédouri dans les inscriptions de Van. (Sayce, *The Cuneif. Inscr. of Van*, dans *J. R. Ass. Soc.*, t. XIV, p. 44; cf. Tiele, *Babylonisch-Assyr. Gesch.*, pp. 203, 215. Belek et Lehmann ont montré que ce Sédouri n'était pas le Shardouri fils de Loutipri, dont nous avons parlé, mais un second Shardouri, probablement fils d'Aramé). Battu par un « tartan » de Salmanazar, nommé Dyanâssour, il réussit à le repousser quand même et à l'empêcher de revenir l'année suivante, en soulevant contre lui les Patiniens, sans compter ceux du Masios (en Mésopotamie) et du Bît-Zamâni (province d'Amid), qu'il s'était attachés dès le début (d'après les inscriptions de l'Obélisque noir dont le moulage est au musée du Louvre, l. 141-146; cf. Amiand-Scheil, *Les Inscr. de Salman.*, II. pp. 66-67). Mais en 830 Dyânassour vint réduire en cendres Zapparia et 56 autres villes du Mouzazir (entre les lacs de Van et d'Ourmiah) et ravager l'Ourartou

---

[1] A la fin du XIXe siècle, M. Maspéro pouvait encore hésiter sur ce sujet. On ne saurait plus admettre avec lui (*ibid.*, p. 75, note 1) que le roi de l'Ourartou, Aramé, fût un Arménien. Les Arméniens n'étaient pas encore dans le nord de ce pays.

[2] Maspéro, *ibid.*, pp. 60-63 ; 78-79.

proprement dit. Toujours l'insurrection renaissait quand même, et elle ne fut étouffée que deux ans après la mort de Salmanazar III, qui eut lieu en 824 (d'après le canon des *Limmou* dans Delitzsch, art. *Sanherib* du *Bibel Lexicon*, p. 392). Encore la fermentation se prolongea-t-elle sous le fils de Salmanazar II, Shamshirammân IV, qui dut batailler, non seulement contre les autres peuples de l'empire, mais contre « les gens des marches arméniennes et araméennes » sans réussir à récupérer tout le terrain (¹), (Sayce, *Monolith. Inscr. of. Samas-Rimman*, dans *Records of the Past*, 1ᵉ série, t. I, pp. 9-22). Pour en finir, il fit détruire 300 villes dans l'Ourartou par son « rabshaké » Moutarrizassour en l'an 820 (Scheil, *Inscr. assyr. archaïq. de Shamshi-Rammân*, IV, pp. 6-9) (²). Les inscriptions de Vân portent le récit des victoires que Rammânirâri III, fils de Shamshirammân IV, remporta encore dans l'Ourartou (³) et par lesquelles il y établit la suprématie assyrienne, avant sa mort, en 811. Encore n'était-ce qu'une suzeraineté contre laquelle le vaincu ne cessait de protester. On eut beau lui enlever de nouveau des prisonniers et des dépouilles dans les deux expéditions de 808 et de 807, si l'Assyrien se targue d'avoir remporté ainsi des victoires signalées, le Khald, par contre, sculpte sur ses pierres commémoratives la chronique toujours plus glorieuse de sa marche ascendante. On croit pouvoir identifier l'Oushpina que Shamshirammân IV mentionna parmi les rois vaincus du Naïri (Scheil, *l'Inscr. de Shamshi-Rammân IV*, t. I, pp. 178-179; — Belck et Lehmann, *Weitere Ergebn.... an den armen. Keilinschriften*, dans *Verhandl. der Berlin. anthrop. Gesellsch.*, 1892, p. 483) avec Ishpouinis, fils de Shardouris II, et qui, pour donner plus de résistance à la province la plus enviée de l'ennemi, le Biaïna, y établit le siège de son gouvernement en faisant de Touspana (en arménien Tosp) (Vân) sa résidence favorite (Belck et Lehmann, *Chald. Forsch..* dans *Verhandl.* etc..

---

¹) Les marches « arméniennes » semblent, ici encore, désigner improprement les frontières de l'Ourartou.

²) Maspéro., *op. cit.*, pp. 90-96.

³) Ici encore nous devons observer l'inexactitude de l'expression dont se sert M. Maspéro (III, p. 99) en disant que les principaux documents qui nous soient parvenus sur les évènements de cette période proviennent de la Syrie et de l'« Arménie ». Il faut dire de l'« Ourartou ». Il s'agit des inscriptions de la région de Vân. Là les Arméniens n'étaient pas encore installés; du moins, on n'a encore trouvé aucune trace de leur présence. — Ces inscriptions ont été traduites par Sayce, *The Cuneiform Inscr. of Van*.

1896. pp. 593-595). Ce fut surtout son fils Ménouas, associé à la couronne du vivant de son père (Sayce, *The Cun. Inscr. of Van*, dans *J. R. Ass. Soc.*, N. ser., t. XIV, pp. 461-673; et t. XX, pp. 21-23), qui porta à son comble la puissance de l'Ourartou, jusqu'à ce qu'il eût tant inquiété les Assyriens que ceux-ci résolurent d'en finir. De nombreuses stèles triomphales, en cunéiformes khalds et parfois encore assyriens [1], racontent ses triomphes : les plus célèbres sont celles de Kélishin (dans les monts Zagros), de la passe de Rowandiz (au N.-E. de Ninive), sans compter les pages sculptées sur le rocher de Van. Il avait dévasté et soumis les districts du lac d'Ourmiah, ceux du Kurdistân, ceux du Zab supérieur (d'après les stèles de Rowandiz, trad. *Sayce, The Cun. Inscr. of Van*, t. XIV, pp. 663-673). Malgré les trois campagnes de Rammannirâri III en 802, 792 et 785, l'Ourartien avançait toujours, il occupait le Zab inférieur, le Khouboushkhia (dans le Zagros, entre Ninive et le lac d'Ourmiah), puis toute la vallée de l'Arsanias, et il leva même un tribut sur la Mélitène (Sayce, *ibid.*, pp. 558-592, inscription de Palou). On ignore ce que Ménouas fit à l'est, mais il a laissé la trace de sa domination dans le nord et l'ouest, sur les monuments d'Armavir (au N.-O. de l'Ararat) et d'Erzéroum. Cette dernière ville n'existait pas dans l'antiquité, mais cette fertile région a toujours été remplie de villages, et Ménouas y restaura un palais (Sayce, *ibid.*, t. XIV, p. 567). Enfin il soumit l'Etiaous (versant nord de l'Ararat) et le Mannâi (à l'ouest du lac d'Ourmiah), en y fondant des colonies, des villes et des châteaux (Sayce, *Inscr. in the Cun. Charact.*, t. XIV, pp. 562-577; t. XX, pp. 11-13; — puis Belck et Lehmann, *Das Reich der Mannäer*, dans *Verhandl.* etc. 1893, pp. 481-482). Son empire égalait celui de l'Assyrie en étendue et devait le surpasser par la population. Il imita ce grand rival en copiant ses arts, son luxe, son administration, et lui opposa une chaîne indéfinie de forteresses à peu près inexpugnables. (Voir la liste de celles qu'on a retrouvées dans Maspéro, *op. cit.*, t. III, pp. 105-106). C'est à lui que Van surtout doit sa puissance, grâce au parti qu'il sut tirer du magnifique rocher isolé au bord du lac. Comme il disparut peu de temps avant Rammannirâri, on fixe la date de sa mort en 784. Son fils Arghistis hérita de sa valeur et grava ses hauts faits sur le rocher de Van (Sayce, *The great*

---

[1] C'est Ménouas le premier qui sut écrire la langue Khald en la transcrivant en caractères cunéiformes. Avant lui, on faisait venir au palais des scribes assyriens qui rédigeaient les annales Khalds en langue assyrienne. (Maspéro, *op. cit.*, petite édit., pp. 449, 599.)

Inscr. of Argistis on the Rock of Van, dans *Records of the Past,* 2ᵉ sér., t. IV, pp. 114-133). Il raconte les quatorze campagnes des quatorze premières années de son règne, commençant par réduire les peuples des montagnes au nord de l'Araxe pour couronner les efforts de son père de ce côté, continuant par la dévastation de l'Etiaous révolté ainsi que de l'Ourmi (probablement sur la rive gauche de l'Araxe et non près du lac d'Ourmiah, d'après Sayce, *The Cuneif. Inscr. of Van,* t. XIV, p. 611), expéditions dont les principales sont datées de 784 à 782, et se terminant par une guerre formidable contre l'Assyrie. En 782, Salmanazar IV avait succédé à Rammannirâri, et, ayant à peu près réduit les Araméens de Babylonie, jugea nécessaire de débuter par un coup de maître contre l'Ourartou. Entre lui et Arghistis la lutte se prolongea de 781 à 778. « Arghistis eut certainement le dessus, et ses progrès, s'ils ne furent point toujours rapides, ne furent jamais suspendus entièrement ». Il commença par razzier les principautés hittites vassales de l'Assyrie jusqu'en Mélitène (district actuel de Malatia), puis, en 780, il livra bataille dans le bassin de la rivière de Bitlis, si bien qu'en 779 il put remercier ses dieux de lui avoir livré les armées et les cités d'Assour (Sayce, *ibid.,* pp. 582-685). Attaquant ensuite les provinces du bassin d'Ourmiah, il défit complètement les Assyriens à Sourisidas en 778 (Sayce, *ibid.,* pp. 593-596), au point de les obliger à se retirer pour une année. Quand ils revinrent à la charge en 776, il les vainquit encore et les chassa vers l'Amanus (dans la Syrie septentrionale), profitant de leur absence pour soumettre tous les Etats pressés à l'est et au sud du lac d'Ourmiah; enfin, il repoussa la dernière attaque de Salmanazar IV dans le Namri en 774 (Sayce, *ibid.,* pp. 602-609). Arghistis n'eut pas moins à faire pour soumettre les peuples de son royaume (Sayce, *ibid.,* pp. 609-616). Après avoir réduit à l'impuissance les Mannaï en 771, il dirigea tout son effort contre l'Etiaous, qui s'était mis à la tête des tribus révoltées au nord de l'Araxe. Il les ramena au devoir en saccageant l'Ishkigoulous (district actuel d'Alexandropol) et les provinces voisines (Sayce, *ibid.,* pp. 616-631) [1].

S'il nous a paru intéressant de résumer les hauts faits de ces héros de l'Ourartou, c'est que nous y voyons une préparation lointaine à l'avènement des Arméniens. Ceux-ci, n'étant point entraînés à la guerre, n'auraient pu briser ces milliers de petits princes s'ils les avaient trouvés encore indépendants. L'unité de la province fut complétée, non par les rois Khalds, dont bien peu seront désormais comparables à leurs

---

[1] Maspéro, *op. cit.,* t. III, pp. 99-110.

ancêtres, mais par les Assyriens, qui reprirent une nouvelle vigueur sous Tiglatphalazar III. Après avoir conquis la Syrie et la Judée en 734 et 733, ce puissant monarque prit d'abord la précaution d'assurer ses derrières en soumettant la Médie, puis se jugea en mesure d'attaquer l'Ourartou, devenu presque aussi fort que l'Assyrie. En effet, le roi de ce pays, Shardouri III, avait étendu son autorité jusque sur la Syrie septentrionale, mais avait eu le tort de négliger l'organisation des conquêtes des Ménouas et d'Arghistis([1]), bien qu'il y eût participé lui-même n'étant encore que prince héritier avec le titre de gouverneur de l'Etiaous et du Mannaï (Sayce, ibid., t. XIV, p. 606) en soumettant, de sa résidence Lounounis (dans l'Armavir actuel), les barbares campés entre l'Araxe et le Kour (Belck et Lehmann, Uber weitere.... dans Verhandl. etc., 1892, p. 484). Devenu roi vers 760, il avait également prélevé de riches tributs et de forts contingents militaires sur les populations sises entre l'Araxe et le lac d'Ourmiah (Sayce, ibid., t. XIV, pp. 635-642; t. XX, pp. 18-19). Par prudence il ne s'attaqua pas à la frontière d'Assyrie, mais s'étendit à l'ouest sur la Mélitène, dont il prit plusieurs villes, principalement la capitale Milid (Malatia) en 758 (Sayce, ibid.) C'est probablement ensuite, vers 756 ou 755, qu'il descendit en Syrie. Là, il se fit un allié du roi du Bit-Agousi, dont la capitale Arpad cherchait un appui contre les Assyriens. Le chef de ces derniers, Assournirâri, avait bien essayé en 754 de réclamer ses droits de suzerain, mais il avait échoué, et dix ans après, tous les Araméens et les Hittites répandus entre l'Euphrate et la Méditerranée obéissaient à Shardouris III, bien que Tiglatphalazar III ne les considère que comme les alliés de l'Ourartou (dans ses *Annales* pour l'an 743, l. 59-62; cf. *Tablettes*, recto, l. 45-46) ([2]).

Inquiet de ce voisinage, et jugeant plus facile de faire campagne en Syrie que dans les montagnes de l'Ourartou, l'Assyrien vint donc attaquer Shardouris dans le bassin de l'Oronte, pour tâcher d'abattre ses alliés avec lui ([3]). Ils ne s'attendaient pas à ce coup de foudre. La capitale Arpad fut surprise, puis Shardouris vaincu dans une mêlée formidable au milieu du Koummoukh, non loin de l'Euphrate, entre Kishtân et Khalpi. Il s'enfuit sur une jument, monture considérée comme ridicule, après avoir abandonné sa charrerie de guerre et son

---

[1]) C'est ce que M. Maspéro conclut (*op. cit.*, t. III, p. 119) du fait que Tiglatphalazar ne rencontra aucune force ourartienne dans le Namri et la Médie.

[2]) Maspéro, *op. cit.*, t. III, pp. 119-121.

[3]) Maspéro, *op. cit.*, t. III, pp. 119-121.

camp (Belck et Lehmann, *Chaldische Forsch.*, dans *Verhandl.* etc., 1896, p. 325). Il avait perdu près de 73.000 hommes, morts ou prisonniers, sans compter le matériel et les valets. Tiglatphalasar brûla sur place le mobilier royal du vaincu, sauf le lit, qu'il consacra à la déesse Isthar (*Annales de Tiglatph.*, III. l. 59-73 : *Inscrip. de la plaque n° 1*. l. 29-35 ; *Tablette de Nimroud*, recto, l. 45-50 ; cf. Rost. *Die Keilinschr. Tiglat-Pilesers III*. t. I, pp. 12-69). Il n'en était pas moins affaibli par ce grand coup presque autant que Shardouris. Aussi les Syriens demeurèrent-ils fidèles à ce dernier, qui, retiré dans ses montagnes, se préparait à la vengeance (Belck et Lehmann, *Chal. Forsch., ibid.*, 1893, pp. 325-336). Dans cet espoir, Matîlou, le roi vaincu de l'Agousi, résista encore pendant trois ans ; mais, ne recevant pas de secours, dut capituler en 740, et fut détrôné. Cette inaction de Shardouris fit sa perte. Ses alliés de l'Ourartou perdirent confiance en lui. Les Assyriens lui prirent d'abord en 739 une partie du Naïri (*Canon des Limmou*, dans Rost. *op. cit.*, t. I, pp. 46-47 ; pp. XXII-XXIII), et, après y avoir bâti une forteresse, occupèrent en 736 le canton de Nàl pour en défendre l'entrée (*Canon des Limmou*, dans Schrader, *op. cit.*, t. I, pp. 212-213)... Tiglatphalazar était prêt à tenter la partie suprême. En 735 il vint assiéger Shardouris dans sa capitale Touspana (écrit Tourouspa dans les *Annales* de Tiglatphalazar III, voy. Rost. *op. cit.*, t. I, pp. 46-53 ; ailleurs l'orthographe est Touspas, Touspana, Dhouspana, Thôspia, désignant la forteresse de Vân). Comme aujourd'hui, la ville était double ; et puisque les Arméniens devaient la trouver telle quelle, nous croyons utile d'en citer textuellement la description. « Dhouspana se composait en réalité de deux villes accolées. L'une d'elles s'étalait dans la plaine, au bord de l'Alaïs et dans la direction du lac ; elle était entourée de jardins fertiles et de villas où la population allait vivre à l'aise pendant l'été. Elle s'adossait à une masse isolée de calcaire nummulitique, blanche et rouge, dont les parois droites sont coupées de failles et percées de trous ou de cavernes dans toute leur hauteur. Le plateau qui la termine, et qui atteint cent mètres à son point culminant, s'étage en trois terrasses principales, dont chacune est complétement isolée des deux autres et fournit au besoin une forteresse à part. Ishpouinis, Ménouas, Arghistis, Shardouris III lui-même avaient travaillé de génération en génération à le rendre imprenable et ils y avaient réussi. Il n'était accessible que vers l'ouest, où une sorte de sentier étroit, posé en corniche au-dessus du précipice, monte graduellement de la base au sommet. Ils le régularisèrent quelque peu, mais ils le flanquèrent de murs et de tours qui en commandaient toute la longueur, puis ils érigèrent sur les plates-formes une citadelle, un palais, des temples, des magasins, où ils accumulèrent des armes et des vivres en quantité suffisante pour lasser la patience d'un ennemi ordinaire : la trahison seule ou un blocus prolongé outre mesure pouvait avoir raison de leur ténacité » ([1]). Tiglatphalazar jugea impossible d'enlever la position. Il se contenta de saccager la campagne et de rentrer à Ninive avec un riche butin *(Canon des Limmou*, dans Schrader, *op. cit., Plaque n° 1*, l. 23-25 et *plaque n° 2*, l. 35-40). Dès lors Shardouris se maintint dans cette attitude purement défensive.

Le vainqueur vit bien qu'il était impossible de réduire l'Ourartou à la vassalité. Jusqu'à sa mort et à celle de Shardouris III en 730, l'Assyrie y renonça. De même, le fils de ce dernier, Rousas, évita d'inquiéter Salmanazar IV (Sayce, *ibid.*, p. 654 ; Belck et Lehmann, *Ein neuer Herrscher von Chaldia*, dans *Zeitschr. für Assyriol.*, t. IX, p. 348). Mais lorsque Sargon II se vit obligé, après être monté sur le trône de Ninive, de réduire ses feudataires par la force, il prit goût aux conquêtes, en même temps que les résistances qu'on lui opposait enflammaient les esprits dans l'Ourartou. Rousas lia des intrigues avec les Mannaï du Zikartou (Sagartiens d'Hérodote, dans le pays où devaient bientôt surgir les Mèdes), avec les Tabal, et même avec les Khâti (Hittites) de Syrie : il réussit à soustraire plusieurs forteresses à l'allégeance des Assyriens sur la frontière. Sargon, jugeant ce mouvement concerté avec l'invasion des Scythes et des Cimmériens, fondit sur ces derniers et les repoussa d'une telle vigueur que Rousas n'osa pas les seconder ([2]). Il n'attendait pourtant que dans l'intention de se préparer mieux. Il lui fallait le concours des Mannaï ; quand il l'eut enfin obtenu en 716, il leur fit massacrer leur roi pour se mettre sous les ordres d'un homme de confiance, Bagadatti, d'origine étrangère ([3]). Mal en prit à cet intrus. Sargon commença par le battre et l'écorcher vif. L'injure indigna la plupart des princes de l'Ourartou et des pays voisins, qui se liguèrent avec Rousas. Habilement, Sargon coupa leurs forces en deux en dévastant le Mannaï si cruellement que les habitants terrifiés lui jurèrent obéissance. Il n'eut plus alors qu'à se rabattre vers le sud pour écraser les coalisés l'un après l'autre. Toutefois le nord-ouest s'agitait encore. Sargon dut y réduire successivement vingt-

---

[1] Maspéro, *op. cit.*, t. III, p. 154. — Nous ne pouvons souscrire à l'assimilation établie à cette même page entre l'attitude de Shardouris et celle que prendra plus tard Tigrane, puisque l'Ourartou n'est pas encore l' « Arménie ».
[2] Maspéro, *op. cit.*, pp. 238, 239.
[3] Ce nom signifie Dieu donné. C'est le premier de forme indo-européenne que l'on trouve dans les annales de l'Ourartou. On peut supposer que ce Bagadatti était un Mède.

deux forteresses, qu'il restitua en signe de paix au roi Oullousoumou courbé sous ce joug auquel il voyait bien qu'il était devenu impossible de se soustraire *(Annales de Sargon ;* cf. Oppert, *The Annals of the Past,* 1e série, t. VII. pp. 30-34) (¹). C'était là une vérité qu'il importait de prouver aux autres. Sargon se lança en 714 à la poursuite de Rousas, l'atteignit dans les gorges d'Ouaoush (emplacement inconnu), tailla en pièces son armée et l'obligea, comme autrefois son père Shardouris n'avait pas eu honte de lui en donner l'exemple, à fuir sur une jument. Tout le pays se soumit sans résistance, sauf le Mouzazzir, qui ne tarda pas à y être contraint. Abandonné de tous, Rousas se poignarda, et Sargon n'ayant plus rien à craindre s'arrêta *(Annales de Sargon,* l. 101-139). De fait Arghistis II ne tenta pas de refaire le royaume paternel. Il sentait l'abattement de ses vassaux et voisins, qui avaient soif de paix. Sans qu'on eût besoin de traité formel, l'Ourartou laissa l'Assyrie en repos. Tout ce que put faire Rousas fut de s'affermir aux sources de l'Euphrate et dans la région de Van. Si l'on peut supposer de la part de ses princes quelques tentatives, elle se bornèrent à razzier parfois le nord de la Mésopotamie sans songer à y gagner du territoire. Sargon II mourut sans s'en inquiéter, ayant confié la surveillance du Mannaï et de l'Ourartou à celui de ses fils qui devait lui succéder en 706, Séwakhéirba (Sennakérib). « Si Sargon s'était appliqué à ruiner sans pitié l'Ourartou et l'Elam, c'est qu'il était convaincu que ces nations ne s'assimileraient jamais au vainqueur, tandis qu'il se préoccupait fort du bien-être de celles qui semblaient capables de s'assyrianiser » (²).

L'Ourartou n'est plus qu'un petit royaume sans vigueur, ses derniers rois furent si faibles que l'on ne possède presque aucun renseignement sur les évènements de leur règne. On sait seulement qu'à la fin du VIIIe siècle, sous Arghistis II (714-685), les Scythes occupèrent le bassin oriental de l'Araxe et même dans certains cantons du Mannaï (Knudtzon, *Assyrische Gebete un den Sonnengott,* p. 130). Ses successeurs Rousas II et Erimena ne firent rien de plus que lui pour réprimer leurs brigandages. Ils se contentaient de construire des palais sur des hauteurs inaccessibles et d'y vivre en des jardins qu'arrosaient les ruisseaux de la montagne canalisés à grands frais. Il suffit de mentionner encore les derniers rois, Rousas III, Shardouris III, Irkyas pour signaler la fin de ce royaume, aussi déchu que celui de Ninive.

---

¹) Maspéro, *op. cit.,* pp. 239-243.
²) Maspéro, *op. cit.,* t. III, pp. 247-250 ; 271-272.

dont Irkyas vit la chute sans songer à en profiter. Les Ourartiens, dans leur terreur, s'illusionnaient encore sur la vitalité du vainqueur, car on voit Shardouris III accomplir envers lui un acte de déférence en annonçant son avènement à Assourbanipal([1]). Ces deux mondes en décomposition étaient prêts pour subir l'invasion de nouveaux venus. Ce furent les Mèdes qui s'en emparèrent politiquement, tandis que les Arméniens colonisaient l'Ourartou.

TABLEAU COMPARÉ DES ROIS DE L'OURARTOU[2] ET DE NINIVE

Aramé	860 - 843	Assournazirhâbal	883 - 860
Loutipris	843 - 835	Salmanassar III	860 - 825
Shardouris Ier ([3])	835 - 820	Shamsi-Râmân IV	825 - 812
Ishpouinis	820 - 800	Râmânnirâri IV	812 - 783
Menouas	805 - 780	Salmanassar IV	783 - 772
Arghistis Ier	780 - 755	Assourdân III	772 - 754
Shardouris II	755 - 730	Assournirâri III	754 - 745
Rousas Ier	730 - 714	Tiglatphalazar III	745 - 727
Arghistis II	714 - 685	Salmanassar V	727 - 722
Rousas II	685 - 675	Sargon II	722 - 705
Erimena	675 - 670	Sennachérib	705 - 681
Rousas III	670 - 645	Assarhaddon	681 - 668
Shardouris III	645 - 620	Assourbanipal	668 - 626
Irkyas	620 - 600	Sardanapal	626 - 608

Ce qui permit aux Arméniens, après avoir supplanté les Khalds autour du lac de Vân, de pousser plus au nord et de les relancer jusque dans la vallée de l'Araxe, c'est la lente décomposition de l'empire Persan qui n'avait plus la force d'entraver l'expansion de ses vassaux. Okhos n'avait réussi à prendre la succession d'Artaxerxès (358) que par une atroce série de fratricides. Il parvint encore à galvaniser l'immense corps languissant dont le roi seul était l'âme ; mais les beaux temps de la forte administration établie par Darius le Grand ne devaient plus reparaître. Nombre de satrapes affichaient des allures frondeuses et devenaient de véritables vice-rois. Plusieurs peuples, en particulier les Elamites et les Ourartiens, s'étaient maintenus à peu

---

[1]) Maspéro, *op. cit.*, t. III, p. 394 et 412.
[2]) D'après S. Weber, *Die Kathol-Kirche in Armenien*, p. 6.
[3]) M. Lynch, *Armenia*, t. II, p. 71, refuse de consigner un autre Loutipris et un autre Shardouris avant Aramé, comme le voudraient MM. Belck et Lehmann. Les raisons de M. Lynch nous semblent convaincantes.

près indépendants au milieu de leurs montagnes. Il semble que les Arméniens aient profité de ce relâchement pour faire les premiers pas vers la constitution de leur nationalité politique. Sous Okhos ils terminèrent leur migration en escaladant peu à peu les plateaux où ils avaient déjà repoussé les Khalds, et en les chassant au nord de l'Ararat. A leur place, « une Arménie prospérait, et ses princes, alliés à la famille achéménide, exerçaient une véritable autorité royale sous le titre modeste de satrapes (Lenormant. *Les Origines de l'Histoire*. t. II, pp. 370 sqq.). Grâce à eux, les religions et les mœurs de l'Iran se propageaient dans les marches orientales de l'Asie-Mineure. Elles s'infiltraient aux bassins de l'Iris et de l'Halys, dans la Cappadoce, dans le Taurus (partout où se trouvaient des Arméniens), et elles y implantaient l'usage des écritures officielles de l'empire, le cunéiforme persan et l'araméen, dans les actes publics ou dans les inscriptions et sur les monnaies » ; aussi l'influence hellénique, répandue jusqu'à l'ouest de l'Halys, ne pouvait-elle encore se faire sentir en Arménie ([1]).

Mais l'hellénisme ne devait pas tarder à prendre sa revanche. Okhos, empoisonné par un certain Bagoas (336), est remplacé par son fils Arsès, que Bagoas fait disparaître quelques mois après. Tant de meurtres avaient anéanti la famille des Achéménides. On crut en découvrir un dernier rejeton dans la personne de Codoman, que Bagoas prétendit être un arrière-petit-fils de Darius II, et qu'il fit couronner sous ce même nom de Darius. (Darius III Codoman, 339-330), espérant s'en servir à ses fins. Cette généalogie n'était point claire : d'autres assuraient que Codoman avait exercé le métier de courrier dans sa jeunesse. En tous cas, il avait été nommé satrape d'Arménie par Okhos en récompense de sa bravoure. Il commença par faire boire à son protecteur le poison que celui-ci lui avait versé à son tour. Puis il se mit en mesure de repousser, si possible, les entreprises de Philippe et d'Alexandre ([2]). La diversion de l'invasion macédonienne empêcha le nouveau roi de tourner son énergie contre les peuples de son empire dont les ambitions croissaient. Les Arméniens durent en profiter pour accentuer leur émancipation.

Ils n'étaient pas encore assez libres, toutefois, pour refuser de participer aux guerres de la Perse. Alexandre rencontra leurs bataillons à la bataille d'Issus parmi ceux des autres peuples opposés vainement à son essor ; puis après avoir conquis la Syrie, l'Egypte et la

---

[1] Maspéro, *op. cit.*, t. III, p. 778.
[2] Maspéro, *op. cit.*, pp. 807. 808.

Babylonie, il les retrouva massés devant lui aux champs d'Arbelles en Assyrie, avec l'élite la plus guerrière de l'empire (331) (¹). Le contingent des Arméniens n'était pas d'ailleurs considérable. Il s'élevait à 4.000 fantassins et 700 cavaliers (²). Ils apprirent alors quelle était la supériorité de ces Grecs, dont les armes invulnérables, la tactique savante, l'audace irrésistible égalaient la culture raffinée. Jamais on n'avait vu un si petit peuple, étranger il est vrai à l'Hellade, mais imbu de son esprit, porter si loin, à l'exemple de cette dernière, des coups si terribles, puis organiser sa conquête avec un art si persuasif. L'écroulement de l'empire perse permit aux Arméniens d'accomplir le premier pas dans la lente ascension qu'ils devaient suivre, malgré leurs résistances, au contact de l'élément régénérateur qui venait de se manifester.

C'est, en effet, sous une domination hellénique qu'ils vécurent désormais, jusqu'à ce qu'ils eurent conquis leur indépendance. Ils n'avaient plus à craindre de subir le joug de la Perse, car Darius III, fuyant des champs de Gaugamela (lieu de la bataille dite d'Arbelles), ne put réprimer l'insubordination de ses officiers, qui l'assassinèrent en 330. Avec lui tombait définitivement le grand empire. L'un de ses meurtriers, Bessos, avait bien prétendu le rétablir en s'intronisant sous le nom d'Artaxerxès IV, mais poursuivi par Ptolémée, il fut bientôt mis à mort ; et quand un Mède, Baryaxès, se lança dans la même tentative, ce fut le satrape d'Arménie qui se chargea de le mettre à la raison : il le captura et le remit à Alexandre (³).

Un autre danger, celui des Parthes, fut écarté de l'Arménie par le fait que les nouveaux venus durent se contenter de ronger les provinces orientales et méridionales de l'empire d'Alexandre : le centre était trop bien gardé par Séleucus et ses successeurs que le conquérant y avait établis. Du reste, les Arméniens étaient séparés du berceau des Parthes par la Médie(⁴). Cette tribu de Perses nomades, devenus à peu près sédentaires et convertis à la religion de Zoroastre, subit d'abord le satrape Andragoras, qu'Alexandre lui avait donné ; mais l'un de ses princes, Arsakès, mit à mort le satrape suivant, Phéréklès, puis, quand il eut succombé à la guerre, son frère Tiridates (que les Arméniens prononceront Drtad quand ils auront des rois de ce nom),

---

¹) *id., ibid.*

²) Georg. Kurt, *Gesch. von Alexand.*, t. Ier, p. 272.

³) F. Justi, dans *Grundriss. der Iranischen Philologie*, t. II, p. 474.

⁴) *id., loc. cit.*, p. 391.

fonda le royaume parthe en 247, avec Zadrakarta pour capitale. Dès lors, commença l'extension du nouveau royaume, d'abord au sud de la mer Caspienne, puis dans la Mésopotamie (¹), et nous ne tarderons pas à voir l'Arménie en conflit avec lui, mais ce ne sera que comme voisine aggressive, non comme ennemie directe, et comme elle aura eu le temps de s'affermir, elle s'agrandira aux dépens des conquêtes faites trop rapidement par les Parthes sur ses frontières ; elle pourra ainsi parvenir à secouer définitivement la suzeraineté des Séleucides affaiblis, jusqu'à ce que les Romains viennent lui en imposer une autre plus robuste. C'est le détail de ces aventures que nous allons voir remplir les trois derniers siècles antérieurs à l'ère chrétienne.

---

¹) *id., loc. cit.*, pp. 481-484.

CHAPITRE IV

Le Royaume d'Arménie sous la dynastie nationale des Artachissians.

La bataille d'Arbelles ayant entraîné la chute des Achéménides, l'Arménie devint une province de l'empire d'Alexandre. Elle pensa d'abord pouvoir se rendre indépendante en accentuant l'autorité de ses satrapes, car Alexandre, en dehors des provinces qu'il avait distribuées à ses généraux, avait cru devoir conserver le système persan en soumettant quelques autres pays à ces derniers à titre de satrapies. C'était dans sa pensée le seul moyen de réaliser une vassalité effective tout en ménageant les susceptibilités nationales. Mais il s'exposait ainsi, tout comme ses prédécesseurs, à favoriser les ambitions séparatistes dès que le pouvoir central ne serait plus assez fort. De son vivant, il avait nommé satrape d'Arménie Mihrân (peut-être de 330 à 323) (¹). On peut juger par ce fait que la Petite-Arménie était à elle seule plus importante que la satrapie de Sardes, qui pourtant commandait la route près de la mer Égée, car Alexandre avait auparavant

---

¹) Mihrân ou Mithrinès, satrape de Sardes, Diodore de Sicile, XVII, 21, 7 ; satrape de la Petite-Arménie, XVII, 64, 6 ; Arrien, III, 16, 5. — Le nom de Mihrân est la transcription arménienne du persan Mithra.

(en 334) préposé Mihrân à cette dernière en récompense du service qu'il lui avait rendu par la prise de l'importante forteresse du haut de laquelle Sardes s'oppose aux envahisseurs. Il est probable que la satrapie d'Arménie dépendit, après la mort d'Alexandre, du royaume que le conquérant avait attribué à son lieutenant Séleucus. Celui-ci ne nous est connu tout d'abord que comme souverain de la Babylonie, mais il devait avoir des droits sur d'autres provinces, car on le voit bientôt étendre sa domination, sans qu'il paraisse avoir rencontré de sérieux compétiteur, sur la Perse, l'Asie-Mineure, la Mésopotamie et la Syrie(1), enfin sur l'Arménie, qui ne tarda pas, elle aussi, à être comprise sous le titre de satrapie dans son royaume(2). L'occasion de cette nouvelle conquête fut l'attitude insoumise des Arméniens, comme l'exposé des faits va nous l'apprendre.

Tout d'abord, ils ne se trouvaient pas encouragés à secouer le joug parce que Séleucus leur avait imposé un satrape hellène, Néoptolème (en 323), qui régit probablement l'Arménie entière. Il avait jugé convenable pour ses intérêts de ne pas restaurer la dynastie des satrapes héréditaires constituée par la politique persane, qui avait investi de cette haute dignité une famille de grands seigneurs perses, qui s'était laissé absorber par les Arméniens au point de représenter toutes leurs aspirations nationales. Mais Séleucus avait dû, comme Alexandre, maintenir les provinces vassales d'un accès difficile, comme l'était l'Arménie, dans une sorte d'autonomie effective, sous un régime de vice-royauté qui avait ses allures franches et qui devait seulement au suzerain soumission, redevances et service militaire. Les Arméniens devaient naturellement supporter ces obligations avec impatience, et chercher à s'en affranchir. Avant tout, il leur fallait remettre au pouvoir leurs satrapes nationaux. Ils y réussirent avec l'agrément plus ou moins spontané de Séleucus, qui leur accorda en 317 l'un de leurs anciens princes, Phrataphernès (en arménien Phratapar ou Hrahat). On peut juger que déjà ce chef patriote jouissait d'une liberté d'allures assez large, car il mourut dans une guerre entreprise par l'Arménie contre le Pont. Aussi s'enhardit-elle au point qu'Ardoartès, satrape reconnu, de la même lignée, mais plus ambitieux, secoua l'étendard de la ré-

---

[1] Appien, *Syriaco*, 55.
[2] F. Justi, dans *Grundriss der Iran. Philol.*, t. II, p. 490.

volte en 301 (¹). Il venait trop tard : depuis 311, Séleucus avait enfin réussi à établir solidement sa souveraineté (²). Il parvint à réprimer cette première tentative d'émancipation.

Peu à peu la satrapie d'Arménie n'en redevint pas moins héréditaire : au IIIᵉ siècle elle l'était complètement de nouveau (³). Il faut croire que les successeurs de Séleucus réussirent à la maintenir muette et immobile sous leur sceptre, comme ils l'avaient fait au temps d'Ardoatès, car la tentative de ce nationaliste ne fut pas répétée, de longtemps, avec assez de retentissement pour éveiller les échos de l'histoire. Pendant le commencement de l'ère séleucide, les Arméniens durent envoyer les signes de leur allégeance à Séleucie, ville fondée par le souverain qui lui donna son nom, près de Ctésiphon, sur le cours inférieur du Tigre (au nord de Bagdad). Il y résida, ainsi que ses successeurs, jusqu'à la conquête de la Mésopotamie par le Parthe Praatès II en l'an 129 : après quoi, l'héritier des Séleucides, Démétrius, prit pour capitale Antioche, dont l'Arménie dépendit durant le IIIᵉ siècle et le commencement du IIᵉ.

Mais cette période est la plus obscure de l'histoire arménienne. Durant plus de deux cents ans on y signale à peine quelques évènements, et la liste des satrapes, puis celle des rois devenus maîtres chez eux ne peut être établie qu'avec une grande incertitude, sans même offrir une continuité approximative.

Tout d'abord vient une série de noms qui se rattachent certainement à l'Arménie, mais d'assez loin. En tous cas on est sûr qu'ils ne désignent pas des chefs de la Grande-Arménie. Rien ne prouve que ce soit directement après Artvart que l'on puisse placer le premier de ces princes à silhouette indécise, nommé Samès. Les uns pensent plutôt qu'il a gouverné la Comagène, en Syrie (⁴) ; d'autres lui attribuent l'Arménie méridionale, si du moins c'était bien lui le père du satrape suivant, Arsamès (240) (⁵). Le fils de ce dernier, Abdissarès, lui suc-

---

¹) Sur l'autonomie de l'Arménie ; v. Sim. Weber, *Die Kathol. Kirche in Armen.*, p.15. Sur la tentative d'Ardoartès (en arménien Artvart), Diodore de Sicile, XXXI, 19 ; Th. Reinach, *Mithridate*, p. 102 ; dans F. Justi *Gesch. des Alten. Persiens*, p. 147, son nom est orthographié Ardoatès, mais la chute de r n'est certainement pas correcte.

²) F. Justi, dans *Grundriss* etc., t. II, p. 478.

³) Th. Reinach, *Mithridate*, ch. III.

⁴) Polyen, IV, 17.

⁵) Langlois, *Numismatique de l'Arménie* ; Babelon, CXCIV, 211, pl. XXIX, 3-5.

céda([1]) : mais était-ce bien en Arménie ? Son nom a porté plusieurs auteurs à l'évincer, parce que la racine *abd* est sémitique ([2]). On sait qu'il prit pour capitale la ville d'Arshomashata, dont le nom est formé de celui d'Arsamès (Arsham) et de la désinence persane shat (chat, lieu de repos). Reste à savoir où se trouvait cette cité. On admet qu'elle était bien la capitale de la Sophène ; il ne faudrait donc pas la confondre avec Samosate de Comagène, car rien n'autorise à croire qu'on ait pu l'appeler elle-même Samosate et la confondre avec celle-ci en supprimant la première syllabe *ar*, qui n'est pas un préfixe mais fait partie du nom archam. La carte historique de Kiepert pour l'Empire Romain marque les deux villes distinctes. Ainsi, Arsamosate, fondée par Arsamès (Archam), était arménienne ; Samosate, fondée par Samès, était syrienne.

Les relations ne pouvaient manquer d'être assez étroites de l'une à l'autre, faute de barrières naturelles. Nous possédons un document d'où résulte que la dynastie autonome de Comagène s'était alliée par les femmes à celle de la Sophène, créant ainsi une jonction ethnologique et politique entre les Sémites et les Arméniens. Sans que le royaume des Séleucides aient été encore détruit, les satrapies s'étaient fractionnées, et, tenues par des princes de chaque province, y étaient devenues comme un apanage constituant des royautés plus ou moins indépendantes. C'est ainsi qu'au sud de la Sophène arménienne, la Comagène syrienne avait pour « roi » Mithridate Callinikos en l'an 69 av. J.-C. Il fut confirmé dans son titre et dans ses possessions par Lucullus lorsque celui-ci eut vaincu Tigrane, roi d'Arménie, et lui eut enlevé, comme nous le verrons bientôt, sa capitale, Tigranocerte. Or la famille de ce Mithridate, d'origine parthe, comme l'indique son nom, plongeait de profondes racines dans le cœur de l'Arménie. En effet, elle nous est connue par la découverte d'importants monuments funéraires dans le Nimroud Dagh, montagne sise sur la rive occidentale du lac de Van ; un tumulus creusé de chambres avec des inscriptions a mis sur la voie d'autres reliques mortuaires de la même région, d'où l'on a tiré la généalogie de Mithridate Callinikos et celle de sa femme. Ses propres ancêtres portent parfois des noms que nous avons déjà lus dans la dynastie arménienne : quant aux ancêtres de la reine, on peut les identifier avec cette dynastie elle-même. Du côté du roi, ce sont Darius, Xerxès, Aroandès, fils d'Artasouras, lequel était le mari de Rodo-

---

[1] Th. Reinach, *Mithridate*, loc. cit.
[2] F. Justi, dans *Grundriss* etc., t. II, pp. 495-496.

gune, fille d'Artaxerxès, père de Mithridate Ier. Du côté de l'épouse du roi, sont Démétrius Nicator, la reine Isias, femme de Samès, et Laodicée, mère du roi : elle aurait donc, selon l'usage, épousé son frère, et nous a laissé l'ascendance de leur mère, comme le roi nous a signifié celle du père, voulant être connu pour héritier légitime. Par Samès nous retrouvons la dynastie arménienne : il pourrait avoir été fils de Mithridate, fils ou gendre de Xerxès, fils d'Abdissarès, fils d'Arsamès, fils d'un autre Samès [1].

C'est bien Abdissarès que nous avons trouvé comme le dernier roi de la dynastie arménienne précédemment citée. Telle que les historiens nous la présente, elle se continue en effet par son fils Xerxès (215) [2]. C'est déjà sous ces princes que la satrapie était devenue héréditaire [3]. Malheureusement, pour toute cette période nous ne possédons qu'un seul renseignement sur la Grande-Arménie, et aucun sur la Petite. Les princes dont il vient d'être question régnaient sur une province annexe, où se trouvaient beaucoup d'Arméniens, la Sophène, située sous le confluent des deux Euphrates. Pour l'Arménie proprement dite, on sait seulement qu'elle était dominée, vers le milieu du IIIe siècle, par un Artavast, nommé en grec Artabazanès, et dont l'autorité s'étendait aussi à l'est, sur l'Atropatène (bassin du lac d'Ourmiah) : en l'année 220, il conclut un traité de paix avec Antiochus III le Grand [4]. On avait donc, en sa faveur, joint un morceau de l'Arménie avec une province persane pour en faire une seule satrapie, qui s'étendait au nord jusqu'au Phase (le Rion de Colchide) [5].

Au IIe siècle, les évènements se précisent, et l'Arménie se constitue définitivement en trois fractions distinctes. Le fils d'Artavast, Artachès, lui succède dans la Grande-Arménie, de 190 à 159. Nos historiens connaissent son nom sous la forme d'Artaxias. Il s'allia avec Zareh (Zariadrès) et ils profitèrent ensemble de la défaite d'Antiochus III, battu à Magnésie par les Romains (190) pour affranchir définitive-

---

[1] F. Justi, dans *Grundriss* etc., t. II, p. 495.

[2] Polybe, VIII, 25, 1 ; — Filiation de Xerxès, F. Justi, dans *Grundriss* etc., t. II, p. 495.

[3] Th. Reinach, *Mithridate*, ch. III.

[4] Polybe, V, 55, 2.

[5] On trouve le nom de Phase appliqué aussi à l'Araxe, parce que les géographes grecs l'avaient appelée « la rivière de Phasis », du nom de la province nommée aujourd'hui Passin, où coule l'Araxe supérieur. Cette dénomination ne s'est jamais appliquée à l'Araxe au delà de ce district.

ment, lui, la Grande-Arménie, et Zariadrès, la Sophène. Ce dernier passe pour un prince arménien succédant à ceux que nous avons admis comme héréditaires en cette fraction méridionale de l'Arménie. Affranchi comme son voisin du nord, il ne songea point à s'unir fraternellement à lui pour constituer un puissant royaume : au contraire, dès le début apparaît cette jalousie des princes locaux, qui, dans toute l'histoire des Arméniens, sera la principale cause de leur ruine. Zariadrès s'établit souverain absolu en Sophène, avec Carcathiocerta comme capitale (sur une hauteur dominant un tributaire du Tigre, d'après Strabon, XI, 14, 15), tandis qu'Artachès fondait la Grande-Arménie en donnant son nom à la résidence royale Artaxata et à la série de ses successeurs, nommée par les Arméniens la dynastie des Artachissiân (*harestutjûn artachisjân*)(1). Le centre de cet important royaume était la vallée de l'Araxe, autour de l'Ararat; il englobait une partie de la Caucasie, le bassin du lac de Vân, le cours supérieur de l'Euphrate oriental, et tout le plateau où coule l'Euphrate occidental, à l'ouest duquel commençait la Petite-Arménie, alors détachée, elle aussi, des deux autres (2).

Cette séparation obstinée ne pouvait aboutir qu'à des conflits, soit entre les trois Arménies, soit entre l'une ou l'autre et les puissances voisines : l'antagoniste le plus fort absorberait la rivale trop débile, jusqu'à ce que les circonstances renversassent les rôles : mais jamais il n'y aura entente spontanée, universelle et définitive. Le jeu commence au IIe siècle, où les deux plus petites fractions de l'Arménie réussirent encore à se débattre, mais il devait, au 1er, aboutir à cette solution, provisoirement fatale, que la fraction méridionale serait incorporée dans la Grande-Arménie, et la fraction occidentale dans le royaume du Pont.

Cette dernière, la Petite-Arménie, qui voulait aussi conserver ses allures franches, se trouvait détournée de sa sœur cadette, mais déjà plus robuste, par des aspirations différentes. Parfois, il est vrai, son intérêt lui conseillait avec celle-ci une alliance que le sang aurait dû rendre naturelle et permanente, mais plus souvent elle préférait l'amitié du Pont, sentant plus immédiatement les influences du nord et

---

1) Justi, *loc. cit.*

2) C'est sous le règne d'Artachès que la tradition arménienne fait intervenir Annibal pour fonder sur le cours moyen de l'Araxe la ville d'Artaxata, qui devint la capitale en prenant le nom du souverain. Comme le fait est rapporté aussi par des historiens latins, nous l'adopterons pour expliquer certains détails de l'histoire ultérieure.

de l'ouest, et voulant d'ailleurs s'ouvrir un chemin vers la mer (¹). Son premier satrape que nous connaissions porte le nom de Mithridate (mihrdat), probablement neveu d'Antiochus, et peut-être parent, mais à coup sûr allié de Pharnace, roi du Pont (²). A ce titre, il dut participer aux luttes du Pont contre Rome en 183 (³).

La Grande-Arménie elle-même, qui déjà possédait la prépondérance sur les deux autres, mais que sa position semblait devoir préserver de conflits avec l'occident, n'en fut pas moins entraînée, un peu plus tard, dans cet inévitable choc de toute l'Asie avec l'Empire romain (⁴), sous son roi Artachès, que nous avons vu contemporain de Pharnace, et qui réussit pourtant à laisser un royaume solidement constitué à son fils Artavast II (159-149). C'est pendant son règne que les Parthes semblent avoir commencé à étendre leur influence en Arménie (⁵).

Ici, de nouveau, les généalogies s'embrouillent. Pour savoir si l'on peut adopter comme authentique, ainsi que le fait M. Justi (⁶), celle que nous propose la tradition arménienne, il faut discuter la valeur des historiens très postérieurs qui nous l'ont transmise. Nous le ferons explicitement quand nous serons arrivés à l'époque où ils ont rédigé leurs histoires. Alors on constatera que leur autorité est nulle sur bien des points, en particulier sur celui-ci. Ils nous disent qu'à la suite d'Artavast II, un certain Valarchag fonda la nouvelle dynastie des Archakouni, ou Arsacides arméniens. C'est Moïse de Khorèn qui seul fait remonter les Arsacides à cette époque. Cette prétention est absolument insoutenable, car la place manque alors aux prétendus membres de cette famille royale que nous trouverons établie après l'ère chrétienne. En effet, Artavast II meurt en l'an 149 av. J.-C.; et, quoiqu'on ait perdu les noms de ses successeurs immédiats, on sait que l'un d'eux

---

¹) Th. Reinach, *op. cit.*, ch. II.
²) Polybe, VIII, 25.
³) Th. Reinach, *op. cit.*, ch. III.
⁴) *id., op. cit., ibid.*
⁵) Justi, dans *Grundriss* etc., p. 490. Cependant, l'une des raisons sur lesquelles s'appuie cet auteur pour conjecturer l'extension de l'influence parthe est la légende de Valarchag, que nous avons rejetée. D'après le même auteur, il ne faut pas confondre Artavast, véritable roi d'Arménie, avec l'Artoadistus que nous avons mentionné comme prédécesseur de Tigrane : cet Artoadistus n'aurait été qu'un prétendant chassé par Mithridate. — Voir dans Reinach, *Mithridate*, p. 102, les possessions de la Grande-Arménie à cette époque.
⁶) F. Justi, *op. et loc. cit.*

fut Artoadistus, qui régna de 123 à 95, et qui fut en guerre avec Mithridate II, roi des Parthes (¹). Dans cet intervalle de 26 ans, il est impossible d'intercaler les Arsacides. De même, ils ne sauraient venir entre Artoadistus et Tigrane Ier, que nous allons voir monter sur le trône.

Pour la même époque, on sait seulement, au sujet de la Petite-Arménie, qu'en l'année 112, lorsque Mithridate Eupator, successeur de Mithridate III Evergète, frère de Pharnace, revint d'exil prendre possession de son royaume du Pont, elle « faisait de nouveau bande à part : ses dynastes avaient achevé de soumettre les peuplades de Pharnacie et de Trébizonde » (²). Mais cette prospérité naissante ne devait pas durer longtemps en présence de Mithridate Eupator. Agé de 20 ans lorsqu'il revint se faire couronner en épousant sa sœur Laodice, selon l'usage persan, il s'était trempé les muscles et le caractère dans les monts Paryadrès pendant les sept années d'exil auquel il s'était condamné pour fuir les persécutions de sa mère également nommée Laodice, laquelle fut sans doute la fondatrice de Laodicée (Ladik). Un homme de cette trempe ne pouvait rester vassal d'une chétive voisine. Il ne tarda pas à incorporer la Petite-Arménie à son royaume du Pont, et il l'y subdivisa de suite en cinq districts : Orbalissène, Etulane, Érétice, Orsène, Orbisène (Ptolémée, V. 7. 1), subdivisés eux-mêmes en cent vingt stratégies (Pline, VI. 9. 27)(³). Cette accession s'était opérée sans coup férir, en 70 av. J.-C.. Mithridate avait déjà lutté seul contre Rome et contre les barbares en Asie et en Chersonèse Taurique (Crimée). Lorsque, précédé de sa renommée déjà retentissante, il fit mine d'attaquer la Petite-Arménie, le dynaste régnant, Antipater, fils de Sisis, n'osa pas affronter une lutte inégale. Les autres Arméniens étaient ou trop éloignés, ou occupés à se défendre contre les envahissements du Parthe : Antipater abdiqua en faveur de son voisin » (Strabon, XII. 3. 28)(⁴). Les Arméniens ainsi incorporés au Pont « devinrent très vite des sujets dévoués, loyaux, qui fournirent à Mithridate une cavalerie excellente, des archers renommés ». (Appien. *Mithr*., 17; 43: *Geogr. Min.*, II. 522) (⁵).

---

¹) Justin, 42, 2. C'est à tort que parfois Artoadistus est donné comme roi de 123 à 88. Car il est certain que Tigrane monta sur le trône en 95 ou 94. Artoadistus peut d'ailleurs avoir été détrôné en 95 et être mort en 88.

²) Th. Reinach, *Mithridate*, p. 55.

³) Th. Reinach, *op. cit.*, p. 256.

⁴) Th. Reinach, *op. cit.*, p. 79.

⁵) Th. Reinach, *op. cit.*, p. 80.

— 117 —

Beaucoup de ces princes n'étaient pas d'origine arménienne. Le nom de Mithridate, partagé par un roi du Pont et par un roi antérieur de la Petite-Arménie, est perse et transmis par les Parthes : c'est la corruption de Mithra (¹). Il en sera de même pour les rois arméniens du nom de Drtad, que nous ne tarderons pas à trouver sous la forme Tirid ou Tiridatès. Archap aussi sera parthe ; et Valarchag le serait-il s'il avait existé. Sans pouvoir déterminer à coup sûr la provenance de tous ces Arméniens adoptifs dont les noms nous sont parvenus, nous ne pouvons nous défendre de voir dans Artavast une parenté avec Artaban. Pour nous, c'est un Parthe, comme étaient perses ses prédécesseurs Phrataphernès, Xerxès, Zariadrès. Nous avons rappelé qu'Abdissarès possède un préfixe sémitique. Que reste-t-il de proprement Arménien ? Voilà au moins trois éléments nouveaux qui se sont insinués dans les hautes familles arméniennes et qui n'ont pas tardé à y devenir prépondérants. Cependant, ces étrangers s'étaient fondus rapidement avec les Arméniens, qui manifestent ainsi leur remarquable puissance d'assimilation. Ils étaient, on le voit, socialement organisés en une sorte de féodalité. Nous ne savons dans quelle mesure les petits seigneurs provinciaux étaient feudataires, devaient allégeance, redevances et service militaire au roi. Mais étant donnée l'absence de toute culture intellectuelle, nous pouvons croire qu'ils constituaient une « noblesse campagnarde et brutale, qui poussait jusqu'à la frénésie le goût de la chasse et des festins... L'Arménie pontique n'avait pas de villes, et la principale occupation des habitants était l'élève du cheval et du mouton », tandis que, par contre, le véritable Pont maritime devait jouir d'institutions plus relevées, grâce à l'influence de la noblesse persane, complètement hellénisée ; nous savons qu'elle y formait l'aristocratie de tiare et d'épée, et les Hellènes la bourgeoisie cultivée ; cependant les « nobles perses n'avaient pas, ou n'avaient plus l'accès exclusif des hauts emplois : à côté d'eux on trouve non seulement des Grecs, mais des Paphlagoniens, des Arméniens... » (²).

Ce fait suffit à nous faire prévoir que, dans le grand effort où nous allons voir engagés en commun contre Rome l'Arménie et le Pont, celui-ci jouera le plus beau rôle.

Les deux pays y étaient pourtant préparés de la même façon, matériellement parlant. Les trésors, les armes et les vivres étaient répartis, en vue de la guerre, « dans une quantité de *gazophylacies*, dont

---

¹) V. le tableau des rois parthes dans F. Justi, *Grundriss* etc., t. II, p. 482.
²) Th. Reinach, *op. cit.*, p. 236.

les plus importantes, au nombre de 75, avaient été construites par Mithridate lui-même dans la Petite-Arménie : c'étaient des châteaux-forts perchés sur des rochers isolés, entourés de ravins, abondamment pourvus d'eau et de bois, de manière à pouvoir soutenir un long siège » (Strabon, XII, 3, 28). Quelques-uns. « Hydara, Basgœdariza, Sinoria. Dastira, avaient une importance stratégique capitale » ([1]). Nous aurons l'occasion de constater que la Grande-Arménie s'était fortifiée semblablement. Quelle fut donc la cause de sa faiblesse ? Elle manquait d'hommes formés à l'école des grandes civilisations. Nous verrons à l'œuvre une race forte et rude, presque barbare encore, fournissant d'excellents soldats aux capitaines étrangers capables d'en tirer parti, tels que Mithridate, mais devenant un instrument fragile entre les mains de ses propres chefs. Le principal, Tigrane, ne devra sa fortune qu'aux circonstances et sa chute qu'à sa faiblesse de caractère, vainement cachée sous les dehors imposants de la pompe orientale.

Ajoutons enfin que la troisième fraction de l'Arménie, la Sophène, était restée d'abord indépendante : Artachès (Artaxias), roi de la Grande-Arménie, n'avait pu la prendre ; elle lui avait résisté avec succès, grâce au concours que son roi Zariadrès avait obtenu d'Ariarathe V, roi de Cappadoce, lequel se contenta en retour du pont de Thomissa, sur la rive gauche de l'Euphrate : il s'y installa et en ferma l'entrée.

Mais cette situation ne pouvait durer longtemps sans stimuler l'ambition de Tigrane. Après avoir ceint la tiare à l'endroit même où il bâtira plus tard sa capitale Tigranocerte (Appien, *Mith.*, 67), il s'empressa d'attaquer la troisième fraction de l'Arménie, la Sophène, dont le roi était Artanès (et non Arsace d'après Etienne de Byzance). « La Cappadoce, impuissante à se défendre elle-même, ne pouvait rien pour son ancienne protégée », à qui elle dut même revendre la forteresse de Tomisa (Strabon, XII, 2, 1), et qu'elle laissa incorporer à la Grande-Arménie (*id.*, XI, 14, 15) en 94 ou 93 ([2]).

---

[1] *id., op. cit.*, p. 244. Nous ne pouvons localiser qu'une seule de ces places énumérées par M. Reinach ; c'est Sinoria, qui était située sur le cours moyen de l'Euphrate occidental (aujourd'hui Kara-Sou, origine du Frat-Sou), dans la région qui porte aujourd'hui le nom de Tivrik.

[2] Th. Reinach, *Mithridate*, pp. 103, 106, 260, 266.

II

Le nom de Tigrane le Grand, roi d'Arménie (95-56) emprunte une partie de sa renommée à celui de Mithridate Eupator, roi du Pont. C'est parce qu'il fut associé à ce grand capitaine dans ses guerres contre Rome, que les historiens anciens se sont occupés de l'Arménie et nous l'ont fait connaître plus complètement pour cette période que pour toute autre. Le règne de Tigrane est d'ailleurs le plus glorieux de toute l'histoire de son peuple.

La Petite-Arménie ne comptant plus que comme partie intégrante du royaume du Pont, c'est avec la Grande que Mithridate songeait à s'entendre pour appuyer ses prétentions au détriment de l'empire romain. Il lui envoya à cet effet, dès le début, en l'an 94, son ministre Gordios, chargé de conclure une alliance et de lui offrir sa fille Cléopâtre en mariage [1]. Tigrane hésitait, n'ayant aucun sujet de plainte contre les Romains et craignant un conflit avec eux. Gordios était chargé de le persuader par un détour : il lui fit valoir qu'Ariobarzane, satrape de Cappadoce, était faible et indigne, et ce fut, dit Justin, pour cacher ses stratagèmes que le roi du Pont lui offrait sa fille. L'argument ne pouvait manquer de porter sur un jeune homme sans expérience. Tigrane accepte, chasse Ariobarzane qui s'enfuit avec ses trésors sur le territoire de l'Empire Romain, dont il implore la protection. Comme on n'avait pas stipulé de clauses pour le partage de la conquête, il fallut en débattre lorsque les Romains, décidés à rétablir Ariobarzane, préparèrent une expédition : les deux alliés résolurent de s'y opposer ; ils convinrent alors que les conquêtes territoriales seraient la propriété de Mithridate, les captifs et le butin celle de Tigrane [2]. Leur entreprise réussit : ils avaient calculé avec raison que l'éloignement et la position de l'Arménie empêcheraient les Romains de diriger contre elle des opérations sérieuses ; à la place d'Ariobarzane, Gordios fut installé en Cappadoce [3]. Mais c'était là une courte

---

[1] Cette date résulte de ce qu'en l'an 93 Gordios cessa d'être ministre attaché à la cour de Mithridate, pour devenir satrape de Cappadoce.
[2] Justin, XXXVIII, 3.
[3] Le faible Ariobarzane fut encore renversé trois autres fois : en 77 par Mithridate seul, en 74 par Tigrane seul, en 67 par les deux réunis (Justi, dans *Grundriss der Iran. Phil.*, loc. cit.).

vue, on semblait ignorer la puissance de l'Empire d'occident, et l'on ne prévoyait pas les catastrophes qui allaient fondre sur ses ennemis. L. Cornélius Sylla, jeune général rival de Marius, vint tailler en pièces l'armée de Gordios, « puis un corps arménien accouru à son aide, et poursuivit les fuyards, l'épée dans les reins, jusqu'à l'Euphrate »(1).

La partie était engagée, elle devait remplir de ses péripéties toute la vie de Tigrane. Celui-ci se repentira plus tard de s'être laissé, dès le début, subjuguer par le génie de son beau-père, qui d'abord songeait à se servir de lui pour reprendre avec la Cappadoce, la Paphlagonie, abandonnée par suite de la trahison de son allié Nicomède, roi de Bithynie, qui avait cédé aux menaces de Rome en l'an 95 (2). Mais les deux rois sentaient naître en eux des appétits insatiables et comptaient bien se rendre maîtres de l'Orient. On peut croire en effet que s'ils avaient su s'entendre jusqu'au bout ils y auraient réussi, pourvu toutefois que Tigrane eût possédé l'envergure d'esprit et le caractère indomptable de son voisin, et se fût décidé à le soutenir constamment sans le paralyser par ses soupçons et son inertie. On ne saurait supposer que le germe de leur mésintelligence se trouvât dès lors dans l'absorption de la Petite-Arménie par le Pont: depuis longtemps les deux sœurs arméniennes étaient de jalouses rivales, et l'humiliation de l'aînée, affaiblie par l'émigration du gros de la nation vers l'est, ne pouvait que satisfaire la plus jeune, que son nombre rendait plus puissante. Tigrane ne demandait pas mieux que de s'allier avec son ambitieux voisin, parce qu'il voulait briser la ceinture de petits États dont les Parthes l'avaient l'entouré: Osroène, Gordyène, Adiabène, Médie Atropatène(3); et Mithridate était fort porté à l'y aider, en échange de son alliance contre Rome, depuis qu'il voyait l'Arménie singulièrement renforcée par l'adjonction de la Sophène, peuplée d'Arméniens. L'autorité morale, la puissance d'entraînement était ainsi l'apanage du plus jeune, Mithridate, dont Tigrane était l'aîné de quelques années (4).

Cette première alliance de l'Arménie et du Pont fut renouvelée, rendue plus étroite, offensive et défensive, dès que Sylla eut disparu.

---

1) Th. Reinach, *Mithridate Eupator*, p. 106.
2) Th. Reinach, *op. cit.*, p. 101.
3) Th. Reinach, *op. cit.*, p. 105.
4) Car il mourut en février 56 d'après Cicéron (*Pro Sestio*, c. 59), et l'an 54 d'après Plutarque (*Crassus*, 49), il avait à sa mort 85 ans d'après Lucien (*Macrob.*, 15); il devait donc être né vers 140, tandis que Mithridate était né en 132.

en 92 ou 91. « Deux généraux, probablement arméniens, Mithroas et Bagoas, envahirent pour la seconde fois la Cappadoce, chassèrent Ariobarzane, qui n'opposa pas plus de résistance que trois ans auparavant, et replacèrent sur le trône de Mazaca le fils de Mithridate, celui qui s'intitulait Ariarathe Eusèbe Philopator » (¹). Mais Ariobarzane, rétabli à la place de Gordios par les Romains, étant allé avec Nicomède de Bithynie implorer la protection du sénat romain en 90, Mithridate reçut mal les sommations de l'ambassadeur Manius Aquilius, qui avait rétabli Ariobarzane : il détrôna une troisième fois le faible roi de Cappadoce en faveur de son fils Ariarathe, et les Arméniens se trouvèrent ainsi entraînés à lutter une seconde fois contre Rome. Dans l'armée de deux à trois cent mille hommes que Mithridate avait mise sur pied en la soutenant par une flotte de trois cents navires pour s'opposer aux cent quatre-vingt-dix mille soldats romains, la Petite-Arménie figurait pour un contingent de cavalerie de dix mille chevaux, recruté par Ariarathe (Appien, *Mith.*, 17). « Ce contingent n'était pas compris dans l'armée nationale (d'après Memnon et Appien): on doit en conclure que... la Petite-Arménie... était alors rattachée au royaume vassal de Cappadoce » ; du moins on le suppose, et cette hypothèse est confirmée par le fait qu'Ariarathe, roi de Cappadoce depuis un an (89), avait été chargé du recrutement de 10.000 chevaux dans la Petite-Arménie, ce qui serait peu vraisemblable si elle eût été une province intégrante du Pont. La cavalerie commandée par Ariarathe fit face à celle des Bithyniens, qui, moins nombreuse, fut mise en déroute à la bataille d'Amasia en 88. Peu après, les Romains essuyèrent une défaite complète dans leur première rencontre avec le roi du Pont sur l'Amnias (affluent du Halys) (²).

Dans les armées de Mithridate, « les archers à pied, qu'on recrutait surtout dans la Petite-Arménie (*Totius Orbis descriptio*, 43; *Geogr. Min.*, II, 522), se signalèrent, sur terre comme sur mer, par leur habileté et leur bravoure. Les arcs étaient bien fabriqués et leur portée dépassait 180 mètres (Strabon, XIV, 1, 23). A Orchomène (deuxième défaite de Mithridate contre Sylla en Grèce), à Nicopolis (dernière défaite d'Artavast II, fils de Tigrane, contre Antoine, en Cilicie, où Pompée avait fondé la ville), ces archers furent héroïques:

---

¹) Th. Reinach, *op. cit.*, p. 115. Ne pas confondre ce personnage avec Ariarathe V. Eusèbe Philopator, mort en 130 (Justi, *loc. cit.*, p. 492).

²) Th. Reinach, *op. cit.*, p. 123.

Sylla appréciait si bien leur mérite que, dans le traité de Dardanes (après les batailles de Chéronée et d'Orchomène, en 85), il stipula que les vaisseaux de guerre livrés par Mithridate seraient pourvus de leurs archers... C'est dans la cavalerie que résidait la force principale des armées de Mithridate... Elle se tirait surtout de la Petite-Arménie et des nations barbares (Sarmates) entre Danube et Tanaïs... Ses armes étaient la lance et l'épée... Quant à cette lourde cavalerie entièrement bardée d'écailles de fer, homme et cheval, qu'on signale à cette époque chez les Arméniens, les Parthes et les Albanais sous le nom de *cataphractès*, Mithridate ne paraît pas l'avoir introduite dans son armée ». Ce corps si actif cessa pourtant, de plus en plus, d'être employé aux opérations de fond. Dans la campagne d'Arménie que nous allons bientôt raconter, il se livre à d'infatigables escarmouches qui contribuèrent à débander les légions. A côté des généraux hellènes, les principaux enrôlés par Mithridate, on en rencontre quelques-uns arméniens. On croit que parmi ces derniers il faut ranger Taxile, qui rendit de si grands services dans la campagne de Mithridate contre Sylla en Grèce; du moins il commanda le contingent de la Petite-Arménie dans l'armée de Pompée (Appien, *Bell. Civil.*, II, 7) (¹).

C'est après la mort de Sinatroïkès(²)(69), placé sur le trône parthe des Arsacides par les Scythes Sacaraucques (Lucien, *Macrob.*, 15), que « l'Arménie entre brillamment en scène... (³). Pendant que le roi du Pont était aux prises avec Rome, Tigrane, oublieux de ses engagements avec son beau-père, ne songea qu'à profiter de l'affaissement des Parthes pour venger ses anciennes humiliations. Une armée arménienne envahit le territoire parthe et pénétra jusqu'à Arbèles et Ninives, ravageant tout sur son passage(⁴); les Parthes durent signer un traité désastreux, rendre à l'Arménie les soixante-dix vallées conquises en 95, et lui céder en outre deux florissantes provinces de la Mésopotamie septentrionale, la Mygdonie et l'Osroène (Strabon, XI, 14, 15). En même temps, il leur fallut conclure un traité d'alliance

---

¹) *id., op. cit.*, pp. 269-274.

²) En arménien, Sanatrouk.

³) Rapportant les exécutions de citoyens romains faites par Mithridate dans l'Asie Mineure, Cicéron considère celui-ci et Tigrane comme les plus grands rois de l'Orient.

⁴) Dans cette campagne il dépouilla le roi parthe Sinatroïkès (76-69), vieillard trop faible pour lui résister, vivant dans une période de telle décadence que l'on ne peut établir la suite de la dynastie depuis Mithridate II le Grand. Tigrane prit la capitale de l'Atropatène, Adrapana (nommée Khundâd dans les vieux géographes arabes de la Perse): W. Geiger und E. Kühn, *Grundriss* etc., t. II, p. 498.

avec le vainqueur (Justin. XL. 1) et abandonner à sa discrétion tous leurs anciens feudataires du nord-ouest. Le plus important, le satrape-roi de la Grande-Médie (probablement Darius : Appien. *Mith.*, 106) vit les Arméniens pénétrer jusqu'aux portes d'Ecbatane et brûler son palais (Isidore de Charax. 6) ; tous les voisins de Tigrane furent ainsi obligé d'accepter sa suzeraineté, à des conditions plus ou moins onéreuses. Les rois d'Albanie et d'Ibérie (entre le Kouros et le Caucase), les rois de la Médie Atropatène (Mithridate, roi d'Atropatène, épousa une fille de Tigrane : Dion Cassius. XXXVI. 16) et de la Grande-Médie, ceux de Gordyène et d'Adiabène sur le haut Tigre devinrent les vassaux du nouveau Roi des rois, lui apportèrent leurs hommages et leurs tributs en temps de paix, leurs contingents de soldats et d'ouvriers en temps de guerre. » En prenant ce titre de Roi des rois, Tigrane se conformait à l'usage de la plupart des souverains orientaux ; cependant Mithridate ne se l'était pas adjugé, bien qu'il eût fait du Pont l'empire le plus considérable de l'Asie.

Tigrane, n'ayant plus rien à craindre du nord et de l'orient, « reprit ses anciens projets sur les pays situés à l'ouest de l'Euphrate. Déjà, par l'Osroène et la Comagène, il était maître des passages du fleuve et de la grande voie des caravanes ; des tribus arabes, qu'il transplanta du désert et rendit sédentaires, prélevaient à son profit un droit de transit sur les marchandises (Plutarq.. *Luc.*, 31 ; Strabon. XVI, 2, 27 ; Pline. VI. 28. 142 ; c'est à propos de ces transports de tribus que Trogue Pompée parlait de l'Arabie. *prol.*, 42 ; Tigrane s'inspirait d'ailleurs ici du système des rois parthes : Isidore. *loc. cit.*, 7)(¹). De là, Tigrane n'avait qu'à étendre la main pour cueillir la Syrie

---

¹) Tigrane transporta aussi bon nombre de Juifs à Vân (Moïse de Khor., II, 19). La tradition arménienne est fondée sur ce point, mais il s'est greffé sur un fait authentique des superfétations fantaisistes. On a supposé qu'avant Cyrus il y avait déjà des Juifs en Arménie. Il nous est permis de voir là une marque de l'ambition que nourrissaient les Arméniens christianisés de se rattacher à l'Ancien Testament. Les vraisemblances historiques nous font plutôt croire que l'immigration juive se produisit dans un but commercial quand Cyrus eut pris Babylone et mis en liberté les Hébreux qui s'y trouvaient. Moïse de Khorèn raconte qu'étant à conquérir la Syrie, Tigrane le Grand envoya à Jérusalem, pour couper court aux querelles des pontifes, son général Barzaprân, qui serait revenu avec beaucoup de butin et de captifs. Nous verrons dans quelle mesure cette fiction repose sur la réalité. Elle est sans doute un reflet de la politique générale de Tigrane ; il sentait le besoin de peupler son royaume avec des étrangers plus civilisés que ses sujets ; et comme il y transplanta d'immenses foules de Grecs, il dut aussi y faire venir, de gré ou de force, nombre de Syriens et de Juifs. Aussi ces derniers seront-ils nombreux en Arménie au début de l'ère chrétienne.

comme un fruit mûr. Les populations l'appelaient; les derniers Séleucides furent, il est vrai, trop fiers pour accepter comme suzerain le descendant des lieutenants de leurs ancêtres; mais que pouvaient leurs faibles armées contre les hordes de Tigrane, évaluées à un demi-million d'hommes (Josèphe, *Ant. Jud.*, XIII, 16, 4)? Dès l'année 83, Tigrane se rendit maître de toute la Syrie supérieure excepté Séleucie-Piérienne, le port d'Antioche. Le dernier roi séleucide, Philippe, périt sans doute dans la lutte; son fils Philippe II se réfugia en Cilicie, pendant que le fils d'Eusèbe, Antiochus, se cachait dans l'Asie romaine (Eutrope, VI, 14); les femmes et les filles des rois grossissaient le harem du vainqueur (Plutarque, *Lucullus*, 21). Antioche, devenue une de ses résidences, frappait monnaie à son effigie et l'un de ses généraux, Magadatès, fut chargé d'administrer le royaume en qualité de satrape (Appien, *Syriaca*, 48) (¹).

Les historiens anciens ont expliqué cette rapide conquête par deux causes simultanées. Tout d'abord, la population syrienne était fatiguée des incessantes querelles des Séleucides; les princes exténuaient le pays par leurs compétitions et affaiblissaient le gouvernement par leur résistance au roi. Aussi le peuple désirait-il une autre domination. Il renonça à Mithridate Eupator, trop occupé contre Rome pour venir prendre possession de la Syrie, et ne voulut pas entendre parler des Ptolémée d'Égypte, qui étaient ses ennemis. Il préféra Tigrane à cause de la puissance de ce roi et parce qu'il était l'ami des Parthes. Ce dernier n'eut donc qu'à se présenter (²). Mais il n'avait pas négligé les moyens d'asseoir son autorité. On raconte qu'il était arrivé avec une armée de 500.000 hommes. N'en voyant pas l'emploi en Syrie, on lui attribua l'intention de conquérir la Palestine, ce dont la reine Alexandra, ainsi que tous les Juifs, furent fort effrayés; jamais ils n'avaient envisagé la possibilité d'un pareil danger. Alexandra envoya donc, assure l'historien Josèphe, une ambassade à Tigrane, avec de riches présents, pendant qu'il était occupé à bloquer la ville voisine de Ptolémaïs. Séléné, nommée aussi Cléopâtre, qui régnait sur la population assyrienne de la Syrie, donna, plus courageuse, l'ordre de résister à Tigrane. Mal lui en prit, comme nous le verrons. Au contraire l'attitude d'Alexandra lui réussit. Ses envoyés usèrent de tous les moyens pour gagner la faveur de l'Arménien, qui les reçut gracieu-

---

¹) Th. Reinach, *op. cit.*, p. 312.

²) Justin, XL, 1, 2.

sement et leur donna bon espoir. On ne sait s'il n'aurait pas cependant soumis la Palestine ; mais il apprit subitement que Lucullus ravageait l'Arménie, et fut obligé de décamper(¹). Longtemps encore, cependant, il resta maître de la Syrie : durant les dix-huit ans que s'exerça son autorité sur cette province, elle paraît avoir goûté la paix ; elle n'eut à entreprendre aucune guerre et personne ne l'attaqua (²). Toutefois, on peut croire que les princes dépossédés intriguaient de nouveau ; un effroyable tremblement de terre ayant fait périr 170.000 personnes, les mages l'interprétèrent dans le sens d'un signe céleste ordonnant de changer la dynastie. On en profita donc, lorsque Tigrane fut humilié par Rome, pour le remplacer en Syrie, en l'an 69, par Antiochus Cysikène, de la famille des Séleucides ; mais Pompée le renversa, disant qu'il ne pouvait céder sur ce point au désir de la population, attendu que sous le règne de Tigrane, Antiochus était caché dans un coin de la Cilicie. N'ayant pas eu le courage de reprendre à l'Arménien le royaume de ses pères, il ne devait pas profiter de la conquête romaine (³).

Pendant cette période, Tigrane, se voyant accepté sans difficulté en Syrie, « mit aussi la main sur le dernier fleuron de la couronne des Séleucides, la Cilicie plane. Plusieurs villes, entre autres la florissante Soli, furent détruites et leur population déportée en Arménie (Dion Cassius, XXXVI, 37 ; Plutarque, *Pompée*, 29). Puis, à l'instigation, assurait-on, de Mithridate (qui voulait se venger des dénonciations d'Ariobarzane concernant ses empiétements sur la Cappadoce), les Arméniens envahirent la Cappadoce pour la troisième fois, prirent Ariobarzane comme dans un filet, et s'emparèrent de sa capitale : la population de Mazacca, ainsi que celle de onze autres villes grecques, en tout 300.000 hommes, fut emmenée pour peupler la nouvelle capitale du Roi des rois, l'énorme Tigranocerte, en 77 av. J.-C. (Appien, *Mithr.*, 67 ; Strabon, XI, 14, 15 ; XXII, 2, 9) (⁴). Rome restait indifférente à ces révolutions, ne voyant pas grand danger du côté de l'Arménie, mais elle ne devait pas tarder à l'écraser quand son alliance avec le Pont l'y obligera.

---

¹) Josèphe, *Ant. jud.*, XIII, 16, 4.
²) Justin, *ibid.* Cet historien donne en effet la durée de 17 ou de 18 ans, en comptant probablement jusqu'en l'année 66, époque de la défaite finale de Tigrane. Appien ne compte que 14 ans.
³) Justin, *ibid.*
⁴) Th. Reinach, *op. cit.*, p. 315.

D'abord, à vrai dire, Tigrane se souciait peu de s'attirer la vengeance des aigles impériales. Quand Mithridate eut été, dans sa seconde guerre, vaincu par Lucullus devant Cysique et sur la mer Egée, il fit appel à ses alliés pour défendre le territoire même du Pont; presque tous l'abandonnèrent, y compris Tigrane. Aussi l'armée pontique fut exterminée en 72 dans les monts Paryadrès. Alors le roi se réfugia en Arménie, chez son gendre Tigrane (¹). Dès lors commence une nouvelle phase dans l'histoire de l'Arménie. Sa prospérité n'était due qu'à l'absence de sérieux adversaires. En face de Rome, elle ne pourra se soutenir.

Les apparences en imposaient pourtant à Lucullus. D'un côté, son honneur de soldat et la gloire de Rome devaient le pousser à réprimer l'audace des Arméniens : « en fait, depuis vingt-cinq ans, Tigrane n'avait pas cessé d'être dans un état d'hostilité plus ou moins déguisé contre les Romains. Les invasions répétées en Cappadoce, l'annexion récente de la Syrie et de la Cilicie plane, étaient autant d'affronts directs à la suzeraineté romaine (²) ». Mais les dangers d'une guerre avec lui pouvaient sembler redoutables, surtout à ce moment (en 71) où une partie des forces romaines étaient immobilisées dans le Pont devant les grandes forteresses dont aucune n'avait capitulé malgré la défaite de Mithridate. Aussi Lucullus, se trouvant à Amisas (Amasia), capitale du Pont, réfléchit mûrement avant de s'engager contre Tigrane. Il sentait qu'à si peu de distance, ce roi, « très puissant, qui avait arraché l'Asie aux Parthes, qui avait transporté en Médie (aussi bien qu'à Tigranocerte) les habitants des villes hellènes par lui conquises, qui dominait sur la Syrie et la Palestine, qui avait condamné à mort les rois Séleucides en emmenant leurs filles et leurs femmes en captivité, qui enfin était l'ami et le gendre de Mithridate » devait certainement aider celui-ci quand il l'en prierait et ferait aux Romains une guerre terrible. Aussi le général croyait qu'en se hâtant d'abattre complètement Mithridate il s'attirerait la colère de Tigrane « qui depuis longtemps cherchait une occasion de l'attaquer; et ce serait lui en fournir une excellente que de l'obliger à se joindre à Mithridate contre Rome » (³).

Il lui fut pourtant impossible d'éviter le conflit. Mithridate s'étant réfugié près de Tigrane, Lucullus se rendit maître de toutes les villes

---

¹) Th. Reinach, *op. cit.*, p. 325.
²) Th. Reinach, *op. cit.*, p. 347.
³) Plutarque, *Lucullus*, 21.

du Pont et dépêcha en Arménie son lieutenant Appius pour réclamer Mithridate, qui était dû à son triomphe (¹). Appius, guidé par des barbares à travers les hauts plateaux, fut conduit en zig zag. On voulait gagner du temps, Tigrane étant occupé à conquérir les dernières cités séleucides. Appius apprit par un Assyrien qu'on l'avait égaré, et que Tigrane se trouvait à Antioche. Aussitôt, il y court tout droit, traversant comme une flèche la Mésopotamie et l'Euphrate. A Antioche, Tigrane lui envoie dire d'attendre jusqu'à ce qu'il ait achevé ses opérations contre les villes de Phénicie. Il fut retenu devant Ptolémaïs pendant tout l'hiver par la reine Séléné, l'une des plus grandes figures de la dynastie séleucide. Il réussit enfin à la saisir et la jeta aux fers. Le vainqueur croyait donc avoir peu de cas à faire de l'émissaire d'un concurrent lointain. Mauvais calcul! Appius avait profité de ce temps pour gagner divers princes mécontents, en particulier celui de Gordyène. Nombre de provinces soumises de force à Tigrane envoient secrètement des ambassades au Romain, qui leur promet que Lucullus les aidera. Mais il leur conseille de patienter, leur montrant la revanche prochaine : les Hellènes ne peuvent plier leur fierté sous le joug des Arméniens, surtout devant un homme comme Tigrane « trop orgueilleux de sa bonne étoile, croyant avoir dans la main, non seulement tout ce qu'il convoitait, mais tout ce que peut désirer un homme, s'imaginant enfin que le monde entier était fait pour lui : il avait commencé à petits pas, puis conquis un grand nombre de nations, il avait battu les Parthes, si bien que jusqu'à nos jours (dit Plutarque) nul n'a pu remporter sur eux de tels avantages » (²). Aussi avait-il accumulé contre lui des rancunes qui, tôt ou tard, retomberaient sur sa tête.

Cette énumération des preuves de sa puissance continue par d'intéressants détails. Non seulement il avait peuplé d'Hellènes la Médie et la Mésopotamie, voulant civiliser ces provinces en y introduisant la culture et les industries grecques, mais il avait mis à profit les tribus arabes pour la prospérité générale : il leur fit passer l'Euphrate, les obligea à devenir sédentaires, soit pour se livrer eux-mêmes au commerce, soit pour prélever les tributs de la grande route qui passait par Tigranocerte (³). A sa cour, beaucoup de rois détrônés remplis-

---

¹) C'était Appius Claudius, beau-frère de Lucullus.

²) Plutarque, *Lucullus*, 30 et 31.

³) Cette seconde hypothèse est de M. Reinach, *op. cit*.

saient les charges d'officiers du palais (¹). Les quatre plus nobles devaient toujours rester près de lui comme gardes du corps : quand il allait à cheval, ils couraient à pied, en simple tunique, devant lui ; quand il était sur son trône, ils restaient debout au devant, les mains croisées en signe de la plus humble soumission, « pour attester qu'ils avaient perdu toute liberté, qu'ils mettaient leur personne à l'entière disposition du maître, et qu'ils étaient dans sa main des instruments purement passifs » (²). Quant au roi lui-même, il s'était entouré d'une vénération superstitieuse, se faisait passer pour Dieu, ne se montrait jamais en public que vêtu d'une tunique rayée blanc et rouge, drapé dans les longs plis d'une robe de pourpre, la tête coiffée d'une haute tiare étoilée (³).

Ce faste éclatant, bon pour frapper l'esprit de peuples primitifs, ne troubla point Appius. Bien que Tigrane le reçût en grand appareil, le Romain lui parlait très librement, disant qu'il était venu pour recevoir Mithridate ou pour provoquer Tigrane à la guerre. Celui-ci s'efforça de dissimuler sa colère : depuis vingt-cinq ans, c'était la première fois qu'il entendait une parole si audacieuse, son orgueil royal était habitué à voir tout plier devant lui. Il répondit que jamais il ne livrerait Mithridate, et que si les Romains voulaient les premiers lui déclarer la guerre, il était prêt à l'accepter. Il se montra aussi très fâché contre Lucullus, qui dans sa lettre avait négligé de lui donner le titre de Roi des rois. Par revanche, il lui écrivit sans le qualifier d'Imperator. Il fit néanmoins présenter de précieux cadeaux à Appius, qui les refusa. Tigrane, craignant de ne l'avoir point satisfait, y ajouta des objets de plus grand prix. Devant cette insistance, le Romain, ne voulant pas donner barre sur lui par une attitude méprisante, choisit une coupe et rendit le reste ; puis il rejoignit Lucullus (⁴).

La partie était dès lors engagée, et Tigrane semble enfin en comprendre la gravité. Au lieu de seconder son beau-père et de mettre à profit ses talents et son expérience pour se préparer à cet évènement inévitable, Tigrane avait jusqu'alors refusé de lui parler, de l'admettre même en sa présence. Il l'avait traité avec le dédain égoïste d'un triom-

---

¹) Il était d'usage en Orient de concentrer autour du roi les personnages les plus capables de lui faire honneur, et surtout les vaincus. Ainsi, dans la cour de Mithridate Eupator, « figuraient les rois en exil...... l'ex-roi de la Petite-Arménie, Antipater » (Th. Reinach, *op. cit.*, p. 294).

²) Plutarque, *Lucullus*, 31.

³) Dion Cassius, XXXVI, 52.

⁴) Plutarque, *ibid.*

phateur pour un ami malheureux, il l'avait relégué dans une région lointaine, marécageuse et insalubre, où l'ardent adversaire de Rome se rongeait de désespoir depuis vingt mois. Tigrane vit bien son tort quand l'ambassade d'Appius lui eut fait comprendre la puissance romaine et la forte situation qu'il lui avait laissé prendre. Il envoya chercher Mithridate et le reçut en grande pompe. Causant ensemble dans le palais, en présence des courtisans, ils découvrirent qu'ils n'avaient rien à se reprocher mutuellement et rejetèrent tous les torts sur de faux amis qui étaient la seule cause de leur mésintelligence. Le principal de ces fauteurs de discorde était Métrodoros, de Skepsis (ville du Pont), homme éloquent et savant, devenu l'intime de Tigrane, à tel point qu'on le désignait par un titre réservé à l'homme de confiance dans la cour arménienne, « le père du roi ». Mithridate avait envoyé ce traître en ambassade près de Tigrane dès le début de la guerre pour demander son aide. Métrodoros, mû peut-être par un secret ressentiment contre son maître, ou ébloui par la grandeur de l'Arménie, avait répondu aux questions de Tigrane : Comme envoyé, je vous engage à soutenir mon roi ; comme conseiller, je crois que vous feriez mieux de vous abstenir. Une fois réconciliés, l'Arménien dit à son hôte que telle était la cause de sa froideur. Il ne se doutait pas de la fureur que devait susciter une telle révélation dans une âme impétueuse : à peine sorti du palais, Mithridate se jette sur Métrodoros et le tue. On fit courir le bruit que la victime s'était donné la mort, craignant le châtiment. Tigrane, fort mortifié de son imprudence, et se souvenant trop tard des anciennes rancunes de Mithridate, qui soupçonnait déjà Métrodoros (¹), crut apaiser les mânes de celui-ci en lui faisant faire de grandes funérailles. Sa femme, la reine Cléopâtre, bien plus jeune que lui, personne énergique qui sans doute travailla beaucoup à la réconciliation, eut bientôt l'occasion d'imiter sa magnifi-

---

¹) Après la mort de Mithridate, on trouva dans ses papiers, selon Plutarque, la preuve qu'avant même de s'enfuir chez Tigrane, il avait deviné le complot de Métrodoros et avait juré sa mort. Ce Grec lettré avait écrit l'histoire de Tigrane. (Strabon, XIII, 1, 55 ; Scol. Apoll. Rhod. IV, 133.) S'il est vrai, d'après Th. Reinach, *op. cit.*, I, p. 335, qu'à cette ambassade de Métrodoros doit se rattacher le texte de Salluste, Fr. III, 37 : « Non tu scis, si quas ædes ignis cepit acriter, haud facile sunt defensu quin et comburantur proximæ », et s'il est admissible qu'Horace en ait tiré son vers : « Tua res agitur, paries cum proximus ardet », il faut avouer que les deux sens sont bien différents : dans le premier, Métrodoros trahit Mithridate et traite Tigrane avec ironie ; dans le second, il servirait l'un et donnerait à l'autre un conseil amical. Mais, en bon Grec de la décadence, il a fait ce que dit Salluste.

cence en honorant par des obsèques non moins splendides le rhéteur attitré de la cour, Amphicratès, qui vint à mourir (¹).

On le voit, Mithridate et sa fille étaient les protagonistes de l'hellénisme dans l'Arménie, et c'est sans doute sous leur influence que Tigrane voulait la peupler de Grecs. Toutefois, en dehors des provinces nouvellement annexées, Syrie, Cilicie, Mygdonie (Mésopotamie du nord, sur le Tigre), l'empire arménien restait exclusivement imprégné des traditions persanes, et l'Arménie même se maintenait dans son caractère de féodalité barbare : « la noblesse, qui comptait seule dans l'Etat, ne vivait que pour la chasse, la guerre et les longs festins... Comme ses barons, le prince partageait sa journée entre la chasse, l'administration de la justice et les plaisirs d'un harem trop nombreux qui préparait à sa vieillesse d'étranges surprises. » Comme toujours en Orient, l'exemple de la cour aurait sans doute réussi à entraîner le pays dans la sphère d'une civilisation plus haute. Elle prenait goût au théâtre grec... Les jeunes princes arméniens furent élevés à la grecque; l'un d'eux, le futur roi Artavast, devint même un écrivain distingué (Plutarque, *Crassus*, 43). Si l'empire arménien avait vécu, il n'est guère douteux qu'il se fût hellénisé rapidement » (²).

En attendant, il fallait faire face à Lucullus. Tigrane croyait être assez puissant pour attaquer. « Son empire s'étendait des rives du Cyrus à celles du Jourdain, des monts de la Médie au pied du Taurus cilicien. Rien de moins homogène, d'ailleurs, que cet édifice construit en vingt-cinq ans, assemblage informe de pièces arrachées à tous les Etats voisins et mal cimentées ensemble »; beaucoup de ces provinces étaient restées des royaumes à moitié indépendants, liés seulement par des traités qui les astreignaient à livrer des contingents militaires. « Cet empire s'appuyait sur une armée aussi disparate que lui-même. Le ban et l'arrière-ban des barons ou *megistans* arméniens (Tacite, *Annal.*, XV, 27; Frontin, II, 9. 5) en formaient le noyau; parmi eux se recrutaient ces lourds cavaliers, les Cataphractes » (³); d'autres cavaliers du même genre étaient fournis par divers peuples du Caucase, en particulier les Albanes et les Géorgiens (⁴), tandis que les Ibères

---

¹) Plutarque, *ibid.*, 32.
²) Th. Reinach, *op. cit.*, p. 345.
³) *id., ibid.*, p. 343.
⁴) Un antique bas-relief, reproduit dans F. Justi, *Gesch. des Alten. Persiens*, 1879, p. 159, montre un Perse revêtu, ainsi que son cheval, d'une immense cote de mailles. D'autres portaient la cuirasse par-dessus. Seules les jambes de l'homme et de la mon-

étaient des lanciers à cheval. Le roi de la Médie Atropatène, qui avait donné sa fille au fils de Tigrane, dut lui envoyer 40.000 fantassins et 10,000 cavaliers (¹). Il y avait aussi des contingents d'autres lanciers montés, les Mardes (population située entre la Gordyène et le lac d'Ourmiah) (²), les Bédouins arabes, les Gordyens, habiles aux travaux du génie ; enfin nombre d'Hellènes s'étaient engagés comme mercenaires. Tigrane ne manquait pas de ressources pour entretenir ces troupes innombrables : comme Mithridate, il avait semé sur son territoire de riches et fortes gazophylacies, en particulier Olané et Babyrsa aux environs d'Artaxata, en vue d'approvisionner les armées opérant au nord, puis, au sud, Artagérès sur l'Euphrate (³). En outre, il eut soin de pourvoir de garnisons arméniennes ses forteresses du Tigre, Sarisa, Satalka, Pinaka (⁴). Quant au roi du Pont, il reçut un corps de 10.000 cavaliers pour reconquérir son royaume.

Fort de ses armements, Tigrane crut pouvoir porter un grand coup en envahissant la Lycaonie. Il se préparait à y entrer par la Cilicie. Lucullus s'étonna fort de cette décision : puisque, disait-il, les Arméniens voulaient faire la guerre à Rome, pourquoi n'avaient-ils pas aidé Mithridate quand il était fort, et pourquoi, après l'avoir laissé tomber, songeaient-ils à se précipiter dans l'abîme ? Car pour lui, il se sentait sûr du succès, maintenant que par la réduction de Sinope (en 70 av. J.-C.), il était maître du Pont. Sans perdre un instant, laissant 6.000 hommes pour garder sa conquête (⁵), il s'élança au-devant de Tigrane pour lui couper le chemin. Il traversa la Cappadoce, à laquelle, en arrivant sur l'Euphrate, il rend d'abord la forteresse de Tomisa (⁶). La crue était haute, et il ne voulait pas perdre de temps à faire un

---

ture étaient nues. Nous verrons comment Lucullus profita de ce défaut. Les Arméniens avaient copié tous ces modèles, comme le montre ce texte cité par M. Reinach : « Equites cataphracti ferrea omni specie... Equis paria operimenta erant, quæ lintea ferreis laminis, in modum plumæ, annexuerant » (Salluste, Fr. IV, 17, 18, Kritz.). On appelait aussi cataphractes des vaisseaux pontés, sans doute quand ils étaient cuirassés de boucliers, comme l'indique le sens du mot et comme on les en voit effectivement couverts dans les bas-reliefs antiques.

¹) Strabon, XI, 13, 2, d'après Apollonide.
²) On a pu supposer que les Kurdes (Gordyens, Carduques), d'origine iranienne étaient un mélange de Mèdes et de Mardes.
³) Strabon, XI, 14, 6.
⁴) Strabon, XVI, 1, 24.
⁵) Th. Reinach, op. cit., p. 355.
⁶) Strabon, XII, 2, 11.

— 132 —

pont volant. Vers le soir, l'eau diminue; dans la nuit elle devient si basse que le lit du fleuve présente de petits lacs et de petites îles (¹): l'armée y voit un signe de la fortune favorable au général: n'ayant jamais constaté ce phénomène, elle croit que le fleuve lui obéit. Elle passe aisément, et trouve sur l'autre rive quantité de veaux paissant en liberté. Ces animaux, consacrés à la déesse persane Artémis, étaient aussi adorés des Arméniens. Ils étaient ornés du sceau de la divinité à laquelle on devait les immoler: l'image d'une lanterne. Habitués au respect public, ils ne se troublent pas, mais baissent la tête et semblent attendre qu'on les prenne. Lucullus sacrifie un taureau à l'Euphrate et fait camper ses troupes le jour suivant. Puis, il leur fait traverser la Sophène, en évitant de molester les populations qui se soumettent et accordent de bon gré l'hospitalité. Les soldats lui demandent l'autorisation d'aller piller une gazophylacie voisine où ils pensaient trouver des trésors : mais, leur montrant de loin le Taurus, il leur dit que là-bas il y avait un grand château, et qu'il fallait le prendre, tandis que la région où ils se trouvaient leur appartenait déjà. Il se hâte d'avancer en Arménie, passe le Tigre pour se jeter sur Tigranocerte (²). Tigrane était si loin de s'attendre à cette marche foudroyante qu'il entre en fureur et se livre à des actes de barbarie inconcevable. Pour n'avoir rien à craindre de la Syrie une fois qu'il en serait parti, il tire la reine Séléné de sa prison de Zeugma et la fait décapiter en Séleucie de Comagène (³). Le premier homme qui lui avait annoncé l'arrivée des Romains eut le même sort : il fut pendu. Singulier moyen de provoquer les renseignements! Aussi personne n'osait plus lui en donner, et il restait sans nouvelle de l'incendie qui l'entourait. Ses courtisans le rassurent en le comblant de flatteries : ils lui certifient que Lucullus serait un héros si seulement il l'attendait de pied ferme à l'autre bout du continent, à Ephèse; mais il n'aurait pas une telle audace, certainement il franchira la mer en voyant fondre sur lui tant de milliers de guerriers arméniens (⁴). Plutarque, qui rapporte ces épisodes, observe que toutes les substances ne sont pas également capables de dégager de leur masse un filet d'eau pure, et qu'ainsi tous

---

¹) Les Arméniens assurent que ces subites variations se produisent encore fréquemment. Après une période de pluies ou de fonte des neiges, le fleuve déborde. Arrive une gelée soudaine sur les montagnes, il tarit.
²) Plutarque, *Lucullus*, 36.
³) Strabon, XVI, 2. 3.
⁴) Plutarque, *Lucullus*, *ibid*.

les esprits ne sont pas aptes à comprendre la réalité quand le succès les aveugle. Il continue comme il suit son récit. Mitrobarzane, le plus cher ami de Tigrane, ose alors, seul, lui dire la vérité, et reçoit, pour récompense de son audace, l'ordre d'arrêter l'ennemi avec 3.000 cavaliers et d'innombrables fantassins: il devait prendre l'imperator vivant et exterminer ses soldats jusqu'au dernier. Poussée avec vigueur, cette offensive aurait pu réussir: une partie de l'armée romaine campait, le reste était débandé. Les sentinelles annoncent l'approche des barbares: grand effroi chez le chef, qui craint de voir ses troupes anéanties avant que l'ordre ne soit rétabli. Pour se mettre en mesure de résister, il envoie en avant-garde Sextilius avec 1.600 chevaux et un petit corps d'infanterie, lui ordonnant d'arrêter l'agresseur jusqu'à ce qu'il ait établi un camp retranché. Sextilius aurait voulu maintenir les Arméniens à distance, mais il est contraint de livrer bataille. Mitrobarzane y tombe, toute son armée tourne les talons, elle est décimée dans sa fuite, bien peu en réchappent (dans l'été de l'an 69). Sans plus attendre, Tigrane abandonne sa bien-aimée Tigranocerte, confiée à un certain Mancéos, et se retire dans le Taurus, où, de toutes les provinces, il concentre ses forces autour de lui. Lucullus se souciait peu de lui en laisser le loisir; il envoie Murenas couper le chemin à ces recrues, et Sextilius rabattre la cavalerie arabe déjà en marche. Ce dernier la surprend au moment où elle se disposait à dresser ses tentes, il en fait un terrible massacre, tandis que Murenas se jette sur Tigrane au bon moment, pendant qu'il franchissait une étroite vallée. Le roi réussit à grand'peine à se sauver en laissant tous ses bagages; quantité de ses soldats tombent morts, nombre d'autres sont faits prisonniers. Lucullus rassemble alors son armée, se dirige droit sur Tigranocerte et l'assiège ([1]).

L'emplacement de cette capitale fondée par Tigrane et ruinée de son vivant n'a pu être encore exactement déterminé. M. Th. Reinach croit pouvoir le situer dans les environs de Midiyâd, au N.-N.-E. de Nisibis ([2]).

---

[1]) Plutarque, *Lucullus*, 38.

[2]) D'après Strabon, XVI, 1, 23, la ville était en Mygdonie, au sud du Tigre. Un auteur arménien, Intchitchéàn, rejetant les traditions de sa nation qui croyaient Tigranocerte remplacée par la moderne Diarbékir, a même remarqué que, d'après Strabon, elle doit être non loin de Masios. — M. Justi (*loc. cit.*) admet l'opinion de Sachau (*Abh. der Berlin. Acad. Phil. hist. Klasse*, 1880, n° 2), d'après lequel Tigranocerte se trouverait au lieu appelé aujourd'hui Tel Ermèn (la colline des Arméniens), au S.-O. de

On sait du moins que l'emplacement, fort bien choisi, commandait le nord de la Mésopotamie. Ce choix « révéla des vues politiques et civilisatrices. L'ancienne capitale, Artaxata, était désormais dans une situation trop excentrique; à Antioche, Tigrane aurait chaussé les souliers des Séleucides et risqué de perdre le contact matériel et moral avec ses provinces héréditaires, d'où il tirait toute sa force. Il choisit un juste milieu... Le site était avantageux à tous égards : au nord, le mont Masios, prolongement du Taurus, vaste plateau calcaire dont les mamelons semblent les vagues houleuses d'une mer pétrifiée ; au sud, les plaines immenses et monotones de la Mésopotamie ; entre les deux, à la lisière de la montagne et du désert, une région fertile arrosée par des affluents du Tigre et des sous-affluents de l'Euphrate, traversée par la grande route des caravanes qui, par Zeugma, Edesse, Nisibis, Arbèles, reliait la Syrie et la Médie. La nouvelle capitale, la « cité de Tigrane », sortit de terre comme par magie. Les premières familles du royaume furent obligées, sous peine de confiscation, d'y transporter leur domicile. — trois cent mille habitants, — Assyriens, Adiabéniens, Gordyéniens, et autres — y furent transplantés de force », sans compter les Hellènes de Cilicie et de Cappadoce que Tigrane y envoya aussi bien qu'en Médie. « Tigranocerte fut vraiment une résurrection des énormes cités assyriennes et babyloniennes d'autrefois, avec ses murailles en briques de 50 coudées de haut, assez épaisses pour loger des écuries, avec sa citadelle inexpugnable, son magnifique palais bâti hors des murs, et, tout autour, des parcs, des chasses, des viviers » (¹). La ville était fort riche et parée de toute espèce d'ornements : les habitants y luttaient de faste, en proportion de leur puissance, pour vivre, s'ils le pouvaient, dans un luxe royal, et jaloux de contribuer à l'embellissement de la métropole. Aussi Lucullus, pensant que Tigrane ne pourrait persister dans son indifférence mais serait obligé de descendre pour livrer bataille, serrait la place de près (²).

Mardîn, tout près de Kôtch Hissar, en arabe Dunéissîr (Adênystra). Mais, selon M. Reinach (op. cit., p. 345), cet emplacement ne concorde guère avec la distance de Nisibis indiquée par Tacite (Annal., XV, 4), ni avec Pline (VI, 26), qui place Tigranocerte dans la province d'Arzanène. L'ensemble des témoignages ne permet pas de douter que la ville ne fût, en tous cas, au sud du Tigre ; d'après le récit de la bataille, on peut croire qu'elle n'en était pas loin, mais il est difficile d'admettre qu'elle fût sur le fleuve même, comme le propose M. Justi, qui donne à choisir entre Tel Ermèn et Tel Beyad (la colline blanche), au sud de Hisn Kaïf, sur le Tigre.

¹) Th. Reinach, op. cit., pp. 345-346.
²) Plutarque, ibid.

Comme, cependant, la rencontre n'eut pas lieu sous les murs de Tigranocerte, on ne peut en tirer de conclusion sur son emplacement ([1]).

Sur ces entrefaites, Mithridate, qui s'était réinstallé dans son royaume, est rappelé par Tigrane, et se met en route, mais l'envoie prier par Taxile de ne rien faire sans l'attendre : mieux valait temporiser en coupant les vivres à Lucullus au moyen de la cavalerie. Taxile était chargé de faire réfléchir le Roi des rois à la puissance des armes romaines, jusqu'alors invincibles. Tout d'abord Tigrane se rend à ses raisons ; mais quand il voit autour de lui toutes les troupes arméniennes, celles des Gordyéniens, celles des rois de Médie et d'Adiabène, la cavalerie des pasteurs arabes, celle de la « mer de Babylone », les contingents des Caspiens, des Géorgiens, des Albanes, ceux enfin de nombreux rois de la vallée de l'Araxe, son orgueil l'emporte, il veut que toute la gloire de l'action lui soit attribuée, sans rien en réserver à Mithridate, il décide de fondre seul sur les Romains. Tout ce monde festoyait, manifestait dans les conseils une confiance sans ombre, proférait de terribles menaces, « comme font toujours les barbares ». Taxile, désespéré, tenta les suprêmes efforts pour retarder l'expédition : sur quoi on complote de l'assassiner, supposant que Mithridate voulait ravir à son profit la gloire réservée à Tigrane ([2]). A consulter les apparences, on pourrait en effet soupçonner Mithridate de calculs équivoques. Pourquoi tardait-il ainsi à plaisir ? Beaucoup de troupes déjà réunies autour du roi d'Arménie avaient dû accomplir un trajet plus long que le sien. Il est pourtant permis de discerner là une tactique judicieuse : Mithridate comprenait bien que, sitôt qu'il aurait joint Tigrane, il ne pourrait plus l'empêcher de livrer bataille ; il espérait le retenir par son absence, pour immobiliser Lucullus devant Tigranocerte et l'affamer pendant l'hiver.

Loin de partager cette prudence, Tigrane se croit sûr de la victoire, dès qu'il se voit maître de 20,000 archers et frondeurs, de 55,000 cavaliers, dont 17,000 bardés de fer([3]), de 150,000 fantassins, partie en colonnes, partie en phalanges, que suivaient 35,000 pionniers. Il met cette masse en branle à la fin de l'été de l'an 69, franchit le Taurus, et

---

[1] Th. Reinach, op. cit., p. 345.

[2] Plutarque, ibid.

[3] D'après la relation envoyée par Lucullus au sénat. D'après Memnon, 56, toute l'armée de Tigrane se montait seulement à 80,000 hommes, chiffre que les autres historiens, sur les faux rapports de Lucullus, auraient surfait hors de toute vraisemblance.

du versant méridional découvre les Romains assiégeant la capitale, les habitants l'aperçoivent aussi, ils exultent, applaudissent, dansent, montent sur les murailles pour menacer l'ennemi en lui montrant l'armée des Arméniens([1]).

Songeant avant tout à son harem et à ses trésors, Tigrane, réussit à les enlever en forçant le blocus([2]). C'est qu'en effet Lucullus n'avait pu fortifier sa position que sur un point, dans le palais de la banlieue, que Sextilius avait enlevé tout d'abord. Autour de la ville, de nombreuses passes devaient rester libres : la garnison, composée en partie de mercenaires hellènes, se défendait partout avec succès, repoussant les assauts par une grêle de flèches, détruisant les machines de siège avec des flots de bitume enflammé([3]).

Lucullus tint conseil, demandant s'il fallait aller au devant de Tigrane ou poursuivre le siège. Les avis étaient partagés. Il les concilia par une décision hardie : laissant Murenas avec 6.000 hommes de pied devant la place, il prend 24 cohortes, toute sa cavalerie, il y ajoute 1,000 archers et frondeurs, et va camper en face de l'ennemi dans une large plaine où coulait le fleuve. Tigrane ne peut retenir son dédain à la vue du petit nombre des Romains : les princes de son entourage font avec lui assaut de moqueries, ils tirent au sort le butin à l'avance. Ils le prient de lui confier ses troupes et de rester sur la montagne en spectateur. Il trouve lui même le mot de la situation : Si ces étrangers, dit-il, m'envoient une ambassade, ils sont trop nombreux ; s'ils m'offrent la bataille, ils sont trop peu. Cette alternative n'envisageait pas des facteurs plus importants : la bravoure, l'audace, la tactique. Le lendemain, Lucullus met en ordre son armée bien équipée, tout étincelante de ses armes fourbies. Il s'agissait de passer le fleuve pour atteindre les barbares. On découvre un gué vers l'ouest, à un tournant. En voyant les Romains se diriger de ce côté, Tigrane appelle Taxile et lui dit : Ne les vois-tu pas s'enfuir ? Ils tournent le dos ! Le vieux routier répond : Je voudrais bien qu'il en fût ainsi, mais les Romains ne portent jamais un attirail si brillant quand ils sont en marche : alors leurs boucliers ne jettent point d'éclairs, leurs casques sont dans une gaine, leurs armes dans des fourreaux de cuir. Ces reflets annoncent l'intention de se battre. D'ailleurs, les voici qui se dirigent sur nous. A peine avait-il parlé, on s'aperçoit que les premiers rangs du

---
[1] Plutarque, *Lucullus*, 39.
[2] Memnon, 56 ; Appien, 85.
[3] Xiphilin, d'après Dion Cassius, p. 3 ; Pline, II, 104.

front des troupes ont passé le fleuve. Tigrane sort de son rêve, il s'écrie : Est-ce que vraiment ils marchent contre nous ? Il forme les phalanges, se place au milieu, ayant à sa gauche le roi d'Adiabène, à sa droite celui des Mèdes, escortés de nombreux cavaliers bardés de fer. Cette masse défensive en impose aux Romains, qui font observer à Lucullus que le jour était néfaste, car ce fut à cette date que les Cimbres battirent Scipion. Je veux, répond le général, faire en sorte qu'il devienne faste pour Rome. On était au premier jour des nones d'octobre (6 oct. 69). Loin de se cacher comme son adversaire, il revêt sa cuirasse étincelante, son manteau de pourpre, il sort du fourreau son épée, la fait miroiter au soleil et entraîne ses hommes au combat. Le redoutable arroi des Arméniens faisait front au pied d'une colline, qui supportait une large combe, et qui mesurait 4 parasanges en pente. Lucullus donne l'ordre à ses cavaliers thraces et galates d'attaquer la cavalerie arménienne par le flanc pour l'obliger à quitter la place, puis de la décimer avec le glaive. Elle n'avait qu'une force de résistance, la cuirasse pour parer les coups, la pique pour les rendre. Hors de là, elle ne pouvait rien, ni se défendre autrement, ni attaquer : dans cette immense et lourde armure, homme et cheval étaient immobilisés. Le général romain monte à l'assaut avec deux légions, comme pour entamer directement la garde de Tigrane. Quand il se trouve assez haut pour être vu de tous, il s'écrie : O vous tous, alliés du peuple romain, nous avons la victoire ! Il avait pris la cavalerie ennemie à revers : il retombe sur ses derrières, et donne pour mot d'ordre de ne pas employer la lance, de frapper avec le glaive aux jarrets, seule partie découverte. Recommandation superflue ! L'ennemi ne tint pas longtemps : les légionnaires glissés entre les chevaux y ont bientôt jeté la confusion ; impossible aux cuirassiers qui les montent d'employer leur lance. Ils jettent des cris d'épouvante et lâchent la bride aux palefrois qui détalent, mais qui, trop chargés, sont rejoints par les Thraces et les Galates et décimés à plaisir. Tigrane ne tarde pas à suivre leur exemple. Dans sa fuite éperdue, il rencontre son fils, et lui passe son diadème en pleurant, lui conseillant de se sauver par un autre chemin. Etait-ce pour s'assurer un successeur en cas de mort ? Le jeune homme n'ose ceindre cette couronne, peut-être mi-respect, mi-crainte d'être massacré : il la confie à sa suite, mais ne peut se soustraire à la poursuite des vainqueurs : il est pris dans la foule des fuyards et livré à Lucullus, à qui revient du même coup la tiare arménienne. Plutarque, que nous suivons pas à pas, raconte que dans cette bataille furent tués plus de 100,000 Arméniens de pied ainsi que presque tous leurs combattants montés, tandis que du côté des Romains il y eut seulement cent blessés et cinq morts. Cette légende concorde mal avec les vraisemblances, comme aussi bien avec d'autres documents romains que nous rencontrerons plus tard. Notre auteur cite les témoignages d'un certain Antiochus dit le Philosophe qui, dans sa *Mythologie*, constatait que le soleil n'avait jamais rien vu de semblable. Strabon aurait prononcé ce mot : Les Romains se sont déshonorés en employant leurs armées contre des troupes si lâches; et Tite-Live : Les Romains n'avaient jamais livré bataille avec si peu de soldats contre de si grandes multitudes, car les vainqueurs ne comptaient même pas pour la vingtième partie des vaincus. Les plus braves généraux romains et les plus habiles stratégistes louent beaucoup Lucullus d'avoir terrassé deux grands et célèbres rois avec deux moyens très différents : Mithridate par une patience inlassable, Tigrane par une promptitude foudroyante [1].

La poursuite de l'armée en fuite s'étendit jusqu'à 20 kilomètres et ne s'arrêta qu'à la nuit tombante; alors seulement Lucullus permit le pillage. L'armée asiatique avait perdu 30,000 hommes (Orose, VI, 3, 6). C'est par erreur qu'Orose et Frontin prétendent que Mithridate assistait à la bataille [2].

Où était-il donc ?

S'il ne s'était pas empressé d'accourir, c'est justement qu'étant habitué à voir Lucullus agir toujours très lentement, il devait rejoindre Tigrane à petites journées. Aussi demeura-t-il stupéfait quand, ayant rencontré en chemin les Arméniens en débandade, et ne voulant pas en croire ses yeux, il dut se rendre à l'évidence à la vue des blessés nus. D'heure en heure, il apprend ainsi tous les détails de la catastrophe. Ce qui montre bien la sincérité de ses intentions, c'est qu'alors il se hâte de rejoindre son gendre. Il trouve le vieillard presque seul, livré à un morne désespoir. Pour ne pas l'abattre par un nouveau coup, il descend de cheval, mêle ses larmes aux siennes, l'entoure de sa garde, le réconforte par tous les moyens, et l'aide à recruter de nouveaux soldats [3]. Ils réussissent à mettre sur pied 40,000 fantassins, d'après Phlégon de Tralles (§ 12), et même un total de 105,000 hommes d'après Appien, qui furent instruits à la romaine. « On s'efforça d'imprimer à la guerre le caractère d'une lutte religieuse et nationale :

---

[1] Plutarque, *Lucullus*, 42.
[2] Th. Reinach, *op. cit.*, pp. 362-363.
[3] Plutarque, *Lucullus*, 43.

pour y intéresser le fanatisme oriental, on répandit le bruit que le but final de l'expédition de Lucullus était le pillage d'un des temples les plus riches et les plus vénérés de l'Asie (Cicéron. *Pro Lege Manilia*. IX. 23 ; probablement le temple de Baris mentionné par Strabon. XI. 14. 14. sur la route d'Artaxata à Ecbatane)... Ni Tigrane, ni Lucullus ne purent décider les Parthes à sortir de la neutralité » (¹).

Cependant, à Tigranocerte, les Hellènes et les barbares de toute provenance entrent en querelle. Les premiers, apprenant la défaite de leur tyran, sentent se réveiller en eux la rancune toujours vivace chez les exilés, et ils complotent d'ouvrir les portes à l'ennemi. Lucullus obtient d'eux cette trahison en leur promettant de les renvoyer à leurs foyers. Il n'eut plus qu'à passer pour enlever les trésors, parmi lesquels 8.000 talents d'argent, aussitôt distribués à ses troupes ; chaque officier reçut 800 drachmes. Après le pillage, on lui annonce qu'un grand nombre d'acteurs, venus avant le siège pour représenter les mystères de Bacchus, sont capturés. Tigrane les avait mandés de toutes parts pour inaugurer son théâtre à la grecque. Le vainqueur les charge d'organiser une représentation en l'honneur de son succès. Puis, comme il l'avait promis, il renvoie les Hellènes chez eux, avec des vivres pour la route. Il rapatrie également les barbares arrachés à leur pays pour peupler la capitale. Ces gens en conçurent une vive reconnaissance : ils le proclamaient leur bienfaiteur et le nouveau fondateur de leurs nations. Quant aux populations indigènes, elles se mettent sous sa protection : le roi des Arabes lui donne tous ses trésors ; les habitants de la Sophène lui rendent hommage ; les Carduques (Gordyéniens) lui livrent leurs villes et s'enrôlent à sa suite. Appius avait conclu alliance avec le roi de ces derniers, Zarbiénès, qui refusait d'obéir à Tigrane : celui-ci l'avait fait assassiner avec sa femme et ses fils avant que les Romains ne fussent en Arménie. Lucullus se souvenait du fait ; aussi, arrivé en Gordyène (dans l'hiver de 69-68), son premier soin est-il d'honorer la mémoire de la victime en lui faisant de solennelles funérailles. Le roi des Parthes lui propose un contrat d'amitié : il l'accepte ; mais ses envoyés trouvent le personnage indécis, parce qu'il était lié par une alliance secrète avec Tigrane, auquel il demandait la Mésopotamie en retour de son assistance contre les Romains. A cette nouvelle, Lucullus songe à essayer sa force sur les Parthes en laissant Mithridate et Tigrane, déjà vaincus, croyait-il. Mais ses légions se refusent à cette aventure. On hiverne en Gordyène.

---

¹) Th. Reinach. *op. cit.*. pp. 364-365.

et, l'été venu, on se met en marche vers l'Arménie. Grand étonnement : les moissons étaient mûres au sud du Taurus ; elles sont encore vertes au nord. Pour parer à la disette, l'on met en fuite, deux ou trois fois, les Arméniens qui voulaient barrer le passage ; on pille et on détruit les villages, on s'empare des magasins de provisions préparés par Tigrane, et l'on peut bien attendre maintenant que la nature produise ses fruits. L'ennemi cherchait à éviter la bataille, s'étant fortifié dans un camp retranché, sur le conseil de Mithridate, pour y attendre l'hiver qui rendrait la campagne impossible. Ce que voyant, Lucullus ramène toute son armée et marche sur Artaxata, où Tigrane s'enferme avec ses fils et ses femmes. On raconte que cette ville avait eu pour fondateur Annibal. Le fameux Carthaginois, vaincu, s'était réfugié à la cour des Séleucides. Mais n'y voyant plus de sécurité quand Antiochus III, son hôte, fut battu à Magnésie par les Romains, il se serait dirigé vers un lieu de l'Arménie nommé Artaxias [1], où il aurait enseigné beaucoup de choses utiles aux habitants. S'appliquant à estimer la valeur stratégique du pays, il y aurait trouvé un point excellent pour la défense, fertile, mais désert : là il fallait construire une ville, ce dont il convainquit Artachès en lui expliquant les ressources présentées par la nature. Le roi, dit-on, accueillit l'ouverture, pria Annibal de diriger les travaux, et celui-ci réussit à établir une vaste et belle cité à laquelle il donna le nom d'Artachès. Fort de cette position, Tigrane, au lieu de soutenir patiemment le siège, veut arrêter la marche de son adversaire. Il sort avec toutes ses troupes au devant de lui, et le rencontre à quatre jours de distance, n'en étant séparé que par le fleuve Arsanias. Lucullus réussit à le franchir et rencontre la cavalerie arménienne, ayant en première ligne les Mèdes, très bons archers, en seconde ligne les Géorgiens, lanciers dans lesquels Tigrane plaçait sa plus ferme confiance, car ils étaient les plus braves ; cependant, ce jour-là, ils cèdent à l'élan des légions après une courte résistance et s'enfuient, entraînant le reste des troupes montées qui les accompagnaient. Mais Tigrane en avait d'autres en réserve ; il les démasque, hommes et coursiers couverts d'armures étincelantes. Lucullus se croit perdu. Il rappelle sa cavalerie lancée à la poursuite du premier corps. Une lutte acharnée entre lui et les plus célèbres personnages de la noblesse arménienne se termine de nouveau par le triomphe des aigles romaines. Des trois rois qui tournèrent lâchement les talons, le premier à donner l'exemple fut, assure Plutarque, le

[1] Sur l'Araxe, au nord de l'Ararat.

vieux lion du Pont, Mithridate([1]) ; puis, Tigrane l'imita, et enfin le roi des Mèdes. Il paraît que Mithridate n'aurait pu braver les clameurs des Romains. Lucullus lâche ses troupes à la chasse pendant toute la nuit ; elles tuent nombre de fuyards, en prennent une partie, se gorgent de butin. Cette suprême victoire est placée en septembre de l'an 68 ([2]). D'après Tite-Live, dans la bataille de Tigranocerte on fit un grand carnage des foules armées, mais dans la seconde on captura surtout quantité de nobles. Il paraît que, dans cette dernière, les Arméniens avaient emprunté aux Parthes leur fameuse tactique : feignant de fuir, ils se retournaient subitement contre l'ennemi et l'accablaient de flèches barbelées et empoisonnées ([3]).

Tout n'était pas dit, si du moins les vaincus savaient prolonger la résistance. Comment atteindre Artaxata, et y entrer avant la fin de l'été si court sur ces plateaux, avec un camp rempli de blessés ? De fait, l'hiver survint trop tôt pour permettre d'enlever la place. Lucullus crut d'abord pouvoir profiter d'un rayon de soleil ; mais il faisait très froid, le givre et la neige couvraient déjà le pays ; les chevaux refusaient de boire l'eau glacée des rivières ; quand la glace cassait sous leur poids, elle leur blessait les pieds. Le pays lui-même était peu favorable à la marche, les chemins étant très étroits et la région couverte de forêts ([4]). L'air très humide était bouleversé par de terribles tempêtes ; on campait péniblement sur un sol marécageux. Quelques étapes dans ces conditions suffisent à décourager les légionnaires : ils refusent de suivre leur général, lui envoyant leurs chiliarques pour le prier de s'arrêter, et se groupant, surtout la nuit, pour se plaindre à haute voix. Lui pense les remonter en leur faisant envisager la prochaine prise d'Artaxata: la « Carthage des Arméniens ». Peine perdue : il faut se résigner à la retraite, qui dut s'accomplir par la rive orientale du lac de Van. Une fois passé le Taurus, on se retrouve dans la fertile Mygdonie ([5]), semée de villes très peuplées, sous la protection de Nisibis, que les Grecs appellent l'Antioche de Mygdonie. Le frère de

---

[1]) Une telle affirmation est tellement contraire au caractère chevaleresque du héros célébré par M. Th. Reinach, que cet auteur la révoque en doute. Du reste, on a pu voir à plusieurs reprises que Plutarque n'est pas toujours, dans ce récit, d'une absolue impartialité.

[2]) Plutarque, *Lucullus*, 46, 47.

[3]) Th. Reinach, *op. cit.*, p. 368, croit que la bataille eut lieu près de Malazguerd.

[4]) On n'y trouve plus un seul arbre aujourd'hui.

[5]) Province dont Nisibis était le chef-lieu ; aujourd'hui le Merdîn, sur le Khobour, affluent de l'Euphrate.

Tigrane. Gouras, était gouverneur de la place, habilement mise en état de défense par l'ingénieur grec Callimachos (¹). L'été touche à sa fin sans que le siège ait forcé les murailles ; mais les premières pluies fatiguent la vigilance des défenseurs : Lucullus en profite pour s'emparer de la première enceinte, où il tue les sentinelles endormies, et d'où, comblant les fossés, il enlève la seconde enceinte, plus faible (²). Gouras débat la capitulation. Lucullus, furieux contre Callimachos qui avait prolongé durant dix-huit mois la résistance d'Amisos au profit de Mithridate, cède à sa colère, refuse de lui accorder la vie quoique le malheureux lui promette de lui montrer les trésors cachés, et le fait torturer en lui broyant les poignets et les pieds. Il se montre, au contraire, clément envers Gouras, qui, peut-être, lui livra les coffres-forts secrets : toujours est-il que le butin fut presque aussi considérable qu'à Tigranocerte (³). Cette capitulation eut lieu dans l'automne de l'an 68.

Jusqu'alors la destinée était très favorable à Lucullus : mais son étoile pâlit, une série de revers commence : partout surgissent les obstacles, qui lui attirent les reproches du sénat (⁴). Les Arméniens avaient repris l'offensive : 4.000 d'entre eux et 4.000 autres asiatiques, sous la conduite de Mithridate, s'en allaient reconquérir le Pont. Ils réussirent d'abord à reprendre la Petite-Arménie. Tigrane ayant surpris, dans les provinces au nord du Tigre, où il s'était réinstallé, la division de L. Fannius. Lucullus eut le tort, pour vouloir le dégager, d'abandonner le gros de son armée à Nisibis : un commencement de révolte y éclata ; ses soldats, dont un grand nombre attendaient impatiemment, pour l'an 67, la libération qui leur était due après 20 années de service, veulent en profiter dès maintenant (⁵). Il les avait surmenés : impossible d'en rien obtenir tant qu'ils n'auront pas, disent-ils, Pompée ou un autre. A peine réussit-il encore à les entraîner contre Mithridate qui vient de battre Fabius (⁶) ; il ne réussit qu'à les faire participer au désastre de Triarius. Ce général fut complètement défait par Tigrane et Mithridate réunis, dans la vallée du Halys (⁷), et le fait

---

¹) Plutarque, *Lucullus*. 48.
²) Eusèbe, II, 135.
³) id., ibid.
⁴) Plutarque, *Lucullus*, 49 et ss.
⁵) Th. Reinach, *op. cit.*, p. 369.
⁶) On croit qu'il s'agit de Fabius Hadrianus : Th. Reinach, *op. cit.*, p. 379.
⁷) F. Justi, dans *Grundriss* etc., t. II, p. 496. Th. Reinach, *op. cit.*, pp. 370-371, ne mentionne pas la présence de Tigrane, qui pourtant est certaine, et fait honneur de tout le succès à Mithridate, qui, en effet, fit preuve d'un grand héroïsme.

d'armes est désigné par les historiens, soit sous le nom de bataille de Gaziura, soit sous celui de bataille de Zélah (la moderne Zihléh); il eut lieu plus près de cette dernière localité; mais Mithridate, quoique blessé et sexagénaire, poursuivit les vaincus jusque dans leur camp retranché de Gaziura et en tua plus de 7.000. Il fallut attendre trois ans pour que ces morts reçussent la sépulture, et vingt ans pour que César vengeât le désastre contre Pharnace sur ce même champ de bataille (printemps de l'an 67 av. J.-C.).

Dès lors, le prestige de Lucullus est brisé. Il n'était pas arrivé à temps pour soutenir les troupes de Gaziura, dont il apprit le désastre par la rumeur publique, et non pas même par un exprès ([1]). Mithridate le tient en échec du haut des monts de Talaura, et le roi de la Médie Atropatène, gendre de Tigrane, en profite pour dévaster la Cappadoce en y détruisant les détachements romains semés dans le pays; Tigrane lui-même, ayant les mains libres, reconquiert aisément l'Arménie, et se dispose à franchir l'Euphrate pour rejoindre son gendre et son beau-père (Dion, XLII, 48). Sur ces nouvelles, un plébiscite de Rome destitue Lucullus et nomme à sa place M. Acilius Glabrio. Proclamé à travers toute la péninsule par les soins du préteur d'Asie (Appien, *Mithr.*, 90), ce dénouement ne pouvait que rendre confiance aux ennemis en ce moment victorieux, et l'on ne s'explique guère comment un brillant général de cavalerie, Ménémaque, au service de Tigrane, choisit ce moment pour passer au camp romain de Cilicie (Dion, *ibid.*). Lucullus veut s'obstiner à garder son commandement: il séduit une dernière fois ses troupes par l'espoir de couper la route à Tigrane; mais, à mi-chemin, elles tournent le dos ([2]). En vain le général les supplie de lui rester fidèles pour parer à la complète humiliation de Rome; en vain il leur baise les mains, se prosterne devant eux, les presse un à un dans leur tente: ils lui répondent en lui montrant leur bourse vide, qu'un autre chef pourra seul remplir. Ils ne consentent à rester sous ses drapeaux jusqu'à l'arrivée de son remplaçant qu'à la condition de les laisser dans un repos absolu pendant l'été entier (de cette année 67)([2]). Aussi, Mithridate ne trouve-t-il aucun obstacle à se réinstaller dans son royaume, ni Tigrane et son gendre à chasser pour la sixième fois Ariobarzane de la Cappadoce. Quand arrivent les six commissaires du Sénat demandés par Lucullus pour organiser la province du Pont qu'il avait en effet conquise avant de l'annoncer, ils ne

---

[1]) Th. Reinach, *op. cit.*, pp. 373-375.
[2]) Plutarque, *Lucullus*, 51.

trouvent plus un pouce de terrain en son pouvoir. Les légions valériennes prennent malgré lui le congé qui leur était dû pour 20 ans de service(¹). Pompée arrive et prend la direction de la campagne. Pour entrée de jeu, en l'an 66, il empêche la réunion des armées de Tigrane et de Mithridate et défait cette dernière sur le Loukos près de l'emplacement où devait s'élever Nicopolis(²).

Pour Tigrane aussi commence une période de chutes profondes. Comme toutes les cours d'Orient où la polygamie étouffe les sentiments naturels, la cour d'Arménie était vouée aux tragédies domestiques. Tigrane avait eu trois fils de son épouse préférée, Cléopâtre, fille de Mithridate. Aucun d'eux ne voulut attendre la mort du vieux roi et aucun d'eux ne lui survécut. L'aîné, Zariadrès, se conjura le premier avec quelques mégistans arméniens mécontents : les conjurés, suivant un vieil usage oriental, se tirèrent tous du sang de la main droite et se le firent boire mutuellement (Valère Maxime, IX, 11, *Ext.* 3); serment terrible, digne des complices de Catilina. Zariadrès périt sur le champ de bataille, mais son exemple ne découragea pas son second frère. Un jour le roi tomba de cheval pendant une chasse ; le prince le laissa pour mort et ceignit la tiare royale. Le troisième fils, Tigrane le jeune, resta auprès du vieillard blessé et lui témoigna un affectueux dévouement. Revenu à lui et informé de la conduite de ses fils, le vieux roi fit trancher la tête à l'un et récompensa l'autre par la promesse du trône. Mais les passions fougueuses, l'ambition effrénée de l'aïeul maternel revivaient dans ce jeune homme comme dans ses frères. Quand il vit son père au fond de la Cappadoce, il jeta le masque et s'insurgea à son tour. A cette nouvelle, Tigrane s'empressa de rentrer chez lui à la tête de son armée. Le rebelle fut défait et réduit à se réfugier avec ses principaux complices chez le roi des Parthes, dont il avait épousé la fille ; mais, à tort ou à raison, Tigrane soupçonna le roi du Pont d'avoir été l'instigateur de cette levée de boucliers. Il en résulta un nouveau refroidissement entre les deux monarques (Appien, *Mithr.*, 104 ; Dion, XXXVI, 51) (³).

Aussi, quand Mithridate, battu par Pompée en l'an 66, vint demander refuge à Tigrane, celui-ci, au lieu de le recevoir, mit sa tête à prix pour cent talents (⁴). Alors le jeune Tigrane se dévoile comme

---

¹) Plutarque, *ibid.*, Dion Cassius, XXXVI, 17.
²) F. Justi, dans *Grundris* etc., t. II, p. 496, d'après Ramsay, *Histor. top.*, 57 et passim.
³) Th. Reinach, *op. cit.*, pp. 378-379.
⁴) Plutarque, *Pompée*, 35. 100 talents équivalent à 600,000 francs.

l'un des traîtres les plus éhontés de l'histoire. Déjà, il avait desservi son grand-père en déterminant les Parthes à lui accorder leur concours (¹) : évidemment, il voulait alors flatter le Romain victorieux pour préparer le grand coup qu'il méditait contre son propre père. Il se charge maintenant d'entraîner contre sa patrie, tour à tour, les deux ennemis dont il espère recevoir la couronne, trop tardive à tomber de la tête du vieillard. C'est d'abord les Parthes, dont il envoie l'armée assiéger Artaxata en l'an 66. Leur roi Phraatès III (69-60), successeur de Sanatroïkès, que Tigrane avait dépouillé, trouvait là une trop belle occasion de vengeance. Il fait irruption en Arménie (²).

Le vieux Tigrane, à cette nouvelle, s'évade dans les montagnes, et son fils accepte de pousser le siège pour permettre à Phrahatès, qui lui laisse une partie des troupes, de rentrer dans sa capitale Ctésiphon. Le roi chassé ne pouvait souffrir une pareille insulte : il réunit ses troupes et les jette sur le traître, qu'il oblige à chercher un refuge auprès de Mithridate Eupator, redoublant ainsi les soupçons plus ou moins fondés qui pesaient déjà sur celui-ci. Cependant, s'il y avait complot, l'évènement ne permit pas de le prouver : en chemin, le jeune homme apprend que son grand-père était écrasé par les Romains et avait lui-même besoin de secours. C'est alors qu'il commet sa seconde infamie, en allant offrir à Pompée de le conduire à travers l'Arménie à l'assaut du trône paternel (³). Le vainqueur de Mithridate l'ayant suivi d'abord vers la Colchide, mais renonçant à l'atteindre en Chersonèse, se trouvait justement libre d'agir et à portée de profiter des circonstances. Il revenait menaçant, quand il rencontra son guide inattendu près de l'Araxe. Tous les deux envahissent l'Arménie, commencent à enlever les places fortes (⁴). Le malheureux roi se jugeait victime d'un perfide conseil de Mithridate, et quand les ambassadeurs de ce dernier, devançant l'armée romaine, viennent solliciter son appui, il les envoie chargés de chaînes à Pompée, en signe d'amitié, avec ses propres représentants chargés d'obtenir la paix. Il l'aurait sans doute obtenue, n'était son implacable fils, qui intrigue, s'acharne à faire rejeter comme insuffisantes les conditions proposées, et fait si

---

¹) Th. Reinach, *op. cit.*, p. 382. Le roi des Parthes était alors Phraatès III, que les Arméniens appellent Rahat, et qui régna de 69 à 60.

²) F. Justi, dans *Grundriss* etc., t. II, p. 478.

³) Dion Cassius, XXXVI, 49-51.

⁴) Plutarque, *Pompée*, 36.

bien qu'il entraîne en effet l'ennemi jusque sous les murs d'Artaxata. Le vieux monarque assiégé sent alors qu'il est perdu (¹).

Confiant dans la réputation de douceur et d'équité que Pompée s'était acquise, il se rend près de lui, escorté de quelques soldats romains qu'il gardait en son palais, et entouré de tous ses parents et amis (²). Pour bien faire preuve de soumission et montrer qu'il venait implorer la pitié du vainqueur, il avait dépouillé tous ses insignes royaux, sauf la couronne qu'il gardait encore, pour la déposer solennellement. Selon l'usage qui interdisait à sa dignité l'attitude des simples mortels, c'est à cheval qu'il veut entrer dans le camp romain ; mais Pompée, le voyant entrer dans cet appareil, lui envoie l'ordre de descendre. Il se soumet, vient se prosterner et déposer sa couronne aux pieds du Romain. Celui-ci, très ému de cette humiliation d'un vieillard qui fut si puissant, s'empresse de le relever, lui remet sa couronne sur le front, le fait asseoir à côté de lui, le console en l'assurant qu'il n'a pas perdu son royaume, mais qu'en outre il est devenu l'ami des Romains. L'odieux fils, qui se trouvait près du général, ne se lève même pas pour faire honneur à son père, ne lui témoigne aucun signe de pitié ou de repentir (³). Prié ensuite de prendre part au festin offert en l'honneur du nouvel allié, il s'y refuse. Il était, paraît-il, indigné des trésors prodigués par le roi aux étrangers (⁴). Il pousse l'insolence jusqu'à répondre qu'il n'a plus besoin de son protecteur, et qu'il trouvera toujours bien d'autres Romains pour le soutenir (⁵). Pompée ressentait déjà un profond dégoût de la conduite de ce jeune impudent. Le lendemain, ayant écouté la discussion qu'il soutint âprement avec son père, il tranche la question en laissant l'Arménie à ce dernier, comme héritier légitime, et en retranche seulement les pays conquis alentour : Gamir, Syrie, Phénicie, Sophène (⁶), exigeant de plus une indemnité pécu-

---

¹) Dion Cassius, *loc. cit.*
²) Plutarque, *Pompée*, 36. Le récit de cet auteur est le plus développé. D'autres mentionnent le fait : Appien, *Mithr.*, 104.
³) Dion Cassius, *loc. cit.*
⁴) Plutarque fait sans doute allusion, ici, aux largesses prodiguées au général et aux soldats par Tigrane, d'après Strabon, XI, 14, 10.
⁵) Plutarque, *Pompée*, 36.
⁶) Appien ajoute la Gordyène et la fait ensuite passer à Ariobarzane « contre toute vraisemblance », disons-nous avec Th. Reinach, *op. cit.*, p. 393. La Gordyène était trop loin de la Cappadoce, et Ariobarzane avait trop peu mérité, pour que l'on puisse admettre avec F. Justi, dans *Grundriss* etc., t. II, p. 498 que la Gordyène fut d'abord attribuée à Tigrane le jeune, puis à Ariobarzane, puis à Tigrane le père. Ce dernier paraît s'être complètement désintéressé de la Petite-Arménie, depuis longtemps détachée de la Grande, et qui revint à un ami de Rome, Déiotaros, tétrarque des Uolistoboiens, Strabon, XII, 3, 13.

niaire. Le jeune Tigrane reçoit comme un os jeté à un chien la Sophène, mais sans la libre disposition des trésors de la couronne, contenus dans les gazophylacies de cette région. Son ambitieuse rapacité devait le perdre. Il demande avec instance que ces richesses lui soient attribuées. On les lui refuse, car elles étaient indispensables pour payer la contribution de guerre qui devait s'élever à 60,000 talents. Il s'emporte, il veut s'enfuir. Mais Pompée devine son projet, le met sous bonne garde et envoie aux garnisons l'ordre de délivrer les trésors au roi d'Arménie. Les gens des gazophylacies ne veulent rien entendre : puisqu'on leur a donné un autre roi, c'est lui qui doit leur commander. Le jeune Tigrane est contraint d'aller lui-même vider les coffres-forts au profit de Rome. Peut-être de connivence avec lui, les gardiens s'y opposent, sous prétexte qu'il n'agissait pas librement. Décidément, on ne pouvait aboutir à rien avec cette mauvaise tête : Pompée le fait jeter aux fers, le réservant pour son triomphe, et enlève les trésors qu'il remet entre les mains de Tigrane le Grand([1]). Phraatès, roi des Parthes, dont il était le gendre, intercède pour obtenir sa liberté, en offrant l'Euphrate pour frontière entre l'Empire romain et son royaume. Pompée répond qu'avant d'appartenir à son beau-père, le fils dépendait du père, et que sur la question de frontières il ne consulterait que la justice([2]). L'armée romaine, divisée en trois corps, va passer l'hiver dans la « province d'Anahita, sur le Kouros([3])». L'Arménie était tellement intimidée qu'elle paya plus qu'elle ne devait. En retour, Pompée, enchanté, obtient pour Tigrane le titre si envié d'allié et d'ami du Peuple Romain. Au printemps, il laisse son général Afranius dans le pays conquis pour le surveiller, chasse Mithridate de la Colchide, passe par les bords de la Caspienne, où il ne peut séjourner à cause du grand nombre de bêtes venimeuses, et rentre en Arménie (ce n'est certainement pas dans la « Petite-Arménie », comme le dit le vieil historien : cette province était trop loin et n'avait plus aucune importance), et y reçoit l'hommage des rois des Elimis (Elamites de Suse) et des Mèdes, auxquels il répond avec générosité. Seul le roi des Parthes persiste dans une attitude hostile : il envahit

---

[1]) Dion Cassius, XXXVI, *sqq*. Cet auteur, qui fut hypate d'Afrique en 229 de notre ère, puis gouverneur d'Asie Mineure sous Alexandre Sévère, touchait alors à l'Arménie et put recueillir sur ce pays nombre de documents.

[2]) Plutarque, *Pompée*, 36.

[3]) Dion Cassius, *ibid*. Nous ne connaissons pas de province consacrée à Anahitis sur le Kouros, mais seulement une en Arménie, dans l'Acilisène, où le climat est assez tempéré pour hiverner.

les Gordyéniens, qui dépendaient encore de Tigrane, et leur cause de sensibles dommages. Pompée, fidèle à son alliance, envoie Afranius, fortement armé, contre l'agresseur, qu'il met en déroute dans une localité inconnue nommée Abiklis, ou Abiglis (66 av. J.-C.). Enfin il retourne à Rome, où il fait figurer dans son triomphe le jeune Tigrane avec sa femme et ses filles, ainsi que l'une des épouses du vieux roi, Sosime (¹).

Ainsi l'héroïque fierté de Mithridate l'avait ruiné pour jamais, tandis que la prudente humiliation de Tigrane lui conserve la couronne et lui garantit la sécurité. La postérité dira de quel côté est la gloire et de quel autre la sagesse. Les Arméniens préféreront toujours celle-ci à la première. Ils auront, sans doute, le goût de l'indépendance, mais après quelques efforts tentés pour l'obtenir, s'ils se voient les plus faibles, ils jugeront préférable de se soumettre plutôt que de s'obstiner à une résistance désespérée qui parfois porte les petits peuples au premier rang, mais qui souvent aussi les fait disparaître du monde. En toutes ces occasions l'on verra, comme ici, la trahison briser les efforts du patriotisme. Comme l'histoire de son règne résume bien les traits dominants de toutes les autres périodes politiques, la personne de Tigrane peut passer pour le portrait le plus caractéristique de sa nation. Qualités et défauts, il les manifeste au suprême degré. Aux yeux de certains juges, les défauts l'emportent de beaucoup : « L'esprit était médiocre, étroit et imprévoyant... Cruel et voluptueux, égoïste avec cynisme, inconstant dans ses affections comme dans ses haines, Tigrane, par un juste retour, ne savait s'attacher personne, ni ses alliés, ni ses sujets, ni ses propres enfants. Son amour du faste, l'immensité de son orgueil choquaient, même chez un Oriental... Dans la prospérité, il ne souffrait autour de lui ni franchise dans les paroles, ni liberté dans les actes; aux jours d'épreuve et de revers, il s'affaissait, tombait si vite et si bas que ses ennemis mêmes rougissaient de son avilissement (²). » Une telle condamnation, que ne rachète aucun éloge, nous paraît trop exclusive. On pourrait l'infliger à la plupart des autres souverains asiatiques : tous concevaient le pouvoir absolu de la même façon, et leurs peuples devaient les craindre, les adorer, pour leur obéir. On a pu voir que, même après les revers, Tigrane savait se relever énergiquement, malgré sa vieillesse. Ses moments d'inertie proviennent de l'erreur qui lui faisait considérer comme mépri-

---

¹) Plutarque, *Pompée*, 47.
²) Th. Reinach, *op. cit.*, pp. 346, 347.

sable une puissance lointaine venant batailler en Asie sans appui apparent : et ses heures d'abattement s'expliquent par l'étonnement qu'aurait éprouvé tout autre de se voir vaincu par une force mystérieuse. Il eût fallu être préparé à la comprendre et à lui résister par une éducation moins asiatique. Mithridate connaissait le monde gréco-romain : c'est ce qui lui rendait évidente la nécessité d'une lutte immédiate et concertée. Sans vouloir nier son évidente supériorité de caractère, on doit considérer l'avantage qu'il tirait de sa position géographique : il était complètement hellénisé. De la part de Tigrane, c'est un mérite d'avoir senti la valeur de cette civilisation étrangère qu'il s'efforçait de faire pénétrer dans son peuple. Le temps seul ne lui a pas permis d'y réussir. Passée la première génération, les populations helléniques transplantées dans ses villes y auraient oublié leurs rancunes et rénové la société : les Romains ont entravé ce progrès. Du reste, par lui-même, le peuple arménien fait, dans les évènements que nous avons rapportés, aussi bonne figure que les habitants du Pont. Ambitieux, certes il l'était comme son roi, et comme Mithridate : c'était alors le signe de toute valeur morale, que de prétendre à dominer le plus loin possible. Les grands noms asiatiques ne furent jamais que ceux de conquérants et de bâtisseurs, mais ils ne méritent l'estime de l'historien que s'ils s'appliquèrent à organiser leur empire pour y établir l'ordre et y favoriser le travail. A ce point de vue, Tigrane ne le cède ni aux Darius, ni aux Nabuchodonosor. On doit regretter seulement qu'il ait eu aussi l'infatuation, l'imprévoyance et la mollesse des Xerxès et des Sardanapale.

III

Le royaume d'Arménie ne devait plus connaître une telle prospérité. Le successeur de Tigrane le Grand fut celui de ses fils qui lui restait, Artavast III (56-36)[1]. Déjà du vivant de son père, il avait participé à la royauté, de l'an 56 à l'an 54.

De son temps, le roi arsacide des Parthes, dans l'empire persan,

---

[1] Strabon, XI, 15. Artavast ne mourut qu'en 34, prisonnier d'Antoine, qui le détrôna en 36.

était Orodès, ennemi des Arméniens comme son prédécesseur qui avait fait la guerre à Tigrane le Grand. Furieux de s'être vu rejeté par Pompée, qui non seulement avait refusé de lui délivrer le jeune Tigrane, mais qui n'avait même pas voulu récompenser ses services en lui donnant la Gordyène, Phraatès avait légué le soin de sa vengeance à son successeur sur le trône des Parthes, Mithridate III (60-56). Celui-ci était parvenu à prendre la Gordyène, ce qui avait obligé sans doute Orodès à maintenir par la force ses nouveaux droits contre les réclamations des Arméniens. Aussi, en l'an 54, pendant que Crassus cherchait à conquérir pour Rome la Mésopotamie que lui disputait le général parthe Sourèn, Orodès envahit l'Arménie ([1]). Il voulait, sinon la conquérir, du moins empêcher Artavast, allié de Rome, d'envoyer des secours à Crassus contre les Parthes de Sourèn ([2]). Nous ne savons ce qui se passa, et pour quelle raison Orodès se trouve plus tard l'ami d'Artavast, quand Crassus fut passé en Syrie. Toujours est-il qu'en ce moment son irruption fut le prétexte invoqué par Artavast pour refuser un contingent à Crassus, qui l'y croyait obligé à titre d'allié. Etait-ce un guet-apens ou un danger réel ? l'Arménien priait le Romain de renoncer à la Mésopotamie et d'accourir à son secours contre Orodès. Il ajoutait dans sa lettre que, dans le cas où sa proposition ne serait pas acceptée, les légions, pour éviter des surprises, devraient marcher très prudemment et suivre les montagnes, afin d'empêcher les évolutions de la cavalerie parthe. Crassus, mis en fureur par cette missive, refuse d'y répondre et dit que bientôt il ira châtier Artavast, qu'il accuse de trahison. Accusation peut-être prématurée, mais fondée, comme on le verra par ce qui allait bientôt se passer en Arménie. Le général n'eut pas le loisir d'exécuter ses menaces : dirigé par un traître dans le désert, il fut mis en pièces par les Parthes, et périt dans l'embuscade. A ce propos, Plutarque rapporte un trait qui peut remettre au point certaines appréciations que nous avons rencontrées tendant à représenter les Arméniens comme des ennemis sans consistance. Crassus, obligé d'avouer qu'il avait perdu beaucoup de soldats, s'était justifié en observant que Lucullus avait aussi versé beaucoup de sang romain dans ses luttes contre Tigrane ([3]).

Sourèn, vainqueur, coupe la tête et le bras droit de Crassus et expédie ce trophée à Orodès, tout en faisant courir le bruit qu'il a cap-

---

[1] Plutarque, *Marcus Crassus*, 26.
[2] F. Justi, *Gesch. des Alten. Persiens*, p. 158.
[3] Plutarque, *Crassus*, 34.

turé le général vivant et qu'il l'emmène à Séleucie (près de Ctésiphon), où il prétend l'exposer au public, par dérision, dans les comédies qu'il y fera représenter pour humilier les Romains. La farce fut plus cruelle encore et digne de vrais barbares. Elle n'eut pas lieu à Séleucie, mais à Artaxata. Orodès, devenu subitement l'allié et l'ami d'Artavast, y avait fiancé son fils Pakouros avec la sœur du roi d'Arménie. Pour célébrer leur union, on avait organisé de grandes fêtes : ce n'était que festins et représentations scéniques en grec : Artavast, qui prenait goût aux belles-lettres, était même connu, au temps de Plutarque, comme auteur de nombreux discours et de récits historiques composés dans la langue des Hellènes. Arrivent les sanglantes reliques de Crassus, au milieu d'un banquet pendant lequel un histrion déclamait les aventures d'Agave empruntées à la tragédie de *Bacchus*. Charmé d'entendre les beaux vers d'Euripide, Syllachès, qui apportait le chef du général romain, monte sur l'estrade où se jouait le drame, se prosterne devant l'assemblée et lui jette la tête de Crassus. Les Parthes applaudissent, se répandent en bruyantes ovations ; sur l'ordre du roi, les valets font asseoir Syllachès à la table. L'acteur ainsi interrompu, nommé Jason de Tralla, cède subitement à une inspiration conforme aux goûts de son auditoire : il passe son masque de Panthéos à un autre comédien ; il saisit lui-même le crâne au morne rictus, qui lui revient lancé de mains en mains. Il l'élève haut à la vue des spectateurs et chante : « Nous apportons de la montagne à notre foyer les bois d'un cerf fraîchement tué dans notre chasse très heureuse ». C'étaient les vers 1170-1172 de la tragédie ([1]). On se réjouit fort de l'épisode, et l'on trouva que Jason avait de l'esprit ([2]).

Après la défaite de Crassus, Antoine entre en scène. Il se trouvait à Athènes (42-41 av. J.-C.) ; de là il envoie Canidius pour conquérir l'Arménie ainsi que la Géorgie ([3]) : de nouveau, l'Arménie est rejetée sous le joug de Rome. Antoine charge aussi Ventidius d'arrêter les Parthes qui veulent franchir l'Euphrate et envahir la Syrie. Comme Sourèn avait été mis à mort par Orodès, qui sans doute se défiait de ses ambitions, le roi parthe charge des opérations son fils Pakouros, qui tombe dans sa rencontre avec Ventidius en perdant presque toute son armée. Il est probable que les Arméniens la composaient en partie. Antoine, qui était venu soutenir la lutte en essayant une diversion

---

[1]) Polyen, 7, dans *Surenas*.
[2]) Plutarque, *Crassus*, 43.
[3]) Plutarque, *Antoine*, 35.

en Mésopotamie, accourt sur l'Euphrate, ne voulant pas laisser à son subordonné l'honneur du succès complet. Mais il renonce à attaquer les Parthes plus à fond, en pénétrant chez eux, car leur frontière est bien gardée : sur les conseils de leur ami secret, Artavast d'Arménie, il se résout à fondre sur les Mèdes ([1]). Les alliés de Rome se réunissent autour d'Antoine : les plus puissants étaient les Arméniens ([2]). Artavast conseille de traverser son royaume pour atteindre les Mèdes, et il met sous la direction du général romain 7,000 fantassins avec 6,000 cavaliers. Treize légions ainsi renforcées entrent en Arménie ([3]), et se mettent en chasse du roi des Mèdes, nommé lui aussi Artavast. En ce temps, le roi des Parthes, successeur d'Orodès, était Phraatès IV, qui, à titre de suzerain, était venu secourir les Mèdes. Le général romain et le roi d'Arménie se dirigent vers Ecbatane (la moderne Hamadân). Les Parthes, jugeant la grande cité capable de se défendre seule, l'abandonnent pour se porter au-devant des envahisseurs : les Romains, peu habitués à la tactique de ces barbares, perdirent en chemin deux divisions, décimées par les escarmouches enveloppantes de la cavalerie parthe ; en même temps, tous leurs bagages et leurs machines de siège sont pris ou détruits ([4]). La raison de leur échec fut la trahison des Arméniens. Ceux-ci étaient en avant, ils ne vinrent point participer à l'action, et se mirent si bien à l'écart qu'ils n'éprouvèrent aucune injure. Qui sait s'il n'y avait pas là un plan concerté avec l'ennemi ? Voyant Antoine affaibli, Artavast rebrousse chemin et rentre tranquillement en Arménie ([5]).

Par suite de cette défection, Antoine est obligé de renoncer au siège d'Ecbatane ([6]) : il avait perdu sa principale ressource, car la cavalerie arménienne, forte d'une longue expérience, savait bien soutenir et déjouer les ruses de la cavalerie parthe ([7]). Aussi les Romains subissent-ils encore de graves pertes dans leur retraite. Il fallait bien faire bonne figure à mauvais jeu. Le seul refuge possible était l'Arménie : Antoine s'y jette, dissimule sa colère, flatte Artavast pour tâcher d'en obtenir vivres et vêtements ; il les obtient, ainsi que l'auto-

---

[1]) Dion Cassius.
[2]) Plutarque, *Antoine*, 38.
[3]) Velléius Paterculus, II, 82.
[4]) Velléius Paterculus, *ibid*. M. Justi (*Gesch. des Alt. Pers.*, p. 163) estime qu'ils perdirent le tiers de l'armée.
[5]) Dion Cassius.
[6]) Dion Cassius.
[7]) Plutarque, *Antoine*, 40.

risation d'hiverner dans le royaume (¹). De la sorte, les foudres de la vengeance romaine sont détournées de ce dernier. Mais ce ne pouvait être que pour un temps. Antoine feint d'oublier ; il va en Syrie, rentre en Égypte, et attend l'occasion. A vrai dire, ce ne fut point par de grands faits d'armes, mais par l'astuce et le parjure qu'il réussit à effacer sa honte.

Phraatès IV et Artavast de Médie s'étaient brouillés, ne pouvant s'entendre pour le partage du butin. Ce dernier voulut donc s'allier avec Antoine, et lui envoya le conseil d'écraser les Parthes, mais d'abord les Arméniens. Ne voulant pas quitter l'enchanteresse qui le retenait en Égypte, le Romain amolli crut pouvoir réussir dans ses projets ambitieux par la ruse : trois fois il inventa des prétextes pour faire venir près de lui Artavast d'Arménie sans défense, et de le saisir comme infidèle aux traités. Tout d'abord, il le pria d'accourir en Égypte, où il voulait s'entendre avec lui contre les Parthes. Sur son refus, il lui envoie de nouveau des émissaires chargés de l'attirer à Alexandrie en lui demandant la main de sa fille pour son propre fils. Artavast flaira le piège et déclina cet honneur. Croyant être mieux écouté quand il serait plus près, Antoine, envoyé en Cilicie, pria encore le soupçonneux Arménien de venir le rejoindre, alléguant une seconde fois la nécessité d'une alliance contre les Parthes, et disant même que les Mèdes y entreraient. Peine perdue : Artavast restait chez lui et négociait en diplomate retors. Alors Antoine voit bien qu'il ne lui reste plus qu'un moyen, c'est d'aller en personne saisir sa proie : il entraîne son armée entière au cœur de l'Arménie en l'an 36. Aucun prétexte ne pouvait permettre à Artavast de résister. Il temporise encore en faisant traîner sa réponse à une quatrième ambassade. Sans l'attendre davantage, Antoine pénètre plus avant (²). Force est bien au roi de se rendre au camp des Romains quand il les voit tout près (³). Antoine n'hésite pas : il le charge de chaînes et le conduit devant la forteresse qui contenait ses trésors, lui jurant qu'il ne lui veut pas de mal, mais qu'il est venu prélever un tribut auquel il a droit. Les gardiens de la gazophylacie refusent d'en ouvrir les portes, et les Arméniens, indignés de cette trahison, se révoltent. Le fils d'Artavast, Artachès, fait valoir ses droits au trône : l'armée l'acclame à titre d'aîné. Mais au premier choc il est battu et se réfugie chez les Parthes, où Phraatès

---

¹) Dion Cassius.
²) id.
³) En février de l'an 34 av. J.-C. (Justi, *Gesch. des Alt. Pers.*, p. 163).

l'accueille comme ennemi de Rome. Antoine, partie à titre d'ami, partie de force, occupe alors toute l'Arménie, sans se soucier des Parthes qui l'attendent et qu'il néglige d'attaquer(¹). Puis il rentre en Egypte avec Artavast, ses femmes et ses enfants, chargés de chaînes d'argent pour honorer leur dignité(²). Sa politique avait d'ailleurs été assez habile pour isoler les Parthes et affaiblir l'Arménie du même coup en la mettant sous une tutelle dévouée : ne pouvant allier son fils avec la famille royale arménienne, il l'avait marié, quoique très jeune encore, avec la fille d'Artavast de Médie, et l'avait nommé roi d'Arménie, en confiant la régence au beau-père pendant sa minorité, à la fin de cette même année 36 (³).

Il se fit décerner un triomphe à Alexandrie. Artavast, ses femmes, ses enfants, les grands de la noblesse arménienne y figuraient. Il fallait bien que Cléopâtre fût la grande triomphatrice. Il eut l'idée de lui faire rendre un hommage impressionnant au cours d'un festin qu'il lui offrait. Il y fait venir les Arméniens et leur ordonne de se prosterner devant sa royale maîtresse en la proclamant la Reine des reines. Pour un Roi des rois, c'était une humiliation trop révoltante. Bien que la liberté fût promise à Artavast s'il se soumettait, il refuse, et ses amis restent comme lui debout et muets. Ils se décident seulement à une parole de respect envers Cléopâtre en la nommant par son nom et sans titre. Antoine, qui avait changé leurs chaînes d'argent pour d'autres en or(⁴), les jette en prison en l'an 34(⁵).

Peu après, arrive Octave, qui, par politique contre son fameux rival, s'était fait des amis des Arméniens et voulait délivrer leur roi. Antoine, soutenu par quelques troupes mèdes, est obligé de lui livrer une bataille en Asie. Phraatès et Artachès en profitent pour faire tomber Artavast de Médie, qui implore le secours d'Antoine. Ne pouvant l'obtenir, il est vaincu, et la Médie revient aux Parthes. Artachès prend donc possession du trône arménien et commence par mettre à mort tous les soldats romains demeurés en Arménie(⁶). Antoine, se voyant perdu, fait supplicier son captif Artavast pour éviter qu'Octave

---

¹) Plutarque, *Antoine*, 54.

²) Dion Cassius.

³) Velléius Paterculus, II, 82, compte trois années entre les deux entrées d'Antoine en Arménie. Dion Cassius ne compte qu'un an.

⁴) Velléius Paterculus, *ibid*.

⁵) Dion Cassius.

⁶) Justin, p. 502.

ne le délivrât et ne restituât à l'Arménie son caractère national (¹). Quand Octave eut pris l'Arménie, il emmena à Rome les femmes et les enfants d'Artavasł.

Artachès (30-20 av. J.-C.), n'ayant pas eu d'autres guerres avec Rome après la tentative qu'il avait faite pour délivrer son père, nous est à peu près inconnu. Tacite nous assure cependant qu'Artachès étant l'ennemi des Romains, Tibère Claudius Nero, fils adoptif d'Octave Auguste, renversa ce roi d'Arménie et lui donna pour successeur son frère Tigrane II. Cette version est confirmée par Suétone (²), d'après lequel Tibère opéra en Orient à la tête des armées romaines et fit couronner Tigrane en sa présence. D'autres historiens fournissent de ce fait l'explication suivante : d'après Dion Cassius, les habitants de la Grande-Arménie n'étaient pas satisfaits de l'administration d'Artachès ; c'est pourquoi ils demandèrent comme roi son frère Tigrane, qui se trouvait à Rome et y avait reçu une éducation complète ; c'est alors qu'Octave aurait envoyé le jeune homme sous la protection des armes de Tibère ; celui-ci serait arrivé trop tard, Artachès ayant été assassiné ; mais cela ne l'aurait pas empêché d'avoir prétendu que c'était lui qui l'avait renversé, qui avait intronisé le nouveau roi et immolé à cette occasion des victimes aux dieux. La légende fut acceptée sans contrôle. Horace (³) proclama Tibère maître de l'Arménie. Virgile (⁴) fait allusion, peut-on croire, à ses opérations militaires en parlant de l'Arménie, dont le fleuve Araxe, siège de la capitale, ne pouvait souffrir d'être traversé par les ponts romains. Aussi, nombre de médailles de cette époque (⁵) représentent l'Arménie vaincue par Rome sous la figure d'une femme couronnée à genoux devant Auguste avec cette inscription : « *Caesar div. f. — Armenia Capta* ». Pourtant, il est probable qu'en effet il n'y eut point de conquête. Que ce soit pour des raisons personnelles, ou parce que les Arméniens, fatigués de lutter, voulaient rester en paix avec Rome, l'historien Josèphe nous rapporte aussi qu'Artachès fut mis à mort après dix ans de règne, et il ajoute que les meurtriers furent ses propres parents.

Sur le règne de ce Tigrane II nous ne connaissons absolument rien. Son successeur, Tigrane III (6-5 av. J.-C.) ne régna qu'un an,

---

¹) Strabon, XI, 15.
²) *Vie des XII Césars*, Tibère, 9.
³) *Epîtres*, I, 12, v. 26 et 27.
⁴) *Enéide*, VIII, v. 728 : « pontem indignatus Araxes ».
⁵) Etudiées dans l'*Histoire générale* du P. Katerdjân (Venise), vol. II, pp. 96 et ss.

conjointement avec sa sœur Erato, qu'il avait épousée selon l'usage (¹). Il était le fils de Tigrane II. A sa mort, Erato renonça au trône, mais pour y remonter plus tard.

Selon les uns, ce Tigrane III était tombé dans une bataille contre les barbares (lesquels ?) ; selon d'autres, il fut détrôné, en l'an 5, par Auguste, parce qu'il était en relations d'amitié avec Phraatès, et qu'une alliance avec les Parthes semblait offensante aux Romains (²). Quoi qu'il en soit, il a laissé des vestiges de son passage sur le trône. Ses monnaies portent l'inscription βασιλέων βασιλέων Τιγράνης, et au verso Ἐράτω βασιλ[εία] Τιγράνου ἀδελφή ; une autre βασιλεύς μέγας νέος Τιγράνης. En l'an 5, Auguste ne trouvant sans doute pas Tigrane III assez soumis, le remplaça par Artavast (IV), qui régna de l'an 5 à l'an 2. Velléius Paterculus (³) prétend que Tibère, envoyé de nouveau par Auguste en Orient, entra encore en Arménie avec une armée, soumit plus complètement le pays, et plaça ainsi Artavast sur le trône. L'existence d'Artavast à cette époque est confirmée par les monnaies : il en est une munie de l'inscription βασιλεύς βασιλέων Ἀρταυασδο[υ]ς, qui ressemble à celles de Tigrane II et non de Tigrane le Grand ; elle figure une Victoire ailée, signe de la seconde époque. Tacite constate (⁴) que cet Artavast fut renversé, mais sans nous dire comment, et que la révolution qui s'ensuivit ne fut pas favorable aux Romains. On envoya Caïus César pour remettre l'ordre en Arménie, et il la donna au Mède Ariobarzane (de l'an 1 à l'an 2 apr. J.-C.), personnage célèbre par sa beauté, son courage, et très aimé des Arméniens. Velléius Paterculus (⁵) rapporte le même fait en y ajoutant quelques détails : Caïus eut l'imprudence, après avoir envahi le pays sans difficulté, de s'approcher sans précaution de la forteresse d'Artagère, et il y fut blessé par un nommé Addòn. Cet épisode est raconté plus au menu par Dion Cassius : Addòn aurait prié Caïus de venir en conférence, sous prétexte qu'il avait à lui parler au sujet des Parthes. Mais Sextus Rufus (⁶) en donne une autre version : Domnès (Addòn) serait venu trouver Caïus, en se disant envoyé par son roi avec

---

¹) Tacite, *Annales*, II, 3 et 4.

²) D'après Dion Cassius, dans Karakachian. *Histoire de l'Arménie*, t. II, p. 189 (Venise, 1895, en arménien). A vrai dire, cet ouvrage est d'une critique peu sûre.

³) Velléius Paterculus, II, 94.

⁴) Tacite, *Annales*, II, 3.

⁵) Velléius Paterculus, II, 102 (d'après Karakachiàn, *Hist. de l'Armén.*, t. II, p. 189).

⁶) Sextus Rufus, XIX.

une lettre où, affirmait-il, se trouvait la liste des trésors de l'Arménie ; pendant que le général prenait connaissance de cette intéressante missive, il se jeta sur lui et le perça de coups de poignard. Addòn fut tué de suite par les officiers romains, et Caïus alla mourir en Syrie, où ses armées le suivirent. Dion Cassius, qui n'était pas contemporain de ces évènements comme Tacite, mais qui fut plus rapproché de leur théâtre, nous donne, quant à lui, une explication de la chute d'Artavast IV, qui serait, dit-il, le frère de Tigrane II. Il aurait été renversé par les Arméniens ([1]), qui, le voyant de nouveau allié aux Parthes comme son prédécesseur, ne voulaient pas s'attirer encore une guerre avec Rome. Aussi Caïus, qui arriva cependant, n'eut-il vraisemblablement pas à combattre la nation, mais seulement quelques partisans du roi décidés, comme cet Addòn, aux aventures les plus hasardeuses. Ceux-là étaient d'autant plus téméraires que Phraatès s'était tout d'abord empressé de faire évacuer l'Arménie par les Parthes et de se mettre en paix avec Caïus, alors préfet de Syrie, dès qu'il avait appris que celui-ci n'était pas d'humeur à tolérer ses agissements. On comprend que les Parthes aient tenté ainsi de s'opposer à l'établissement sur le trône d'Arménie de leurs ennemis les Mèdes représentés par Ariobarzane, que les Romains avaient choisi en l'an 2 av. J.-C. Ils entravèrent sa domination pendant deux années, jusqu'à ce que Caïus fut venu l'affermir en l'an 1 de notre ère. D'ailleurs, il ne régna dès lors qu'une autre année : en l'an 2, Auguste, conjointement avec le sénat, couronna son fils Artavast V le Mède (2-11 apr. J.-C.). La chronologie de ces évènements n'est pas facile à établir. Ainsi, Sextus Rufus les place vaguement pendant le règne d'Octave Auguste, dont Caïus était le petit-fils. C'est, dit-il, grâce à la renommée de puissance conquise par Rome, en ces provinces, qu'il réussit à étouffer la révolution de l'Arménie et à briser l'alliance qu'elle avait conclue avec les Parthes. Il assure qu'alors elle était elle-même plus forte que ces derniers, et qu'elle rendit hommage à Caïus ([2]).

Quand Artavast le Mède eut disparu — on ne sait si ce fut de mort naturelle — Auguste lui donna pour successeur un certain Artavast VI, qui semble n'avoir fait que passer sur le trône, puis un nouveau Tigrane IV (de 11 à 14 apr. J.-C.), en ayant soin de respecter toujours le droit héréditaire de la famille royale, auquel il n'avait fait exception qu'en faveur d'Artavast de Médie, par nécessité politique. Cette

---

[1]) Tacite, *Annales*, II, 3.
[2]) Sextus Rufus, XIX.

succession nous est affirmée dans un document de caractère synthétique, connu sous le nom de «Testament d'Octave Auguste». Cette pièce, découverte à Enguri (Angora), dit : « La Grande-Arménie, après l'assassinat de son roi Artachès, aurait pu, si je l'avais voulu, devenir une province romaine. J'ai préféré, conformément à l'exemple de mes ancêtres, la donner à Tigrane, fils d'Artavast, petit-fils de Tigrane le roi, par la main de Tibère Néron, mon fils adoptif. Puis, quand cette nation se révolta contre les Romains, j'y ai envoyé Caïus mon fils et j'ai donné ce royaume à Ariobarzane, fils d'Artavast, roi de Médie, et après sa mort, à son fils Artavast. Quand ce dernier fut assassiné, j'ai envoyé comme roi d'Arménie Tigrane, qui était de la maison royale d'Arménie » (1).

Il n'est pas fait mention d'Erato dans les pièces officielles. Cependant, à en croire Dion Cassius (2), elle serait revenue sur le trône après Tigrane IV. Dans ce cas, il faudrait englober leurs deux règnes successifs dans la période de l'an 11 à l'an 14 de notre ère.

Ainsi se clôt l'ère de la dynastie arménienne des Artachissiàns.

---

1) Katerdjàn, *Histoire générale*, t. II. p. 97, note 2 (Venise).
2) Dans Karakachian, *op. et loc. cit.* De même pour le récit assez embrouillé de Dion Cassius que nous avons rapporté à la page précédente.

CHAPITRE V

Les Dominations étrangères.

Erato fut chassée du trône en l'an 13 ou 14 de notre ère, on ne sait par qui ni pour quel motif(¹). Alors les Arméniens, n'ayant plus de prince national, ne savaient que faire.

A ce moment, les Parthes refusèrent d'obéir à leur roi Vononès Ier, fils de Phraatès IV, parce qu'ayant fait son éducation à Rome, il y avait contracté des habitudes que ses sujets ne pouvaient goûter. Ce monarque en quête d'une couronne n'eut qu'à se présenter en Arménie pour se faire acclamer : il y occupa le trône pendant deux ans (14-16). Ce devait être un homme de caractère faible, et l'Arménie semble être tombée alors dans une certaine prostration, car on voit alors les Parthes se jouer de l'un et de l'autre à leur gré. Artaban III (12-42), qui avait remplacé Vononès en Perse, lui gardait rancune de n'avoir pas disparu complètement. Il prie d'abord le sénat romain de le chasser de l'Arménie, sous menace d'une guerre contre Rome qu'il entreprendrait en envahissant ce royaume vassal. L'empereur Tibère, ne voulant pas se lancer dans cette nouvelle aventure et se souvenant des échecs que les Parthes avaient infligés à Crassus et à Antoine, prend le parti de les satisfaire par la ruse. Sur ses ordres, Creticus Silanus, gouverneur de Syrie, mande Vononès en ami, et le jette aux fers. Artaban ne se tient cependant pas pour satisfait : il jugeait la Syrie trop voisine. Il menace encore : on envoie le prisonnier en Cilicie, et comme il tente de prendre la fuite, on le rattrape et on le tue, en l'an 19 (²).

---

¹) Tacite, *Annales*, II, 4.
²) Tacite, *ibid.*, II, 4, 58, 68.

Les Arméniens doivent avoir éprouvé quelque velléité de révolte en se voyant ainsi traités : Tibère fut obligé de leur envoyer une armée commandée par Germanicus(¹). Tacite observe que dès le commencement leur fidélité ne fut jamais sûre, par suite de leur position géographique. L'Arménie, quoique contiguë à de nombreuses provinces romaines, s'étendait jusqu'au fond de la Médie et servait de tampon aux deux empires de Rome et des Parthes. N'ayant pas de préférence, faute de prince aborigène, ne ressentant d'ailleurs point pour le meurtre de Vononès cette indignation qu'aurait provoquée un affront au chef de la famille, ils ne donnèrent pas grand tracas à Germanicus. Ils lui demandaient pour roi Zénon, fils de Polémon, roi du Pont. Ce personnage leur convenait parce que dès sa jeunesse il avait vécu conformément à leurs usages, se livrant à la chasse, donnant d'énormes festins, parlant et agissant selon les goûts des barbares. On le voit, l'hellénisme, soit d'importation directe, soit représenté par la civilisation romaine, n'avait pas encore réussi à pénétrer les Arméniens plus que les Parthes. Germanicus crut sage de céder à ce vœu. Il vint à Artaxata pour couronner Zénon, auxquels les nobles rendirent hommage en lui donnant le titre d'Artachès II. Le règne de cet étranger dura de 19 à 34. Bien qu'il n'y eût là, semble-t-il, qu'une négociation sans aucun fait d'armes, le Sénat décréta que Germanicus conjointement avec Drusus entreraient dans Rome en triomphateurs ; mais le premier fut empoisonné en traversant la Cilicie (²).

Les Parthes ne devaient pas supporter volontiers que leurs ambitions fussent ainsi déçues. A la mort de Zénon, ils imposèrent à l'Arménie leur prince royal Archag, que son père Artaban intronisa de force (³). Tibère ferma les yeux, et Artaban s'enhardit jusqu'à envahir la Cappadoce. Rome voulant éviter une nouvelle expédition maintenant que le danger n'était plus apparent comme la dernière fois où il s'agissait seulement des Arméniens, mais réel puisqu'on avait à lutter contre les Parthes, se tira d'affaire par une de ces habiletés politiques qui l'ont souvent aussi bien servie que des victoires : Tibère trouva le moyen d'enflammer l'ambition des Géorgiens. Leur roi Pharsman, croyant pouvoir compter, à l'occasion, sur l'appui de Rome, saisit avec empressement cette occasion de s'agrandir. Son frère Mithridate fut

---

¹) Tacite, *Annales*, II, 56.

²) Suétone, *Vie des XII Césars*, Caligula, 1.

³) Dion Cassius, XVIII, 26.

installé sur le trône d'Arménie. Cette intrigue eut le résultat désiré : Artaban dut accourir au secours de son fils et abandonner la Cappadoce. Il avait cru pouvoir profiter de ce que Tibère était vieux pour accomplir ses desseins ; c'était compter sans la diplomatie dans laquelle les Romains étaient passés maîtres. Il avait cru les obliger par son expédition à lui attribuer les trésors de Vononès, réclamés par ses légats en Syrie et en Cilicie (1). Peine perdue ! Il réussit bien à rétablir Archag sur le trône, mais Rome avait si habilement engagé la partie qu'elle persuada Pharsman d'entreprendre une guerre pour le renverser à jamais.

Alors se déroule une série de ces épisodes tout à fait caractéristiques de l'histoire des diverses nations orientales. Mithridate aide son père à trouver dans la cour d'Archag des traîtres qui l'assassinent ; les Géorgiens prennent Artaxata : Artaban envoie son autre fils Orodès pour venger la victime, et tout le pays est en feu. Les Parthes avaient recruté quantité de mercenaires. Pharsman entraîne les Albanes à sa suite et enrôle des Sarmates. Ces derniers, comme d'habitude, se vendaient au plus offrant : partie aux Parthes, partie aux Géorgiens. Grâce à la barrière du Caucase, il fut facile de laisser passer les amis qui venaient grossir l'armée géorgienne et d'empêcher les autres de joindre l'armée parthe. A la première revint ainsi l'avantage du nombre (2). Sans attendre que l'adversaire soit prêt, Pharsman provoque Orodès : il attaque son camp, enlève ses fourrages, l'assiège à plusieurs reprises. Les Parthes veulent forcer leur chef à combattre : ils étaient bien montés en cavalerie, mais l'infanterie géorgienne était supérieure, car les Géorgiens et les Albanes, montagnards et forestiers, étaient endurcis au travail et très résistants. Une fois terminés ses préparatifs, Orodès se vante de ses titres : il descend des grands rois arsacides, tandis que les Géorgiens sont de vulgaires inconnus, qui n'ont pas honte de livrer bataille avec des mercenaires. C'était une façon de déguiser son dépit d'en avoir moins. Pharsman réplique avec fierté qu'il n'est pas comme les Arméniens sous le joug des Parthes : plus la bataille sera rude, plus il aura de gloire, et ses adversaires de honte ; il avait revêtu ses soldats d'armures en fer, et l'ennemi reluisait de cuirasses dorées : on verra bien de quel côté est le courage ! (3) De fait, les Albanes et les Géorgiens commencent par jeter la confusion dans

---

1) Tacite, *Annales*, VI, 31.
2) Tacite, *ibid.*, VI, 33.
3) Tacite, *ibid.*, VI, 34.

la cavalerie et l'infanterie parthes avec leurs flèches à longue portée. Puis, les deux rois se rencontrent. Pharsman assène un coup terrible à Orodès, qui, protégé par son casque, réussit à s'évader avec le secours de sa garde du corps. Mais le bruit se répand aussitôt qu'il est tombé : Parthes alors de s'enfuir(1). Artaban s'élance de sa dédaigneuse retraite et compte bien venger Orodès dans une nouvelle bataille ; il est battu par les Albanes. Sans se décourager, il veut encore rentrer en Arménie : il y renonce, Vitellius ayant fait répandre le bruit qu'il s'apprêtait à envahir la Mésopotamie (2).

Voilà donc Mithridate le Géorgien installé sur le trône d'Arménie. Il y resta de 39 à 52, mais avec un interrègne : sous le règne de Caligula (37-41), il fut mandé par-devant Caïus César. On l'appelait à Rome, lui aussi, par crainte des Parthes, qui ne consentaient pas à le tolérer, et qui, l'ayant fait éloigner, s'empressent de le remplacer par un certain Démonaque : personnage bien choisi, n'étant pas indigène et portant seulement le titre de gouverneur, comme pour affirmer une bonne fois que l'Arménie n'était plus vassale de Rome, mais des Parthes. Rome ne pouvait admettre une telle solution. Le successeur de Caligula, l'empereur Claude (41-53), rétablit Mithridate, espérant que son père Pharsman le soutiendrait, sur une lettre que le roi géorgien lui avait écrite pour l'avertir que les Parthes se disputaient entre eux au sujet de l'élection d'un nouveau roi : dans cette missive, il se disait prêt à profiter de l'occurrence (3). Donc, une armée romaine est mise à la disposition de Mithridate, qui l'emploie à réduire les forteresses, tandis qu'avec les troupes géorgiennes il ravage les campagnes. Il faut croire que les Arméniens préféraient encore le sceptre des Parthes à celui des Géorgiens, car ils faisaient cause commune avec Démonaque, et c'est pour le soutenir qu'ils affrontent leur ancien roi, fils de Pharsman ; ils sont d'ailleurs repoussés, comme d'habitude, par les légions. Un certain Cotius, roi de la Petite-Arménie, avait cru devoir les soutenir et croyait aussi de son intérêt de prolonger la lutte contre l'envahissement des Géorgiens. Mais, vassal de Rome, il est obligé de se retirer, sur une lettre comminatoire de Claude. Aussi Mithridate réussit-il à soumettre toute l'Arménie et à remonter sur le trône (4).

Sous le règne de Claude, les Arméniens, non par infidélité, mais

---

1) Tacite, *Annales*, VI, 35.
2) Tacite, *ibid.*, VI, 36.
3) Tacite, *ibid.*, XI, 8.
4) Tacite, *ibid.*, XI, 9.

grâce aux intrigues d'un ambitieux, durent soutenir contre les Géorgiens une guerre qui entraîna aussi un nouveau démêlé entre Rome et les Parthes. Ces derniers avaient pour roi Vologèse, dont il ne nous importe pas de connaître les faits et gestes à cette époque, car ils n'ont eu alors aucun rapport direct avec les destinées de l'Arménie. Voici les évènements dont celle-ci était le théâtre. Comme Pharsman se faisait vieux, il craignait d'être assassiné par son fils Radamizd, jeune homme ardent et impatient de porter la couronne. Il jugea préférable de détourner l'attention de cet ambitieux sans scrupule sur son oncle Mithridate. Sans doute il ne lui conseillait pas de l'attaquer ouvertement et sans raison, mais de créer d'abord un prétexte par ses stratagèmes. Bonne idée ! Voilà Radamizd qui s'en va voir Mithridate et lui demande la protection que l'on ne peut refuser à un neveu, en lui faisant croire qu'il est brouillé avec son père et qu'il ne saurait le revoir, tant que leur querelle ne serait pas éteinte. Bien reçu, il noue des intrigues autour de son hôte([1]). Quand il s'est ainsi assuré des partisans pour préparer sa rentrée en scène, il se dit réconcilié avec son père et va le rejoindre. Celui-ci, tremblant de voir de nouveau l'épée suspendue sur sa tête s'il ne satisfait pas les espérances qu'il avait fait naître, consent à chercher une mauvaise querelle à ce frère placé par ses armes sur le trône d'Arménie. La guerre est déclarée. Radamizd attaque Mithridate et le met en déroute. Il ne restait au vaincu que ses forteresses : il se réfugie dans celle de Khorniz (peut-être Garni, près d'Erivân), que vient défendre vigoureusement un capitaine romain, Cælius Pollion, aidé par le centurion Casperius. La situation était bonne : malhabile aux sièges comme tous ces barbares, Radamizd perd beaucoup de monde en donnant l'assaut. Comprenant qu'il ne pourrait enlever la place de force, il tente alors de la gagner par la corruption. Casperius supplie Pollion de ne pas vendre à l'ennemi un roi protégé par Rome ; Pollion se défait de l'importun conseiller en l'envoyant près de Pharsman pour le prier d'interrompre la guerre. Libre d'agir à son gré, il cherche à persuader Mithridate de se rendre ; ils n'étaient pas assez nombreux, ils ne pouvaient avoir confiance dans les Arméniens ; seule cette forteresse restait au roi, qui ne pourrait y tenir longtemps ; le plus sage était de capituler ; d'ailleurs, Radamizd était décidé à l'y contraindre. A la fin, Mithridate se résigne. Entre lui et l'assiégeant sont arrêtés le lieu et le temps où ils se verront pour les clauses de la reddition ([2]). Dès que Radamizd se trouve en pré-

[1]) Tacite, *Annales*, XII, 44.
[2]) Tacite, *ibid.*, XII, 45, 46.

sence de son oncle, il le prend dans ses bras, lui prodigue caresses et honneurs, l'appelle son frère et son père (il était en effet gendre en même temps que neveu de Mithridate), et jure de ne jamais attenter à sa vie ni par le fer ni par le poison. Puis il le mène dans la forêt pour sacrifier aux dieux. Il lui propose une alliance, et veut l'accomplir dans les formes les plus sacrées. Suivant l'usage des barbares dans ce cas, il fallait que les deux rois se liassent l'un à l'autre les pouces de la main droite, que chacun d'eux fît ensuite une incision au pouce de l'autre et en bût le sang. Un officier de Radamizd s'approche de Mithridate pour procéder à la cérémonie; avant de lui prendre le pouce, il se prosterne devant lui, sans doute sous couleur de lui rendre hommage; mais au lieu de l'adorer, il lui jette les bras autour des genoux et le renverse à terre. On l'enchaîne et on le charge sur une voiture. Radamizd tint son serment de ne tuer son captif ni par le fer ni par le poison : il le fit écraser; et pour étouffer les cris de ses enfants qui se lamentaient, il les fit égorger [1].

Quand parvint à Rome la nouvelle de ces faits et l'annonce de l'intronisation de Radamizd en Arménie, le sénat et l'empereur jugèrent préférable de ne pas intervenir, trouvant avantageux pour leur politique que les barbares de l'Asie employassent leur ardeur à s'entredévorer. Il fallait seulement sauver les formes. Rome prie donc Pharsman de bien vouloir rappeler son fils. Il n'en fait rien. On envoie une armée pour l'en persuader, sous le commandement de Julius Pelignus, qui se heurte aux barbares (lesquels ?) sans doute supérieurs en nombre, si bien qu'il est obligé d'implorer le secours de Radamizd, toujours roi d'Arménie. Le général tire le meilleur parti de la situation : il se fait héberger à la cour de cet usurpateur qu'il était venu remettre à sa place; il consent à le laisser tranquille, moyennant force subsides en argent; finalement il lui conseille de ne plus s'inquiéter de rien et de garder sa couronne. C'était pourtant une reculade trop contraire à la dignité romaine. Un agent plus énergique, Helvidius Priscus, est envoyé de Syrie. Il franchit le Taurus, il rétablit la paix en tout lieu par la persuasion; mais les Parthes l'obligent à rentrer en Syrie, où ils profitaient de son absence pour tenter le sort d'une nouvelle expédition [2].

Dès lors s'ouvre une période d'interminables compétitions pour la possession de l'Arménie. C'est, jusqu'à la conversion des Arméniens

---

[1] Tacite, *Annales*, XII, 47.
[2] Tacite, *ibid.*, XII, 48 et 49.

au christianisme, une lutte incessante entre les Parthes et les Romains, les premiers voulant dominer ce pays par la possession de son trône, les seconds décidés à ne supporter les rois parthes en cette place qu'à titre de vassaux, et finissant par comprendre que, dans l'impossibilité de les y contraindre, il n'y avait plus qu'à réduire l'Arménie en province romaine. Comme néanmoins Rome tombait dans l'anarchie quand elle prit cette décision, nous verrons qu'elle ne put l'imposer longtemps, et que sa faiblesse permit enfin à l'Arménie de reconquérir son indépendance, juste au moment qu'elle attendait pour se convertir au christianisme et que nous avons choisi pour terminer cette *Histoire*. Le récit des péripéties qui remplissent cette double guerre de vive force et de ruse entre les deux empires d'Orient et d'Occident n'est pas toujours palpitant d'intérêt ; mais on y trouvera nombre de détails caractéristiques qui permettront de décerner à chaque peuple le jugement qu'il mérite. Les célèbres noms romains qui remplissent cette période devront parfois céder un peu de leur gloire à leurs adversaires, soit que la victoire ne leur ait pas toujours été aussi favorable que le prétend la tradition, soit qu'ils aient triomphé sans coup férir, soit même qu'ils aient été temporairement écrasés ; mais la puissance de Rome revenait inlassablement soutenir ses prétentions, jusqu'au jour où elle sombra dans le chaos et sous les invasions germaniques. De leur côté, les Parthes ne montreront ni moins d'obstination à vouloir s'emparer du trône d'Arménie, ni plus d'ordre dans leur régime intérieur : ce seront leurs dissensions qui permettront finalement aux Romains de les expulser ; leurs prétendants ne feront pas, d'ailleurs, une fière figure d'usurpateurs farouches, mais s'appliqueront plutôt à mériter leur consécration par une soumission humiliée, quand ils auront vu que, malgré les défaites partielles infligées à l'ennemi latin, la bataille était toujours à recommencer. Ils ont été soumis par une démonstration de force morale, plus que par l'effet d'une vigueur physique. Quant aux Arméniens, on ne sait que penser de leur attitude. Tout esprit de patriotisme paraît éteint chez eux ; ils ne s'insurgent plus contre aucune insolence étrangère. Déjà nous les avons vus accepter passivement le joug des Géorgiens et assister en spectateurs indifférents à leurs intrigues basses ou sauvages pour avoir le droit de régner sur l'Arménie. Et voilà que maintenant ils laisseront les Parthes revêtir leur pourpre, attirer sur leurs montagnes les ravages de guerres répétées, accepter que les étrangers d'Occident leur imposent la loi, tout cela sans rien tenter pour rester maîtres chez eux, sans susciter un héritier légitime de la couronne de Tigrane qui balaye les étrangers, sans même refuser le service militaire, joint à l'agrément résigné, aux rois parthes qui prétendent les absorber. Nous croyons comprendre que cette abdication temporaire, enfin cessante quand le christianisme viendra rendre à l'Arménie une conscience nationale, s'explique par la constitution politique en tribus éparses et jalouses. Chaque plaine, chaque vallée, sur ce plateau à compartiments étanches, avait son chef qui n'aurait pas souffert l'élévation d'un voisin. Parmi tous ces princes également faibles, il est naturel que pas un ne s'éleva assez haut pour faire entendre un appel à l'intérêt général. Quand la nation ressuscitera, ce sera sous la domination d'étrangers depuis longtemps acceptés, assimilés grâce à cette remarquable faculté d'absorption qui fait des Arméniens l'un des peuples les plus composites de l'Asie, et qui lui a permis de devenir, par le fait même, l'un des plus complets et des plus résistants. Tout en paraissant abaissée au dernier degré de l'abdication, elle n'a cessé de prospérer obscurément par le développement des arts de la paix, si bien que nous la trouverons à la fin couverte de temples et de palais, riche de ses produits, enthousiaste d'idées neuves et prête à devenir le premier pays du monde qui ait accepté le christianisme comme religion d'Etat. Il faut, pour se rendre compte de cette évolution, suivre d'abord le détail des évènements tout extérieurs, puis nous arrêter au tableau des institutions et des mœurs que nous retracerons au chapitre suivant.

Vologèse, roi des Parthes, prétextant que ses ancêtres avaient dominé en Arménie (on a vu si cela est vrai) (1), voulut en reprendre possession. Il observait au surplus que le roi régnant en Arménie était un usurpateur : belle raison pour le devenir lui-même ! En conséquence il rassemble, un beau jour, ses armées pour remplacer cet intrus par son propre frère Tirid (nous disons Tiridate, et les Arméniens Drtad). Il avouait ne pouvoir souffrir qu'un membre de sa famille fût privé de la tiare ; il avait déjà intronisé son troisième frère Pakouros en Médie. A l'approche des Parthes, les Géorgiens s'enfuient. Artaxata, la capitale, et Tigranocerte, qui restait encore la première place du sud, font leur soumission. Cependant un hiver rigoureux, le manque de vivres et une malencontreuse épidémie obligent Vologèse à quitter

---

1) Il n'avait pas grande excuse, à prendre sa prétention au pied de la lettre, car un seul Parthe, Archag, avait régné peu de temps en Arménie, puis avait été mis à mort. Mais les Parthes avaient répandu une légende d'après laquelle leurs ancêtres perses auraient dominé sur l'Arménie ; cette légende était d'ailleurs sans fondement, en ce sens que les Parthes, usurpateurs de la couronne de Darius, n'en étaient nullement les héritiers légitimes.

l'Arménie conquise si aisément. Aussitôt Radamizd y entre plus furieux que jamais parce qu'il trouve le pays insurgé contre lui. Quoiqu'habitués à l'obéissance, observe Tacite, les Arméniens ne voulaient plus de lui et assiégeaient son palais. Radamizd est contraint de confier à la vitesse de son cheval sa propre personne et celle de sa femme Zénobie, qui était enceinte. Ne pouvant plus tenir en selle, la malheureuse supplie son époux de la sauver, ou de la tuer plutôt que de la laisser tomber aux mains de l'ennemi. Le roi fugitif l'embrasse, la console, mais elle se déclare incapable de continuer. Il tire son épée, la frappe, et la croyant morte la traîne à terre et la jette au fleuve pour que les Arméniens ne puissent pas la trouver. Zénobie survivait : le tourbillon de l'eau la rejette sur la rive. Des bergers la rencontrent, voient qu'elle respire encore ; ils la reconnaissent, pansent ses blessures ; ils l'emportent à Artaxata, où Tirid la reçoit avec tous les égards convenables et la fait traiter en reine sa vie durant([1]).

Cela se passait en l'an 53 ap. J.-C. Vologèse, qui ne croyait pas son frère bien affermi sur le trône d'Arménie, envahit de nouveau ce pays dans l'été de la même année ([2]). Néron, qui avait 17 ans, mais dont l'ambition commençait à poindre, ordonne de son chef, paraît-il, d'équiper les légions et de les expédier en Arménie. Agrippa et un roi en disponibilité, Antiochus, sont chargés de préparer ces soldats à jeter des ponts sur l'Euphrate en Mésopotamie pour permettre au Peuple Romain de venger l'insulte que les Parthes lui infligent en chassant son protégé Radamizd. Néron commence par mettre Aristobule à la tête de la Petite-Arménie et Sohemus en Sophène avec tout l'appareil royal, en rejetant le prétendant Vartàn, fils de Vologèse. Les Parthes sont obligés de céder les lieux, remettant la conquête à un temps plus propice ([3]).

C'est alors qu'entre en scène Domitius Corbulon, qui était en Syrie avec mission de surveiller les affaires d'Arménie ([4]). En Syrie même, il s'abouche avec un autre capitaine, Quadratus ([5]), et tous les deux commencent par essayer de la persuasion : ils envoient conseiller à Vologèse de préférer la paix à la guerre ; qu'il donne des otages aux Romains comme l'ont fait plusieurs fois ses aïeux. Enchanté de pou-

---

[1]) Tout ce récit est tiré de Tacite, *Annales*, XII, 50 et 51.
[2]) Tacite, *ibid.*, XIII, 6.
[3]) Tacite, *ibid.*, XIII, 7.
[4]) Tacite, *ibid.*, XIII, 8.
[5]) Tacite, *ibid.*, XIII, 9.

voir gagner du temps, le Parthe envoie comme otages divers personnages de sa cour dont il voulait se débarrasser.

La guerre éclata quand même. Guerre difficile, longue, finalement meurtrière. Vologèse ne voulait à aucun prix subir l'humiliation de voir son frère détrôné [1], et son orgueil se révoltait à la pensée qu'il dût recevoir l'investiture des Romains. Tout ce qui va se passer désormais semble ainsi un conflit de vanités : pourtant il est probable que, là comme ailleurs, il s'agissait de droits positifs : le suzerain, romain ou parthe, devait sans doute exiger un tribut, des contingents militaires, sans compter l'influence que sa position en Arménie lui permettrait d'exercer sur les pays voisins. Il y a d'ailleurs une large part à faire aux ambitions personnelles. L'historien latin nous avertit que Corbulon tenait à conquérir l'Arménie comme l'avaient fait Lucullus et Pompée [2]. Au sujet des Arméniens, qu'il dénonce au contraire comme faibles et indécis, il remarque qu'ils ne trouvaient d'autre parti à prendre que de se jeter alternativement entre les bras du plus fort, appelant sur leur pays tantôt le fléau des armées romaines, tantôt de celles des Parthes : gens peu habitués à la liberté, observe-t-il, plus portés à se soumettre qu'à compter sur eux-mêmes, et d'ailleurs plutôt sympathiques aux Parthes leurs voisins, avec lesquels ils étaient unis par de nombreux mariages.

Tirid fait preuve d'énergie à l'exemple de son frère : il réunit ses troupes arméniennes aux bataillons parthes de Vologèse, et s'apprête à soumettre par lui-même l'Arménie. Mais il n'est pas pour rien de la race qui savait si bien lancer des flèches en fuyant. Sa tactique consiste à brûler et détruire les villes restées fidèles aux Romains, puis à s'évader en refusant la bataille. Il se jetait çà et là, pour tout ravager, se faisant une réputation terrible qu'il ne méritait point par sa puissance réelle, nous assure l'historien [3]. En vain Corbulon s'efforce de l'obliger à lui livrer un combat. Ne pouvant y réussir, il se voit obligé de traquer l'adversaire insaisissable : il partage son armée en plusieurs fractions et donne l'ordre à ses officiers de faire la chasse à Tirid jusqu'à ce qu'ils l'aient saisi. En même temps, il envoie Antiochus occuper la Mésopotamie.

Sur ces entrefaites, les Géorgiens rentrent en scène. Le vieux

---

[1] On ne sait pas quand il avait réussi à placer Tirid sur le trône d'Arménie, mais celui-ci en est considéré comme possesseur depuis la première invasion.

[2] Tacite, *Annales*, XIII, 34.

[3] Tacite, *ibid.*, XIII, 37.

Pharsman avait dû mettre à mort son fils Radamizd, qui n'étant plus occupé, conspirait contre lui ; il débordait de colère contre les Arméniens, cause indirecte du crime de ce jeune turbulent. Les Géorgiens et les Insikiens (sans doute habitants du Caucase), qui étaient les plus anciens alliés de Rome, sont donc appelés par elle à la rescousse. Comme les Insikiens étaient rompus aux secrets et aux difficultés de la montagne, voilà trouvés d'excellents guides pour se diriger en Arménie. Toutes ces combinaisons obligent Tirid à réfléchir : il envoie aux Romains une mission conciliatrice de sa part et de celle des Parthes. Il s'étonne de se voir ainsi pourchassé : Nous avons, dit-il, livré tant d'otages, nous avons renouvelé notre pacte d'amitié ; pourquoi Rome refuse-t-elle de nous reconnaître, pourquoi me nie-t-elle mon droit de régner sur l'Arménie, qui est mon héritage ? Puisque Vologèse n'intervient pas dans la querelle, il n'y a pas rébellion des Parthes. La justice veut que les Romains accordent l'Arménie à son frère. Du reste, s'ils persistent à s'y refuser, les Arsacides ne manquent pas de courage, ils ont déjà infligé de grandes pertes aux Romains... Corbulon ne pouvait se laisser tromper à ce langage. Il savait Vologèse occupé avec les Hyrcaniens (au sud de la mer Caspienne ou Hyrcanienne ; les Arméniens les appelaient Vergàn, puis Gourgàn). Ne voulant pas cependant pousser les choses à l'extrême, le général, devenu par son habileté maître de la situation, conseille à Tirid de solliciter l'investiture de César. C'était le seul moyen qui lui apparût d'obtenir le trône sans effusion de sang. Il l'avertissait que dans les circonstances présentes c'était une chimère de compter sur le secours de Vologèse ; n'était-il pas sage de chasser des espérances décevantes et plus juste de reconnaître la souveraineté de l'empereur ? (¹)

Comme il était difficile de s'entendre par le moyen d'intermédiaires, Corbulon convoque Tirid à une conférence. Celui-ci émet la prétention de se présenter avec 4.000 cavaliers, mais il n'ose fixer le nombre de ceux qui accompagneraient son partenaire ; il fait mieux, il pose comme condition que la garde romaine se présenterait sans cuirasse. La ruse était trop flagrante. Avec de pareilles dispositions d'esprit, l'aventure menaçait de tourner au tragique. Les légionnaires comprennent de suite qu'ils ont affaire à des traîtres. Corbulon, qui déjà s'était acquis de l'expérience à voir manœuvrer les barbares, discerne bien que si même son escorte est plus nombreuse, elle ne pourra se défendre contre un ennemi habile à manier la lance. Sans paraître

---

¹) Tacite, *Annales*, XIII, 37.

néanmoins avoir deviné, il déclare que l'on devra s'expliquer en présence des deux armées entières, car il s'agissait de questions intéressant tout le monde. Soit! ce sera donc au plus habile à tâcher de tromper l'autre. Le Romain prend les devants, va se poster sur une colline entourée d'une plaine, de façon que son infanterie domine la situation, tandis que sa cavalerie peut se déployer librement aux alentours. Au jour convenu, il y est le premier. Il divise son armée en deux ailes encadrant un centre de six légions, auquel il ajoute 3,000 hommes de la troisième légion. C'était dans la nuit qu'il avait formé ce corps de résistance. Il l'avait mis sous l'égide d'un seul drapeau pour faire croire qu'il n'y avait là qu'une légion plus ou moins renforcée. Toute la journée se passe à attendre. Tirid n'arrive que le soir : il prend position assez loin pour qu'on puisse le voir sans l'entendre. Rien à faire en face d'une telle défiance. Corbulon fait rentrer ses troupes dans les retranchements([1]). Défiance sans doute exagérée : le preux Romain ne pouvait avoir que l'intention de parer à toute éventualité ; Tirid n'en croyait pas moins discerner dans ces préparatifs un stratagème pour l'attaquer traîtreusement : il s'éloigne. D'autres, il est vrai, attribuent sa retraite au désir de capturer une caravane qui apportait des vivres de Trébizonde([2]) pour l'armée romaine. En tous cas, il n'y réussit pas, le convoi ayant passé par des chemins de montagnes que gardaient les Romains. Corbulon, ne voulant pas prolonger la guerre, cherche à en finir une bonne fois. Il ne trouve rien de mieux que d'emprunter à l'ennemi sa propre tactique : il attaque les forts et les détruit pour obliger les Arméniens à se défendre. La plus importante de ces places était Volând([3]) : il va de sa personne en faire le siège. Il charge de réduire les autres son lieutenant Cornélius Flaccus et le capitaine de camp Insteius Capitonus. Lui-même, ayant disposé ses troupes et préparé les machines, se lance à l'assaut. L'appareil perfectionné dont disposaient les Romains leur assure la victoire dès le premier jour : la sape, les béliers, les boulets de plomb font tomber devant eux un pan de muraille ; à l'abri de leurs boucliers imbriqués en écailles de tortue, ils n'ont presque rien à souffrir, d'autant que le général avait eu soin de couper les communications pour prévenir tout secours extérieur ; les échelles, les torches, les lances permettent enfin d'accéder par la brèche. Le soir même la place était envahie, les défenseurs armés

---

[1]) Tacite, *Annales*, XIII, 38.
[2]) On remarquera que ce port était donc entré depuis peu en pleine activité.
[3]) L'histoire arménienne ultérieure connaît Wolagân, dans le Tarôn, sur l'Arsanias.

passés au fil de l'épée, et les habitants sans défense capturés pour être vendus comme esclaves. Le butin est distribué aux soldats. Les deux autres chefs prennent aussi deux forts le même jour. Ce que voyant, le reste des garnisons arméniennes s'empressent de rendre leurs places. N'ayant plus rien à craindre, Corbulon marche sur Artaxata. Il n'avait pas pris le chemin direct, afin d'éviter de passer par le pont qui donnait accès à la ville en traversant l'Araxe : car l'ennemi aurait pu lui barrer ce passage ; il passe le fleuve à gué, tout près des murs de la ville ([1]). Voilà notre Tirid fort anxieux. Il avait honte, il avait peur : s'il laisse assiéger sa capitale, ce sera un signe de sa faiblesse ; s'il résiste, il s'expose à une défaite complète. Il fallait pourtant se décider à une sortie. De nuit, il prend la campagne, et fait ses préparatifs pour harceler l'ennemi. Toute la journée, il le harcèle, vole autour des légions en bourdonnant et sans leur causer, paraît-il, d'autre dommage que de tuer un décurion ([2]). Corbulon établit son camp dans la plaine et y dépose tous ses bagages pour entreprendre le siège. Il croyait devoir employer tous ses moyens, s'imaginant que Tirid avait dans la cité une très forte position. Subitement, ses espions lui annoncent que Tirid s'est enfui ; on ne savait trop si c'était en Médie ou chez les Albanes. A merveille ! Le matin suivant, ordre est donné de pousser le siège avec vigueur. Abandonnés de leur chef, se voyant exposés aux rigueurs d'un homme décidé, les opulents citadins préfèrent ouvrir leurs portes et se rendre en offrant leurs biens au vainqueur pour tâcher de sauver leurs vies. De fait, ils furent épargnés, mais la ville fut détruite de fond en comble. Elle était grande ; on se rendit compte que les légions n'étaient pas assez nombreuses pour la défendre tout en continuant la guerre à l'extérieur ; si on la laissait subsister sans garnison suffisante, c'était s'exposer à perdre la gloire et le profit. Du reste, un signe céleste avait manifesté la volonté des dieux que la ville fût brûlée : sans ironie, cette fois, l'impitoyable Tacite raconte qu'on avait vu la ville plongée dans l'obscurité, tandis qu'une lumière éclatante brillait au-dessus. A l'occasion de cette victoire, Néron fut émancipé, proclamé César, et le Peuple Romain offrit un grand sacrifice à ses dieux, en l'an 64 ([3]).

Voulant profiter de la frayeur des Arméniens, Corbulon décide de réduire la capitale méridionale, Tigranocertes, au même sort qu'Ar-

---

[1] Tacite, *Annales*, XIII, 39.
[2] Tacite, *ibid.*, XIII, 40.
[3] Tacite, *ibid.*, XIII, 41.

taxata. Il part avec les plus grandes précautions, car il connaissait maintenant les mœurs de cette nation qui ne méritait, dit l'historien, aucune confiance. Une partie de la population accourt sur son passage et implore sa pitié : il lui pardonne, ne voulant pas provoquer d'insurrection sur ses derrières. Mais d'autres indigènes s'enfuient, se cachent dans les grottes et les souterrains des montagnes avec ce qu'ils ont de plus précieux : ceux-là, il les fait traquer comme des bêtes fauves ; ses soldats accumulent du bois sec à l'ouverture des cavernes et les fuyards sont brûlés vifs. Seuls les Mardes résistent quand l'armée passe entre les lacs de Van et d'Ourmiah : habitués à vivre de pillage, protégés par leurs monts abrupts, ils causent de grands ennuis aux Romains. Ceux-ci envoient contre eux un corps de Géorgiens. Voilà de sage besogne, approuve le narrateur : pour punir des sauvages rebelles, ne valait-il pas mieux verser le sang étranger que le sang romain ? [1] D'ailleurs, les légions que cette guerre prudente ne décimait pas souffraient grandement de la fatigue et de la faim. On ne pouvait emporter comme vivres que des langues de bœuf. Pas d'eau potable ; un été très chaud ; des marches trop longues sur un sol rocheux et sans routes. Enfin on arrive dans un endroit fort bien cultivé. On y campe, on y moissonne les blés mûrs. Ainsi approvisionnés de farine, les Romains se sentent repris d'ardeur : ils enlèvent au passage les deux forts d'où les Arméniens prétendaient leur barrer la route. Un troisième est assiégé, mais le silence du chroniqueur sur le succès de l'opération fait croire qu'il ne fut pas pris. Enfin on atteint le Taurus oriental. Là, Corbulon ne dut son salut qu'à sa bonne fortune : près de sa tente on avait saisi un homme armé qui n'était pas du bas peuple. On le met à la torture, il avoue être le chef d'un complot destiné à tuer Corbulon ; il nomme ses complices, qui sont pris et suppliciés. Bientôt une délégation de Tigranocerte arrive pour annoncer au conquérant que les portes de la ville lui seront ouvertes et que ses habitants sont prêts à faire leur soumission. En signe d'hommage elle apportait une couronne d'or. Corbulon reçoit cette ambassade avec grand honneur, et en entrant dans la seconde capitale il se considère comme un hôte, il n'y fait aucun butin [2]. Seul le château royal où la jeunesse était rassemblée ne se rendit pas sans une défense énergique : cette vaillante et folle équipée ne pouvait aboutir à rien, parce que le général romain était libre de ses mouvements. Rangés devant la citadelle, les jeunes

---

[1] Tacite, *Annales*, XIV, 23.
[2] Tacite. *ibid.*, XIV, 24.

patriotes sont d'abord obligés de gagner les retranchements qu'ils avaient établis au pied des murs ; ils y sont ensuite forcés, puis complètement battus. Or, de l'aveu de Tacite, ce succès eut pour cause l'abstention des Parthes : ils étaient retenus par les Hyrcaniens, qui, ayant sollicité l'amitié de César, ne trouvaient rien de mieux pour l'obtenir que d'empêcher Vologèse de secourir Tigranocerte, afin de permettre à Corbulon de soumettre l'Arménie ([1]).

Toutefois, ils n'avaient pu empêcher Tirid de rentrer dans le pays dont il prétendait être le roi en traversant la Médie, où son frère dominait. Corbulon n'en avait donc pas fini. Il confie une armée à son lieutenant Vérulanus pour prendre les devants, et lui-même le suit à la tête de ses légions. La campagne ne fut pas longue : bientôt Tirid est obligé de s'enfuir désespéré. Les habitants qui prétendent lui résister et aider leur roi sont massacrés sans pitié. On devait donc considérer Tirid comme détrôné, ce qui était un mauvais calcul, ainsi que la suite le montrera. En attendant, Néron juge à propos de le remplacer par un autre prétendant : il dépêche en Arménie, à titre de roi, un certain Tigrane, otage de la famille royale de Cappadoce et fils d'Archélaüs. Ce Tigrane, longtemps réduit à une condition quasi servile, était tombé, à Rome, dans un état de dégradation qui le rendait odieux aux populations dont on voulait le rendre maître. Aussi ne fut-il pas bien reçu partout ; un parti arménien tenait à obtenir un souverain arsacide. Cependant la plupart des princes de ce peuple, résigné à toutes les abdications pourvu qu'il lui fût permis de vaquer en paix à ses affaires, décidèrent d'accepter le serviteur de César, étant d'ailleurs outrés du régime parthe qui attirait sur leur sol des guerres incessantes. Par suite de cette incertitude on fut obligé de prêter main forte au nouveau roi : il arriva avec 1,000 légionnaires, trois corps de lanciers et deux bataillons de cavalerie. En vue de protéger les provinces limitrophes de la Géorgie, on les avait décernées à Pharsman. Pour une raison semblable, on avait attribué la Petite-Arménie à Polémon, roi du Pont, la Cappadoce à Aristobule, la Sophène à Antiochus de Syrie. Se jugeant ainsi maître de la situation, Corbulon rentra en Syrie ([2]).

Le coup était formidable. Pour disposer ainsi en maîtresse d'un pays étranger et pour ne tenir aucun compte de l'empire parthe, encore redoutable, qui le lui disputait, il fallait que la politique romaine

---

[1] Tacite, *Annales*, XIV, 25.
[2] Tacite, *ibid.*, XIV, 26.

fût admirablement renseignée sur la lâcheté de ses adversaires. Voyant ce que Corbulon avait fait, Vologèse entre d'abord en fureur. Quoi ! un étranger, ce Tigrane de Cappadoce, était mis sur le trône d'Arménie à la place de son propre frère Tirid ! Bientôt cette belle indignation fait place à la sagesse. Il songe à la puissance des Romains qui portent si loin des coups si redoutables. D'ailleurs, il était leur allié depuis longtemps. D'autre part, les Hyrcaniens l'entravent. Pendant qu'il débattait ainsi le double problème de sa gloire et de son intérêt, soudain il apprend que Tigrane a pénétré dans l'Adiabène et qu'il s'y livre au pillage. Les princes de ce pays protestaient par-devant lui, demandant à qui maintenant il fallait recourir contre les entreprises de Rome, contre ce Tigrane, cet enfant, cet otage, cet esclave qu'elle envoyait comme un bandit ? Le principal interprète de ces plaintes des Adiabéniens était Monobaze. Il dit à Vologèse avec une exagération intentionnelle : Allons-nous sacrifier, après l'Adiabène, les autres provinces qui appartiennent aux Parthes ? S'ils sont les maîtres, qu'ils nous défendent ! Du reste, Tirid est déchu du trône : il errait en réfugié. Et puis, le roi branle lui-même sur son trône ; les monarchies ne se tiennent pas par l'abdication de leurs droits. Quelle lâcheté de laisser libre champ à l'étranger ! Il faut courir aux armes. Le droit a toujours été du côté du plus fort. Pour un roi, ne pas faire de progrès, c'est reculer ; il ne doit pas lui suffire de conserver ses possessions, il est obligé de conquérir pour sa gloire... (1)

Bien parlé ! Vologèse tient conseil, et il fait siéger Tirid près de lui : il lui tient un beau discours et le couronne. L'effet suit la résolution : il rassemble une armée dont il confie le commandement au général Monèse et à laquelle il joint les levées d'Arménie. Il fait la paix avec les Hyrcaniens. Fort des contingents nouveaux que cette trêve lui procure, il concentre toutes ses troupes et s'en va sur la frontière arménienne (2).

Voilà donc enfin un semblant de réveil national dans ce pays ballotté entre les compétitions des deux empires ! L'Arménie, jugeant trop lourd le joug des Parthes voisins, a fait appel à l'aide de Rome, dont la domination lui paraît plus supportable parce qu'elle est plus lointaine : toutefois, elle ne songe pas plus encore à compter sur elle-même, il lui faut toujours un patron étranger. Corbulon ne se fait pas prier. Il envoie deux légions sous les ordres de Vérulanus Sévère et

---

1) Tacite, *Annales*, XV, 1.
2) Tacite, *ibid.*, XV, 2.

d'un autre lieutenant, leur donnant pour instructions d'agir avec prudence et d'éviter la bataille si possible. Ces deux officiers ne lui inspirent pas une confiance suffisante : il demande un chef à Néron, ne pouvant lui-même quitter la Syrie. En attendant cet inconnu sur lequel il semble vouloir décharger sa responsabilité, il ne perd pas de temps, il prépare tout pour le succès, il expédie ses légions sur l'Euphrate, et il arme les Mésopotamiens pour la défense (¹).

Monèse jette aussitôt ses Parthes sur l'Arménie. Tigrane, ce jeune freluquet, avait pourtant pris de bonnes leçons à Rome : il était prêt. Il avait enrégimenté ses Arméniens et déjà occupé Tigranocerte. Excellente disposition qui lui permettait de joindre ses efforts à ceux des légions romaines arrivées de Syrie et qui déjà garnissaient fortement la place. Celle-ci, fortifiée encore depuis les derniers évènements et redevenue peut-être aussi redoutable qu'au temps de Tigrane le Grand, se présentait ceinte de hautes murailles et entourée de la rivière Niképhore (²). Sur les rives on avait creusé des retranchements ; la place regorgeait de soldats romains. Ainsi toutes les dispositions étaient bien prises pour la défense. Elles ne l'étaient pas aussi bien pour l'attaque : les Parthes n'étaient guère versés dans l'art des sièges. Ils commencent par jeter des flèches de loin, en voltigeurs habitués aux fuites défensives dans les plaines. Autant vaudrait attaquer une montagne avec des cailloux ! Les Adiabéniens, plus familiarisés avec les forteresses, approchent des échelles et autres machines pour escalader les murs. Ils sont repoussés à grand'perte (³).

Corbulon, l'homme de la prudence quand il la jugeait utile, quitte à se montrer implacable en face de la résistance. Corbulon dont le nom pourrait résumer toute la politique romaine, reste impassible en Syrie sur son siège de préfet, tant qu'il ne voit pas le danger imminent. Il expédie des émissaires à Vologèse avec une protestation. Pourquoi les Parthes se sont-ils mis en tête d'attaquer une province romaine et de s'opposer à l'intronisation d'un roi allié de Rome ? Si les Parthes ne veulent pas renoncer au siège de Tigranocerte, il envahira leur terri-

---

¹) Tacite, *Annales*, XV, 3.

²) Ce nom ne peut, malheureusement, nous fournir aucune indication sur l'emplacement de Tigranocerte. Tant d'autres cours d'eau ont reçu, pour une année, la désignation de « rivière qui roule la victoire ». On conjecture qu'il s'agit ici d'un affluent de l'Euphrate, prenant sa source près du Tigre, dans les contreforts du Masios aux environs de Mardîn.

³) Tacite, *ibid.*, XV, 4.

toire !... Le messager était le centurion Caspérius. Il trouva Vologèse à Nisibis, qui était à 37 milles de Tigranocerte (dans quelle direction?). Vologèse, depuis si longtemps qu'il faisait la guerre, juge du premier coup d'œil la position imprenable. Tigrane y était fortement retranché, ne manquant ni de vivres, ni de munitions ; les légions entraient dans la Mésopotamie ; Vologèse n'avait qu'une cavalerie exténuée, qui ne trouvait plus de fourrage, les sauterelles ayant tout mangé. Il en est réduit à dissimuler son effroi en envoyant un message à César pour le supplier de lui accorder la paix et à son frère d'Arménie. Il ordonne en même temps à Monèse de lever le siège et de réintégrer ses foyers([1]). C'était la décision de la sagesse même. Les deux partis s'en montrèrent satisfaits([2]). Ils attendent que les envoyés de Vologèse reviennent de Rome. Mais ils ne rapportent qu'un insuccès. César et le sénat, impatientés de ces continuelles insubordinations, avaient résolu d'en finir en portant un grand coup : on avait nommé chef des opérations militaires qui devaient réduire une bonne fois les Parthes et les Arméniens, un homme que l'on désirait couvrir de gloire, probablement un stratégiste en chambre, qui ne connaissait rien à l'Orient, peut-être un simple intrigant de la cour, Cesennius Pétus([3]).

Par malheur, ce Pétus était un maladroit, que Néron devait finalement traiter de lâche. Le voilà, tout infatué de sa mission, qui franchit le Taurus pour tomber sur la fameuse Tigranocerte([4]). Mais, loin de l'enlever, comme il le pensait, en un tour de main, il est défait sous ses murs par Vologèse. Il s'enfuit par le Taurus, se croyant en sûreté derrière les gorges de la montagne où il avait posté des garnisons. Celles-ci sont pourtant décimées par l'ennemi qui le poursuit([5]). Au lieu de lui faire face, il s'amuse à enlever des châteaux-forts. A quoi bon ? Cet homme n'avait pas d'esprit de suite : il frappait à tort et à travers et ne savait pas garder ses conquêtes ; il gaspillait ses provisions, si bien qu'à l'approche de l'hiver il était déjà incapable de continuer. Néanmoins, il écrit à César que la partie est gagnée, et ne néglige pas cette occasion de se décerner à lui-même de superbes éloges ([6]).

Quoique son collègue occupât les Parthes en Arménie, Corbulon,

---

[1] Tacite, *Annales*, XV, 5.
[2] Tacite, *ibid.*, XV, 6.
[3] Tacite, *ibid.*, XV, 7.
[4] Tacite, *ibid.*, XV, 8.
[5] Dion Cassius, LXII, 19-23.
[6] Tacite, *ibid.*, XV, 8.

plus expérimenté, jugeait bien que leur puissance n'était pas abattue en Mésopotamie. Il les voyait battre la rive de l'Euphrate pour se préparer à l'attaquer en Syrie s'il ne prenait les devants. Il jugeait nécessaire de tenter un sérieux effort pour les repousser aussi loin que possible, et voulait au moins se rendre maître des deux rives du fleuve. Comme il les trouve décidés à lui barrer le passage, il construit de grands radeaux, sur lesquels il élève des tours défendues par des balistes pour écarter l'assaillant, dont les flèches ne peuvent l'atteindre. Ainsi l'ennemi est repoussé de la rive opposée, sur laquelle Corbulon se fortifie : et les Parthes se rendent avec toutes leurs forces en Arménie(¹). A leur approche, Pétus, engagé au fond du haut plateau, devient fort inquiet. Il a d'abord le dessous en diverses escarmouches d'avant-garde. Alors il voit nettement qu'une partie suprême va s'engager. Il enferme sa femme et ses enfants, venus avec lui sans doute pour assister au spectacle certain de son triomphe, dans la forteresse d'Arshamoshata (près de Kharpout), il envoie de la cavalerie garder une passe que Vologèse devait franchir, il fait sillonner le pays par ses troupes. Corbulon restait coi : il ne voulait pas aider un collègue, de peur de partager la gloire avec lui(²). Vologèse force le passage, l'armée romaine est taillée en pièces. Pétus perd la tête : négligeant toute mesure de défense, il envoie supplier Corbulon de venir au secours pour sauver les aigles(³). Celui-ci, enchanté de voir réussir son honteux calcul, accourt avec une partie de ses troupes de Syrie en traversant la Comagène. Il rencontre des légionnaires en fuite : il les fait rentrer sous ses drapeaux en leur promettant le pardon de leur chef. Indignés, les siens se hâtent d'aller venger leurs frères(⁴). Vologèse attaque, en attendant, une forteresse occupée par son ennemi et les retranchements où le gros de l'armée s'était retiré. Pétus se voit perdu : il envoie sous forme de reproches au Parthe une véritable proposition de paix(⁵). A quoi Vologèse répond qu'il attend ses deux frères Pakouros et Tirid, et que d'après leur conseil il fixera le sort des Romains. Sur une nouvelle instance pour prolonger les pourparlers, Vologèse en charge son général de cavalerie Vassak : à celui-là, Pétus rappelle le souvenir de Lucullus et de Pompée : il affirme, ce

---

[1] Tacite, *Annales*, XV, 9.
[2] Tacite, *ibid.*, XV, 10.
[3] Tacite, *ibid.*, XV, 11.
[4] Tacite, *ibid.*, XV, 12.
[5] Tacite, *ibid.*, XV, 13.

qui n'était pas de tout point exact, que la politique romaine avait toujours consisté à rendre l'Arménie aux Parthes. Pourquoi donc voulaient-ils l'expulser? Sur quoi Vassak réplique en posant fort bien la question : Rome a pu parfois prendre et rendre l'Arménie, mais nous n'avons cure de ses prétentions, c'est nous qui en sommes les vrais maîtres. On décide de s'en remettre à un arbitre : Monobaze d'Adiabène, choisi par le vainqueur, déclare que les Romains doivent sortir de l'Arménie indemnes, mais en abandonnant les forteresses et les magasins de vivres, et en donnant à Vologèse le temps d'envoyer une ambassade à Néron [1]. Ainsi, quoique ayant les légions à sa merci, le barbare sentait bien que c'eût été compromettre l'avenir que de les exterminer. Pourtant, il ne put se retenir de goûter la satisfaction de les humilier et même de les molester au point de mériter des représailles. D'abord, voulant profiter de la présence des Romains habiles aux travaux d'art, il avait aussi posé comme condition qu'ils construiraient un pont sur l'Arsanias qui coulait près de leur camp. Bien que la nécessité n'en fût pas évidente en cet endroit, les Parthes pouvant fort bien franchir le fleuve, Pétus dut se résigner à faire exécuter ce travail, signe que son armée était à la merci de l'adversaire. De fait, quand les légionnaires sortaient de leur camp, les Parthes les insultaient, les pillaient; beaucoup même furent tués. Pétus souffrait tout en silence, n'osant pas recommencer la guerre. Vologèse, ayant fait ramasser leurs armes et leurs cadavres, témoigne une pitié révoltante à la vue de l'état misérable où se trouvaient les légions. Il franchit le pont sur son éléphant, escorté de sa garde à cheval [2]. Il découvre que les Romains avaient laissé de nombreux magasins de vivres, si bien que ne sachant qu'en faire il dut les brûler : ce n'était donc pas le manque de provisions, allégué faussement par Pétus, qui pouvait excuser sa capitulation. D'autre part, Corbulon lui avait fait savoir qu'il arriverait à temps pour le sauver s'il tenait encore trois jours. Au témoignage de ce dernier, le fuyard aurait promis aux Parthes par serment solennel que jamais les Romains ne reviendraient en Arménie jusqu'à ce que les lettres de Vologèse fussent arrivées à Rome. Quant à lui, il semble ne plus songer qu'à sauver ses os : il s'en va rejoindre Corbulon à la vitesse de 40 milles par jour (près de 60 kilomètres) [3]. Dès qu'il le trouve, c'est pour le persuader, au mépris de son serment, de retomber avec lui sur l'Arménie, d'où Vologèse, confiant, est re-

---
[1] Tacite, *Annales*, XV, 14.
[2] Tacite, *ibid.*, XV, 15.
[3] Tacite, *ibid.*, XV, 16.

parti pour la Perse. Le héros cache son indignation, et sans doute sa joie de voir un compétiteur tombé si bas, en répondant qu'il ne peut dégarnir la Syrie. Pétus reste donc seul et hiverne en Cappadoce. Triomphant si aisément, Vologèse envoie sommer Corbulon de détruire les fortifications qu'il a établies sur la rive orientale de l'Euphrate : il fallait que la Mésopotamie restât aux Parthes avec le fleuve comme frontière. Soit ! répond le Romain, mais à la condition qu'en retour les Parthes sortiront pour jamais de l'Arménie. Ces clauses réciproques sont acceptées et mises à exécution (¹). Ainsi l'Arménie reste de nouveau sans chef, Tirid n'étant plus soutenu par son frère. Cet arrangement fut considéré à Rome comme un grand triomphe (²).

Au commencement du printemps (de l'an 62 ?) les ambassadeurs de Vologèse, arrivés à Rome, font valoir la modération avec laquelle leur maître a épargné les légions, affirment qu'il mérite de dominer sur l'Arménie puisque les dieux ont manifesté sa puissance, et excusent Tirid de n'être pas venu lui-même à Rome parce que sa religion s'oppose à ce qu'il franchisse la mer (³). Cette étrange interdiction se trouve expliquée dans Pline. Il nous apprend (⁴) que Tirid, en qualité de mage, ne pouvait voguer sur les flots, parce que la religion persane défendait d'y cracher et de les souiller en y jetant les ordures. Tirid faisait proposer que les légions fussent convoquées en Arménie : en leur présence il déposerait sa couronne devant la statue de César et la recevrait de nouveau au nom de Rome (⁵). Ces déclarations ne concordaient point avec celles de Pétus, dont les lettres annonçaient que les deux armées étaient restées d'égale force en Arménie. Interrogé, le centurion qui accompagne l'ambassade déclare qu'en effet il n'y restait plus un seul soldat romain. Néron s'imagine que les Parthes veulent se moquer de lui, car ils viennent lui demander ce qu'ils tiennent déjà. Le sénat consulté décide de continuer la guerre. Corbulon est nommé général en chef, comme celui qui connaissait le mieux l'adversaire. Les délégués sont renvoyés sans réponse, mais avec des présents pour Tirid afin de l'engager à se rendre lui-même à Rome (⁶).

En conséquence, l'armée romaine se concentre à Mélitène et se prépare à franchir l'Euphrate. Elle suit le même chemin qu'autrefois

---

¹) Tacite, *Annales*, XV, 17.
²) Tacite, *ibid.*, XV, 18.
³) Tacite *ibid.*, XV, 24.
⁴) Plin, *Histoire naturelle*, XXX, 6.
⁵) Tacite, *ibid.*, XV, 24.
⁶) Tacite, *ibid.*, XV, 25.

Lucullus, répare la route pour traverser le Taurus dans la boucle du fleuve. Effrayé. Vologèse, qui n'avait dû son succès qu'à la lâcheté de Pétus, et sachant à quel autre homme il avait maintenant affaire, envoie aussitôt demander la paix à Corbulon. Celui-ci, toujours sage avant d'être obligé à frapper de grands coups, accepte ces propositions en principe. Il fait dire au roi Parthe que les choses ne sont pas encore assez avancées pour rendre la guerre inévitable. Il fallait que Tirid se résignât à recevoir la couronne des mains mêmes de César avant que son royaume ne fût dévasté. De son côté, Vologèse pourrait se livrer sans entraves au gouvernement des Parthes s'il était l'ami des Romains, d'autant plus que les nombreuses peuplades sauvages englobées dans son empire étaient souvent en révolte. Ne recevant sans doute pas de réponse satisfaisante, le Romain entre de suite en campagne : il détruit les châteaux-forts de la noblesse arménienne. Partout se répand la terreur ([1]). Toutefois, les Arméniens, qui connaissent Corbulon de longue date et le savent indulgent pour les populations soumises sans résistance, ne le considèrent pas comme un ennemi. Beaucoup d'entre eux écoutent ses conseils. Voulant faire cesser la destruction des places fortes, Vologèse sollicite un armistice pendant lequel Tirid pourra entrer en pourparlers avec le général romain. Au jour convenu, les légions se rendent à l'endroit même où Pétus avait été assiégé par Vologèse. Celui-ci avait choisi un tel lieu avec l'arrière-pensée d'intimider ses adversaires, et eux-mêmes l'avaient accepté pour démontrer que les destins avaient changé et que les légions humiliées tenaient leur vengeance. Par un détail significatif ils soulignèrent cette intention : le fils de Pétus, qui était capitaine, fut envoyé pour inhumer les cadavres des Romains restés sans sépulture. Au jour du rendez-vous, deux autres officiers se rendent dans le camp de Vologèse pour garantir à Tirid l'immunité s'il veut se présenter devant Corbulon. Il y va escorté de 20 cavaliers ; il descend le premier de cheval ; Corbulon en fait de même après lui. Ayant mis pied à terre, ils se donnent la main. ([2]). Le vainqueur complimente fort le jeune Tirid d'avoir renoncé à la guerre et choisi un moyen de régner sans danger. Le prétendant, croyant dissimuler son humiliation, commence par vanter sa noblesse ; puis il promet d'aller à Rome pour accroître la gloire de l'empereur en lui montrant un roi arsacide qui sollicitera de lui la couronne sans que les Parthes fussent vaincus. En attendant, il offre

---

[1] Tacite, *Annales*, XV, 27.
[2] Tacite, *ibid.*, XV, 28.

de se soumettre à une cérémonie symbolique, gage de sa bonne foi : il déposera son diadème devant la statue de César. Les deux interlocuteurs conviennent de ces conditions; ils s'embrassent avant de se séparer(¹). Quelques jours après les deux armées se rangent en grande pompe l'une en face de l'autre. Le lieu où elles se rencontrèrent portait le nom de Randéa. Les Arméniens s'y trouvaient mêlés aux Parthes(²). Les légions, formant demi-cercle, entourent un autel où s'érige l'image divine de César. Tirid s'en approche, offre un sacrifice, dépose sa tiare aux pieds de l'effigie. A cette vue, les Romains sont pris d'une grande émotion, se souvenant des cadavres de leurs compagnons et contemplant Tirid dans une attitude de serviteur(³). Corbulon, toujours dans l'intention de rendre sa gloire plus éclatante, et aussi par humanité, assure le narrateur, offre alors de grands festins. Là Tirid montre une grande curiosité à se faire expliquer les vieux usages traditionnels, scrupuleusement observés. Avant de partir pour le long voyage de Rome, il demande à revoir sa mère et ses frères ; il laisse en otage sa fille avec une pétition adressée à l'empereur(⁴). Il s'en va en Médie saluer Pakouros, et Vologèse à Ecbatane. Ce dernier, inquiet de l'issue, croit devoir écrire à Corbulon en le priant de traiter Tirid avec les plus grands honneurs pour ne pas l'humilier : qu'il l'autorise à garder toujours son épée en sa présence ; qu'il lui donne le privilège de saluer les gouverneurs en les baisant ; qu'on ne le fasse pas attendre à leurs portes ; qu'à Rome il ait les mêmes honneurs que les consuls(⁵).

Ainsi fut fait. Le voyage et la réception de Tirid nous sont décrits par d'autres chroniqueurs comme l'une des solennités les plus splendides que le monde eût jamais vues. Tirid était, pendant toute la route qui se fit par terre en traversant le Bosphore, escorté de 3.000 cavaliers arméniens et parthes, ainsi que d'un grand nombre de mages : car il était souverain prêtre en même temps que roi. Le voyage traîna lentement son triomphe pendant neuf mois à travers les populations éblouies. Une garde romaine accompagnait le jeune Arsacide pour lui rendre honneur. Tous les frais, augmentés encore par les chars dans lesquels on fit voyager les personnages de la troupe en Italie, étaient payés par le trésor impérial(⁶) qui déboursa de ce fait 2 millions de

---

¹) Tacite, *Annales*, XV, 29.
²) Dion Cassius, LXII, 23.
³) Tacite, *ibid.*, XV, 29.
⁴) Tacite, *ibid.*, XV, 30.
⁵) Tacite, *ibid.*, XV, 31.
⁶) Eutrope, VII.

drachmes par jour (en 9 mois : 54 millions de francs). Ce devait être un spectacle étonnant que de voir défiler ces casques dorés, entourant le diadème d'or porté par la première épouse de Tirid, à cheval elle-même, masquée par une visière de sa coiffure royale et auréolée d'innombrables enfants : non seulement les siens propres la suivaient, mais encore ceux de Pakouros, ceux de Vologèse et ceux de Manavas, roi d'Adiabène. Le joyau de cette calvacade était Tirid lui-même, dans la fleur de l'âge, beau, brillant d'esprit. Les villes le recevaient en grande solennité, avec un attroupement de tous les habitants. Il fallut aller jusqu'à Naples pour trouver Néron. Arrivé en sa présence, Tirid est invité à déposer son épée : il s'y refuse, mais il met un genou en terre et croise les mains sur sa poitrine ; il appelle César son seigneur et l'adore en baisant la poussière. L'empereur le reçoit dignement, et lui offre d'abord le spectacle d'un combat de gladiateurs dans le cirque de Puteleus. Toute la journée, la scène fut remplie par des acteurs éthiopiens, hommes, femmes et enfants. De son trône, Tirid tirait des flèches sur les animaux féroces. On raconte, chose incroyable, que l'une d'elles traversa deux taureaux. A Naples déjà, les dépenses faites en son honneur furent considérables. A Rome, elles dépassèrent tout ce qu'on peut rêver. La ville entière, illuminée de lanternes, parée de couronnes de fleurs, acclamait l'étranger venu de si loin pour lui rendre hommage. La foule vêtue de blanc regorgeait au forum ; chacun s'était festonné de guirlandes (¹). Cependant le temps devint mauvais et recula quelque peu la grande cérémonie (²) dans laquelle Tirid le mage devait offrir en spectacle l'humiliation de l'Arménie (³). Tous les préparatifs furent repris à la première belle nuit qui survint.

Le matin, au milieu des armes étincelantes des soldats en bon ordre, parmi les terrasses fourmillant de plébéiens, Néron s'avance vêtu d'une tunique que les Césars revêtaient en signe de victoire ; il était entouré de sa garde et du sénat. Il prend place sur son trône, élevé de plusieurs marches. Tirid s'approche, se prosterne à terre. A cette vue, une immense clameur s'élève de la foule. C'était pour l'acclamer. Mais lui s'imagine qu'on veut l'insulter, il regarde de toutes parts, stupéfait. Le silence enfin rétabli, il se remet et dit à Néron : « César, je suis le fils des Arsacides, le frère de Vologèse et de Pakouros, et je me proclame ton serviteur. Je suis venu près de toi, qui es

---

¹) Dion Cassius. LXIII, 1-7.
²) Suétone, *Néron*, XIII.
³) Pline, XXX, 6.

mon dieu, pour l'adorer comme j'adore mon dieu Mithra. Mon destin sera de faire ce que tu ordonnes, car tu es pour moi la Parque et la Fortune ». Le discours impérial fut ce qu'il devait être en face d'une telle platitude : « Tu as agi très sagement en venant me rendre hommage. Car je te donne un royaume que tu n'as pas reçu en héritage de ton père, que ton frère ne t'a pas donné, ne pouvant le conserver par ses propres forces. Je te fais roi d'Arménie pour te montrer à toi et à d'autres aussi que j'ai la puissance de distribuer et de reprendre les empires ». Cela dit, il invite Tirid à monter vers son trône par un chemin tracé pour lui. Le vassal s'assied aux pieds du suzerain, qui prend une couronne et la lui met sur la tête aux acclamations de la multitude([1]), après l'avoir relevé en le voyant prosterné, et après l'avoir embrassé en signe d'amitié sincère. Un truchement traduisait les paroles de Tirid à voix forte pour que le peuple l'entendît. Pour consacrer cette alliance, les fêtes furent dignes de la splendide décadence romaine. Au théâtre, Néron fit asseoir Tirid à sa droite([2]). C'était au cirque Pompéien que se donnaient ces réjouissances décrétées par le sénat. On y fit passer le répertoire entier. La scène, les loges, les gradins resplendissaient d'ornements dorés : aussi cette fête fut-elle appelée la journée d'or. Les velums étaient de pourpre. Dans sa loge Néron étincelait sous un manteau d'or. Le plus grand attrait, on doit bien s'y attendre, furent ses prouesses de comédien et d'écuyer. Pendant qu'il conduisait son char, un artifice de lumière faisait scintiller des étoiles autour de lui, tandis qu'il était vêtu d'une casaque verte et d'une casquette de cocher. Pendant le festin qui interrompit les jeux, il joua de la lyre. Tirid trouva tout cela indigne d'un empereur. Il lui adressa des reproches déguisés en lui faisant l'éloge de Corbulon. Plus tard, à ce dernier il avoua que son seul tort était de servir Néron. Mais Néron ne comprit pas alors l'allusion offensante, d'autant que Tirid avait soin de lui prodiguer les paroles humbles, en protestant de sa soumission([3]). Il refusa, il est vrai, d'initier à la magie dont son hôte impérial désirait avoir la consécration après avoir pris part à un « festin de mages » que le Parthe lui offrit([4]). Il y avait sans doute de bonnes raisons à cette exclusion, car elle ne jeta pas le moindre nuage entre les deux amis. Très amusé, aussi bien que flatté dans son orgueil, Néron combla Tirid d'une pluie de précieux cadeaux, dont la valeur s'éleva jus-

---

[1]) Dion Cassius, LXIII, 1-7.
[2]) Suétone, *Néron*, XIII.
[3]) Dion Cassius, LXIII, 1-7.
[4]) Pline, *Histoire naturelle*, XXX, 6.

qu'à 50 millions de deniers. Après tant d'autres folles dépenses, c'était bien le moins qu'il pût faire. En outre, il lui donna l'autorisation de restaurer Artaxata. Dans ce but, quand il revint, Tirid emmenait une foule d'architectes et de conducteurs de travaux, dont une partie lui étaient offerts spontanément par l'empereur. Seulement à ceux-là Corbulon permit d'entrer en Arménie. C'était, nous dit l'historien, une décision qui lui faisait honneur en enveloppant un blâme indirect contre l'imprévision de César ([1]).

On connaît les monnaies qui ont été frappées à l'occasion des conquêtes de Corbulon : l'une de l'an 58, date de la prise d'Artaxata ; un *quinarius* de Néron, portant au milieu *Armeniac. (Armeniaca victoria*, ou *Armenia capta)*, avec, au verso, une victoire en marche tenant à la main droite une couronne de palmes.

Dès lors, Tirid règne sans conteste sur l'Arménie. Il est connu sous le nom de Drtad-Artachès ([2]). Son long règne s'étend de 60 à 107, accepté volontiers par ses nouveaux sujets, qui préféraient se soumettre à une domination étrangère que d'attirer sur eux de nouvelles représailles. C'était là en effet le parti de la sagesse : chaque fois qu'ils ont cédé à un esprit de nationalisme, ils en ont été victimes. Ne valait-il pas mieux se laisser compénétrer de bonne grâce, n'y pouvant résister, par un élément si peu exotique, si semblable au leur ? Ils s'assimilèrent les Parthes arsacides comme ils avaient absorbé les Perses de Darius devenus leurs satrapes héréditaires. C'est ainsi que ce peuple composite s'est peu à peu dégagé de la barbarie. On peut regretter sa prostration momentanée. Qu'aurait-il pu faire en face de ces puissantes compétitions ? Il a profité de tout en s'ouvrant davantage aux influences des cultures supérieures à la sienne.

Toutefois, la protection armée qu'il était en droit d'espérer après tant de sacrifices lui manqua lorsque des barbares encore tout à fait sauvages vinrent fondre sur lui. Rome ne pouvait venir à l'aide, étant tiraillée par ses innombrables crises militaires pour la conquête de la pourpre. De 68 à 69, elle en subit plusieurs. Enfin Vespasien s'affermit sur le trône des Césars (69-79). Pendant ce temps, l'Arménie reste vassale fidèle, car les historiens latins n'en parlent pas. Mais Vespasien était trop occupé ailleurs, spécialement en Palestine, pour l'empêcher

---

[1] Dion Cassius, LXIII, 1-7.

[2] Nous verrons que c'est bien lui qui, inconnu sous le nom Drtad ou Tirid, est désigné sous celui d'Artachès par Moïse de Khorèn. Les Arméniens avaient complètement perdu la tradition de leur histoire antérieure à leur conversion au christianisme. Cf. Simon Weber, *Die Kathol. Kirche in Armen.*, p. 66.

de subir l'invasion des Alans, peuplade d'origine inconnue, et qui nous est seulement proposée par l'historien Josèphe ([1]) comme venant du Taïanis (il faut lire Tanaïs, le Don), dont elle occupait l'embouchure sur les rives du Palus Méotide (mer d'Azof). Les Alans se proposaient d'attaquer les Mèdes. Grâce aux ennemis de ces derniers, les Hyrcaniens, qui avaient envahi tout l'ouest de la mer Caspienne jusqu'aux défilés du Caucase, ils passèrent sans obstacle entre la montagne et le rivage, le long de la presqu'île de Bakou. On raconte que les Hyrcaniens avaient fermé la route avec des portes de fer. En pénétrant en Arménie, les barbares ne rencontrent d'abord aucune résistance. Ils pillent le pays, enlèvent le bétail. Pakouros, roi de Médie, prend peur, se réfugie dans ses montagnes, paye 100 talents pour sauver sa femme et ses concubines. Les envahisseurs détruisent tout sur la frontière arménienne. Le danger pressant, Drtad-Artachès (notre Tirid) se voit obligé de leur résister. A peine s'est-il rencontré avec eux qu'il est réduit à prendre la fuite pour leur échapper à grand'peine : ces chasseurs de chevaux sauvages lui avaient jeté un lazzo autour du cou ; il n'eut que le temps de le couper ; un instant de plus, il était pris. Furieux de voir leur proie échapper, les Alans ravagent l'Arménie aussi loin qu'ils peuvent et remportent quantité d'esclaves avec un immense butin.

Après Tirid-Drtad-Artachès, l'histoire de l'Arménie retombe dans une de ces périodes obscures qui alternent chez elle avec des aventures éclatantes. On sait seulement que son successeur fut Axidarès (᾽Εξηδάρης = 107-112) ([2]), oncle de Chosroès (Khosrov) et neveu de Pakouros II, rois des Parthes ([3]) ; et l'on sait aussi que la politique romaine, faisant volte-face, se crut obligée de réduire l'Arménie à l'état de simple province. Trajan (98-117) cherchait une occasion de l'attaquer ainsi que les Parthes. Le prétexte fut offert par la maladresse d'Axidarès, qui avait négligé d'aller à Rome recevoir l'investiture. En réalité, Dion Cassius lui-même remarque que c'était là pour l'empereur le moyen de se couvrir de lauriers. Il équipe ses légions. Arrivé à Athènes, il y reçoit une délégation de Chosroès, roi des Parthes, qui sollicite la paix en appuyant sa supplique de force présents. Trajan dédaigne cette

---

[1]) Josèphe, *De Bello jud.*, l. VII, c. 29. Ce ne serait donc que plus tard que les Alans seraient venus dans la vallé du Térek, tributaire de la mer Caspienne, où les marquent les géographes. On suppose qu'ils étaient d'origine scythiqne.

[2]) Dion Cassius, LXVIII.

[3]) Simon Weber, *Die Kathol. Kirche in Armen.*, p. 66.

soumission trop facile. Chosroès, effrayé de voir s'avancer la majesté du Peuple Romain habitué à la victoire, lâche le successeur de Tirid si laborieusement installé sur le trône d'Arménie par Vologèse. Il supplie César de lui envoyer la couronne d'Arménie pour Parthamasiris, qui nous est présenté comme frère d'Axidarès, et donc fils de Pakouros II ([1]), déclarant qu'Axidarès s'était conduit indignement à l'égard de Rome et ne méritait aucune pitié. Aussi, affirmait-il, les Parthes l'avaient renversé du trône. Trajan aurait dû se contenter d'une si humble excuse, s'il n'avait flairé une telle faiblesse qu'il en devenait sûr de gagner son triomphe. Il ferme l'oreille, refuse même de répondre une seule parole de condescendance. Hautain, il observe simplement que l'amitié se reconnaît aux actes et non aux protestations : quand il entrera en Syrie, il fera ce que la justice lui conseillera. Il traverse donc l'Asie Mineure, passe par la Cilicie, arrive à Séleucie, soumet toutes les populations sans coup férir. En chemin, il reçoit successivement deux suppliques de Parthamasiris, dans l'année 113. Bien que celui-ci demandât humblement d'être agréé comme roi d'Arménie, sa première lettre reste sans réponse. Il évite de signer la seconde avec le titre de roi ; elle n'en est pas moins dédaignée. On ne lui accorde un semblant de satisfaction que sur un point : au lieu de Junius, gouverneur de Cappadoce, qu'il demandait à voir pour tâcher d'arranger les affaires par son entremise, on lui adresse le fils de Junius, qui avait pour mandat de ne rien concéder. Pendant cette conférence, Trajan poursuit sa marche. Remontant l'Anti-Taurus, puis l'Euphrate jusqu'à son détour le long du Loukos, il parvient à la passe de Sattala ([2]). De là il gravit vers le sud le haut plateau, et en passant par une province qui nous est indiquée sous le nom d'Elégéia ([3]), il consent à admettre Parthamasiris en sa présence. Mais c'est pour le confondre comme jamais suppliant ne le fut. L'impérator, siégeant

---

[1]) Cette généalogie est admise par F. Justi, dans *Grundriss* etc., pp. 5o6, 5o8 : mais elle est modifiée par S. Weber, *op. cit.*, p. 66, qui croit Phartamasiris oncle de Chosroès et neveu de Pakouros. Nous ne voyons pas sur quel document repose cette modification. Nous avons suivi Dion Cassius.

[2]) Dion Cassius, LXVIII.

[3]) Ce ne peut être l'Acilisène, qui se trouve pourtant dans la direction. Il est possible cependant qu'un copiste ait interverti les syllabes. En tous cas, on ne saurait admettre avec M. Justi (dans *Grundriss der Iranischen Philologie*, t. II, p. 5o8) qu'il s'agisse d'Ilidja (près d'Erzéroum), car la marche de Trajan deviendrait incompréhensible si l'on admettait qu'il eût passé par le centre du haut plateau : il a dû redescendre la vallée de l'Euphrate pour gagner la Mésopotamie.

superbe hors du camp retranché, ne se lève pas pour recevoir le prétendant humilié. Il le laisse se prosterner, déposer la tiare à ses pieds et attendre debout l'ordre de la reprendre. Cet ordre ne vient pas. L'armée faisait entendre une formidable clameur, jugeant avoir remporté une victoire décisive, puisque le fils de Pakouros, le neveu de Chosroès, reste là comme un captif. Le malheureux se croit perdu; il se retourne pour s'enfuir. Se voyant entouré des légions, il demande en grâce de ne pas être obligé de parler devant cette foule. Trajan le fait donc entrer dans sa tente, mais ne lui accorde pas l'investiture. Parthamasiris sort plein de colère. On le conduit dans le camp romain. Là, le vainqueur impérial monte sur un autel et ordonne au suppliant de dire ce qu'il veut devant toute l'assemblée, qui avait le droit de connaître ses intentions. De rage, le barbare parle d'une façon inconsidérée et proclame, entre autres imprudences, que les Romains ne l'avaient pas capturé dans une bataille, qu'il était venu spontanément, croyant n'avoir à craindre aucune injustice, qu'enfin il avait le droit de recevoir le royaume d'Arménie comme Tirid l'avait reçu de Néron. Trajan se maîtrise. Il répond à tous les points de ce discours; mais quant à l'Arménie, il déclare ne vouloir la donner à personne : elle restera province romaine, et il la fera gouverner par un préfet. Enfin il laisse Parthamasiris libre de s'en aller où il voudra, avec les Parthes qui l'accompagnent. Il eut soin seulement de les faire escorter pour les empêcher de parler à la population, qu'ils auraient pu agiter au passage. Ordre était donné en même temps aux Arméniens de rester chez eux, parce qu'ils étaient dès lors soumis directement aux Romains. Ils acceptèrent sans broncher. Il leur était bien indifférent d'obéir à un empire ou à l'autre. Laissant quelques garnisons en Arménie, puisqu'il était sûr de ne pas y susciter une révolte patriotique, Trajan s'en va tranquillement à Edesse (Ourfa), capitale de l'Osroène, pour arranger ses affaires avec Abgar [1] : il s'empare de la place après avoir enlevé Samosate; puis il s'élance vers Nisibis, au fond de la Mésopotamie, en se faisant porter sur le Tigre; il prend Ctésiphon, et après avoir ainsi réduit les Parthes il retourne en Cilicie pour y mourir le 7 août 117[2]. Il paraît qu'après avoir accordé la liberté à Parthamasiris, il l'avait fait assassiner. Ce conquérant sans scrupules n'en montrait pas moins toutes les aptitudes propres aux puissantes personnalités qui soutenaient encore la grandeur de l'Empire. A la valeur

---

[1] Dion Cassius. LXVIII.
[2] F. Justi, dans *Grundriss der Iranisch. Philol.*, t. II, p. 508.

il joignait l'habileté. Il avait donné un roi aux Albanais, soumis les Géorgiens, les Carduques, les Mardes et les Mèdes. Outre l'Arménie, il avait fondé deux autres provinces romaines, l'Assyrie et la Mésopotamie ; l'Arabie même avait éprouvé la force de son bras (¹). Une de ses médailles le montre debout, la lance à la main, en costume de guerrier, entre l'Euphrate et le Tigre, dominant l'Arménie enchaînée à ses pieds, avec cette inscription : *Armenia et Mesopotamia in potestatem Populi Romani redactæ*. Sur la colone Trajane, on voyait Parthamasiris avec sa barbe entière, signe distinctif des Parthes, en présence de l'armée romaine (²). Les habiletés de sa politique ne contribuent pas moins à expliquer les succès de Trajan. Pendant qu'il était occupé devant Ctésiphon, il entend soudain que derrière lui le pays s'est mis en insurrection. Métrodatès et son frère Chosroès se jettent sur ses derrières avec de la cavalerie. Se souvenant que diviser c'est régner, il soutient contre eux un prétendant qui leur disputait la couronne des Parthes, Chosroès, fils de Parthamaspart. Ainsi, grâce à cette compétition habilement exploitée, il s'est fait des amis qui le garantissaient contre un retour offensif de ses rivaux.

Cet important accroissement d'autorité en Orient parut néanmoins dangereux à l'empereur Hadrien (117-138). Il eut peur que les nations réduites en province ne prétendissent reconquérir leur indépendance ; et pourquoi se mettre encore en frais de guerres coûteuses et aléatoires à pareille distance ? Ne valait-il pas mieux s'attacher des amis satisfaits dans leur amour-propre national ? D'ailleurs, Hadrien était jaloux de Trajan et voulait détruire ce qu'il avait fait. Il ordonne donc aux garnisons et aux préfets de quitter l'Arménie, la Mésopotamie et l'Assyrie. Désormais la frontière de l'Empire sera l'Euphrate (³). Mais quel fut le roi accordé aux Arméniens ? On l'ignore ; on peut cependant conjecturer que ce fut encore un membre de la famille arsacide. En effet, la politique d'Hadrien, qui cherchait à se concilier les peuples orientaux, devait naturellement flatter spécialement le plus puissant, ces Parthes qu'il avait fallu tant d'efforts pour repousser. De fait, nous savons que leur amitié fut acquise au nouveau César par la concession qu'il accorda à leur amour-propre en détrônant Chosroès que Trajan leur avait imposé (⁴). De la même source nous savons aussi

---

¹) Eutrope, VIII, 3 ; — Sextus Rufus, XX.
²) P. Katerdjan, *Hist. génér.*, vol. II, p. 174.
³) Sextus Rufus, XX.
⁴) Spartianus, *Hadrianus*, 13.

qu'il laissa aux Arméniens le roi qu'ils s'étaient donné dès la mort de leur ennemi dont la campagne avait abouti à réduire leur pays en province romaine. Hadrien vit bien que ce serait toujours à recommencer. Il reconnut donc ce souverain qui ne pouvait être qu'un protégé des Parthes et que le fils d'Axidarès, Parthamaspart.(¹).

On pourrait placer après lui Achéménis, sur des indices qui ne sont, à vrai dire, pas plus sûrs (²). Ce roi aurait dirigé l'Arménie de 140 à 159. Une médaille d'Antonin le Pieux (138-161), dénommé alors Consul Tertius Augustus, montre l'empereur debout qui couronne un roi d'Arménie, selon l'inscription : *Rex Armeniae datus S. C.* 140-143 (³). Mais Achéménis ne paraît pas avoir été agréé des Parthes. Vologèse II (130-148), qui régnait alors sur eux, fit mine d'envahir l'Arménie parce que Achéménis (si du moins c'était bien lui) y avait été intronisé sans qu'on le lui demandât. On possède la trace d'une lettre d'Antonin le Pieux qui lui conseillait de rentrer dans ses foyers. Et l'on sait qu'il obéit (⁴).

Il obéit, du reste, avec dépit. La première occasion, que nous ignorons parce que sans doute elle était futile, lui parut bonne pour tenter sa vengeance. Le successeur d'Achéménis dut être Sohémos (⁵). Peut-être n'avait-il pas demandé l'assentiment des Parthes, lui non plus. Aussi leurs menaces attirent de Rome, enfin lassée de son système pacifique, une expédition répressive, dont Marc-Aurèle (161-180), déjà empereur quoique résident en Syrie, charge Lucius Verus César, qui y était avec lui (⁶).

Cette confiance mutuelle des deux Césars qui se croyaient trop hauts, chacun de son côté, pour condescendre à fustiger les Parthes, faillit leur coûter cher. Lucius Verus, au lieu de s'en aller de sa personne remplir cette besogne, en charge un lieutenant, Sévère, qui n'était pas à la hauteur de sa mission : Vologèse III (148-181) renversa Sohémos pour mettre à la place de ce protégé des Romains son frère Pakouros ; puis il arrête l'envahisseur, le pourchasse, et une nouvelle fois les Parthes maîtrisent les légions. L'une d'elles, enfermée dans un fort de l'Acilisène, est d'abord réduite ; puis la plupart des autres

---

¹) C'est l'opinion du P. Katerdjan, *Hist. génér.*, t. II, p. 174.
²) D'après le P. Katerjan (*ibid.*), qui se fonde sur un drame de Jamblique de Babylone, auteur du II⁰ siècle, découvert dans la « bibliothèque de Photo ».
³) Katerdjan, p. 175.
⁴) Julius Capit., *Anton. Pius*, IX.
⁵) P. Katerdjan, *op. cit.*, p. 175.
⁶) Julius Capit., *Marcus-Aurel.*, VIII.

sont presque anéanties. Le vainqueur poursuit sa marche triomphale jusqu'aux approches de la Syrie (¹). Il était temps pour Rome de se réveiller. Statius Priscus (²), qui peut-être lui-même s'était contenté d'envoyer à sa place ce mauvais capitaine de Sévérius, entre en scène avec les bonnes traditions de la stratégie romaine. Les Romains reprennent l'Assyrie et poussent jusqu'à Ctésiphon, qu'ils enlèvent. Sohémos est aussitôt rétabli sur le trône d'Arménie par l'autorité de Lucius Vérus en 169 (³). Sur l'une de ses médailles où il s'intitule *Armeniacus* à l'exemple d'Antonin le Pieux, Marc-Aurèle avait fait graver une femme assise, plongée dans la tristesse, en présence des aigles romaines ; sous les lettres *Armenia*. Une autre pièce, de 165 montre Lucius Vérus César sur un trône, entouré de ses soldats, dans la foule desquels se distingue le roi d'Arménie. César le couronne, et la légende dit : *Rex Armeniis datus*. Une autre enfin le montre menaçant un Arménien de sa lance (⁴).

Nous sommes obligés de passer à l'an 190 pour retrouver un vestige de l'histoire arménienne. C'est l'année où le roi d'Arménie Sanatroïkès (Sanatrouk) est sollicité pour venir au secours de l'un des innombrables compétiteurs de la pourpre impériale (⁵). C'était le nouveau César Niger, qui, suivant l'exemple de Commode (180) et des nombreux usurpateurs qui succédèrent à celui-ci jusqu'à Septime-Sévère (193-211), avait jugé nécessaire, en cette année 190, d'envoyer des ambassades aux rois des Parthes et de l'Arménie pour les prier de le soutenir contre les autres prétendants et contre Septime-Sévère lui-même plus spécialement. Le second de ces vassaux sollicité comme protecteur refuse de se mêler de l'affaire, mais il promet que si Septime prétend s'approcher de l'Arménie, il s'y opposera. Il n'en eut pas l'occasion.

La liste des derniers rois qu'il nous reste à établir ne repose également que sur des données incertaines. On croit pouvoir faire apparaître ici un autre Parthe, Vologèse, que les Arméniens dénomment Valarch, et les étrangers Volagazès ou Olognès ; puis viendraient Tiridate II (Térid ou en arménien Drtad), et enfin Chosroès Iᵉʳ (Khosrov

---

¹) Dion Cassius, LXXI, 1, 2.
²) Julius Capit., *Marcus-Aurel.*, IX.
³) Dion Cassius, *loc. cit.* : — Julius Cap. (*loc. cit.*) prétend même qu'Artaxata fut prise de nouveau.
⁴) P. Katerdjan, p. 176.
⁵) Bien qu'il soit nommé pour la première fois par Dion Cassius, c'est à lui que faisait allusion Hérodien III, 1.

arménien), lequel régna de 222 à 252. Ce dernier est moins flottant, mais la succession qu'il termine ne présente point de certitude.

On ne sait d'ailleurs rien sur Chosroès Ier, sinon qu'il eut à lutter contre la dynastie naissante des Sassanides perses, et qu'il fut assassiné en 252 sur l'ordre du second roi de cette nouvelle puissance, Shapouhr (Sapor Ier). Celui-ci, grâce à son crime, conquiert l'Arménie et lui impose un satrape. Ainsi ce pays se trouve quelque temps sous la nouvelle dynastie des Sassanides persans. Mais environ entre 260 et 270 l'Arménie fut encore conquise par les Romains. Cette aventure sans intérêt, très longue et très embrouillée, dure jusqu'en 293. Pendant ce temps, un roi apparaît deux fois sur le trône d'Arménie : c'était Drtad, qui se maintenait péniblement contre les derniers coups que Septime Sévère et Caracalla portaient aux Parthes. C'est grâce à cette décision romaine de les écraser que ceux-ci durent céder aux entreprises de ces Perses qui se prétendaient successeurs de Darius. Artachir, le petit-fils de Sassân, réussit enfin à établir la dynastie sassanide. Pendant ce temps, les relations des Arméniens avec elle sont exposées d'une façon contradictoire par les auteurs grecs et latins. Quant aux légendes arméniennes, elles obscurcissent complètement la question. Aussi, a-t-on pris le parti de grouper tout ce qui se rapporte aux Perses sur le nom d'Artachir, bien que les Romains, qui s'opposaient à lui en soutenant les Arméniens, ne soient pas d'accord avec les Grecs dans leurs relations. De même on groupe sur le nom de Chosroès tout ce qui s'est passé en Arménie, bien que nombre de faits soient indépendants de lui. Alexandre Sévère (Dion Cassius LXXX, 3, 4), réuni aux Arméniens, bat complètement Artachir. Alors les Perses demandent une trêve de quatre ans. L'empereur en profita pour célébrer solennellement son triomphe (231-233), quoique la première guerre eût lieu en 228. Artachir meurt en 238 ou 241 (?), et ne peut ainsi tomber de nouveau sur l'Arménie comme il se le proposait. Ce fut son successeur Sapor Ier qui réalisa ce projet et envahit la Mésopotamie ; il menaça même Antioche. Le temple de Janus dut être encore une fois ouvert à Rome. Gordien se met à la tête des légions et reprend Nisibis et Karhæ (Harrân). Les Perses sont obligés de repasser le Tigre, sans réussir à détruire l'Arménie ; le courage des Arméniens les éloigna. L'empereur Philippe l'Arabe conclut avec eux un traité de paix honteux en 244 et laissa l'Arménie sans secours. Le deuxième Sassanide, Sapor Ier, ne put cependant conquérir l'Arménie du premier coup. Peu après, Philippe rompt son traité et prend encore une fois l'Arménie sous sa protection. Ici les données de Moïse de Khorèn sont d'accord avec l'histoire. C'est seulement l'empereur Gallus qui prend l'Arménie en 252, année de la mort de Chosroès, bien que d'autres la marquent 14 ans plus tôt, en 238 (¹). Il était assassiné par les Perses.

C'est alors que Chosroès étant disparu, son fils Drtad (Tiridate) s'enfuit dans le camp des Romains. Décius meurt sans pouvoir faire sentir sa force en Orient, parce qu'il défendait aux Goths le passage du Danube ; Gallus est obligé de passer un traité humiliant avec ces barbares. Valérien le premier, sans pouvoir défendre l'Arménie tombée au pouvoir des Perses, attaque cependant les Perses, mais n'obtient qu'une défaite lamentable ; il tombe prisonnier, et l'on croit même qu'il périt dans les chaînes. Les Perses s'emparent alors de la Syrie et pénètrent jusqu'en Cilicie. Odénathus de Palmyre les repousse cependant de la Mésopotamie et s'empare de l'Arménie ; il règne sur la région de l'Ararat. De cette façon, Palmyre redevint un trait d'union entre ce pays et Rome. Il meurt en 267 ou 271. Son épouse Zénobie qui lui succède garde l'Arménie sous sa domination. Aurélien lui déclare la guerre. Chacun des deux prétendait avoir les Arméniens comme alliés. De fait ceux-ci étaient divisés en deux parties, favorables à Rome ou à Palmyre. Mais avant cela, sous Valérien, un roi national s'appuyait sur Rome ; c'était Drtad. Au contraire, sous ses successeurs Gallien et Claude II (260-270) il y avait en Arménie un parti puissant favorable aux Perses sous le règne d'un autre roi successeur de Chosroès, à moins que ce ne fût encore Drtad. D'autres disaient que c'était un Persan, Artavast, chef du parti, ou bien même Vaballath, fils de Zénobie. Ainsi de toute cette complication on doit conclure que l'Arménie avait deux rois, chacun à la tête de son parti : Drtad et Artavast, qui étaient parfois simultanés, mais plus souvent chassés l'un après l'autre suivant la force des auxiliaires perses ou romains. On peut considérer Artavast comme roi de l'Arménie depuis 252, mais on ne sait s'il persista jusqu'à 270 et s'il figurait parmi les captifs qu'Odénathus envoya à Rome (²).

On croit que Drtad revint définitivement sur le trône quand Palmyre fut conquise par Aurélien, en 273 ou 274 ; alors les Romains étaient de nouveau maîtres de l'Arménie. Si les historiens ne parlent

---

¹) S. Weber que nous suivons accepte la date de 252, avec Justi, et contre les Arméniens qu'avaient suivi MM. Gudsmitt et Geltzer. V. S. Weber, *Die Kath. K. in Arm.*, p. 100.

²) S. Weber, *op. cit.*, pp. 105-108.

pas de celle-ci, c'est parce qu'elle passa sous la domination des Césars sans guerre. On ne peut établir à quelle date la dynastie de Chosroës fut ainsi rétablie dans la personne de Drtad. Après la conquête de Palmyre, les Perses perdirent Sapor en 270. Après lui vint Hormizd Ier et un an plus tard Bahram Ier, puis en 276 Bahram II, puis Bahram III, dix-sept ans après. Il devait laisser le trône au fils de Sapor, Narsès. En 283, la Perse subit une révolution. Alors ou peut-être en 279, un empereur romain (Probus, Carus) négociait avec Nersée, d'après les historiens. Mais c'est là une erreur de noms, car Nersée régna de 293 à 302 ([1]). Si nous avons reproduit toute cette discussion, c'est que nous n'avons pas d'autre moyen de contrôler les dates du règne de Drtad. Nous pouvons admettre que Drtad est roi d'Arménie depuis 276. Mais alors il ne possédait que l'Arménie occidentale. Sous les empereurs Carus et Galérien (282-284) il reçut encore la Gordyène, la Sophène, l'Arzanène et ainsi il devint roi de toute l'Arménie. Enfin, en 293, l'Arménie fut encore conquise par le Perse Nersée, et Drtad est obligé de se réfugier chez les Romains. Mais Galérien, qui n'était que César sous Dioclétien, résolu à se venger de cette défaite, revient en 297, défait complètement les Perses, leur impose en 298 un traité qui dure 40 ans ([2]). C'est alors que Drtad, rentré en possession de son trône avec pleine sécurité, se convertit au christianisme, probablement en 295 ou 298 ([3]).

---

[1]) S. Weber, *op. cit.*, pp. 108, sqq.
[2]) S. Weber, *op. cit.*, pp. 110-115.
[3]) S. Weber, *op. cit.*, p. 127.

Tableau comparé des rois arméniens, des rois parthes[1] et des empereurs romains[2]

Arménie orientale[3].	
Mithranès	330-323
Néoptolème	323-
Phrataphernès	317-
Orontès ou Ervant ou Hrand	316-
Ardoatès ou Artvart	301-
Artavast Ier	239-220
Orontès ou Ervant :	
Artavast ou Artachès Ier	190-159
Artavast II	159-149
Tigrane I ou Dikràn	94-56
Artavast III	56-36

Sophène.

Samès	?
Arsamès	240-
Abdissarès	200-
Xerxès	?
Mithrobarzanès	?
Mehrouzane	165-
Artanès	93-

Dynastie des Artachissians.

Artachès II	34-20
Tigrane II	20-6
Tigrane III et Erato	6-5
Artavast IV	5-2
Tigrane III revient 2 av. J.-C. - 2 ap. J.-C.	

Dynasties étrangères.

Ariobarzane	1-2
Artavast V	..-11
Tigrane IV	11-14
Vononès	14-17
Zenon et Artachès III	18-34
Archag.	..-35
Mithridate	35-52
Démonaque	37-41
Radamizd	54-59

Dynastie Parthe d'Arménie.

Tirid Ier ou Tiridate ou Drtad	58-59
Tigrane V	59-62
Tiride Ier revient	62-107
Exidarès	107-114
Parthamasiris	115.
Achéménis	?
Pakourous	162-
Sohemos	178-
Sanatrouk ou -troïkès	178-217
Valarchakès	217-227
Chosroès Ier ou Khosrov	222-252
(Satrape Sassanide)	..-...
Tiridate ou Drtad (fils de Chosroès Ier) en fuite	238 ou 241
(Artavast de Perse)	252-...
(Odénathus de Palmyre sur l'Arménie orientale)	267 ou 271
(Zénobie id.).	
Tiridate ou Drtad (sur l'Arménie ou même l'Arménie occidentale)	276
Tiridate (sur toute l'Arménie)	282 ou 284
Tiridate en fuite pr la 2me fois	293
Tiridate règne définitivement.	298
Sa conversion au christianisme	

---

[1] D'après F. Justi, *Iranisches Namenbuch*, 1855, p. 412.

[2] Il nous a paru bon d'y joindre les généraux de la République antérieurs à l'Empire.

[3] Moïse de Khorèn avait introduit, à tort, dans la liste des rois d'Arménie les rois d'Osroène ; nous n'en tenons aucun compte. Nous établissons cette liste d'après notre texte.

PARTHES

Archag ou Arsakès [1]	250-248
Drtad ou Tiridate	248-214
Artaban Ier ou Artavân	214-196
Priapitès	196-181
Phraatès Ier	181-174
Mithridate Ier	174-136
Phraatès II	136-127
Artaban II	127-124
Mithridate II le Grand	124-87
Menaskiras [2]	87-76
Sanatrouk ou Sanatroïkès	76-67
Phraatès III	67-60
Mithridate III [3]	60-56
Orodès Ier	56-37
Phraatès IV	37-2
Phraatakès 2 av. J.-C. - 2 ap. J.-C.	
Orodès II	4-8
Vononès Ier	8-11
Artaban III [4]	10-40
Vardanès ou Vartàn	40-45
Gotarsès	45-51
Vononès II	50-51
Vologèse Ier ou Valgash	51-77
Vologèse II	77-79
Pakouros 77-93 puis	93-110
Artaban IV	81-93
Chosroès ou Khosrov	107-130
Vologèse II	130-148
Vologèse III	148-191
Vologèse IV	191-208
Vologèse V	208-227
Artaban V	215-224
Artavast ou Arsakès XXXI, le dernier roi légitime, mais partiel	224-227

Dynastie Sassanide.

Artachir	224-241
Sapor Ier ou Shahpuhr	241-270
Hormuzd Ier ou Hormizd	272-273
Bahram Ier (Vahrarân)	273-276
Bahram II	276-293
Bahram III	293-...
Nersée ou Narsah ou Narsès	293-302

ROME

Victoire de Magnésie contre les Séleucides	190
Victoire de Sylla sur Mithridate Eupator	84
Guerre de Lucullus (commencement)	73
Fuite de Mithridate Eupator chez Tigrane	72
Défaite des Romains à Zéla (Gaziura)	67
Arrivée de Pompée en Arménie	66
Défaite et mort de Crassus	53
Guerre d'Antoine contre les Parthes	48

---

[1] D'où le nom d'Arsacides. Tous les successeurs d'Archag Ier s'intitulaient Archag II Drtad etc., jusqu'au dernier, Archag ou Arsakès XXXI Artavast.

[2] M. Justi ne compte pas ce Menaskiras, qui était intrus.

[3] Mithridate III mourut seulement en 54.

[4] On voit que Vononès Ier et Artaban III ont été rois ensemble pendant un an. De même, un peu plus tard, pour Vononès II et son prédécesseur Gotarsès. On sait même que Vologèse II et Pakouros revinrent sur le trône, de 107 à 148, en même temps que Chosroès et Vologèse III. En général, la succession étant fort disputée chez les Parthes comme chez les autres peuples de l'Orient, il y eut souvent des rois partiels siégeant en même temps sur des provinces différentes, jusqu'à ce que le plus fort l'emportât. Aussi le tableau de M. Justi dans *Grundriss* etc., t. II. p. 147, est-il légèrement différent de ceux qu'il a établis ailleurs.

Rome. (Suite.)

Antoine jette aux fers Artavast	36
Octave envoie Tigrane régner en Arménie.	20
Octave-Auguste	31 av. J.-C. — 14 apr. J.-C.
Tibère	14 - 37
Caligula	37 - 41
Claude	41 - 54
Néron	54 - 68
Galba, Othon et Vitellius	68 - 69
Vespasien	69 - 79
Titus	79 - 81
Domitien	81 - 96
Nerva	96 - 98
Trajan	94 - 117
Adrien	117 - 138
Antonin le Pieux	138 - 161
Marc-Aurèle	161 - 180
Commode	180 - 193
Septime-Sévère	193 - 211
Caracalla	211 - 217
Macrin et Héliogabale	217 - 222
Alexandre-Sévère	222 - 235
Maximin le Thrace	235 - 238
Gordien Ier et Gordien II	238 - 244
Philippe l'Arabe	244 - 249
Décius	249 - 251
Gallus et Volusien	251 - 253
Valérien	253 - 260
Gallien	260 - 268
Claude II	268 - 270
Aurélien	270 - 275
Tacite	275 - 276
Probus	276 - 282
Carus et Galérien	282 - 284
Dioclétien	284 - 305

CHAPITRE VI

La religion des anciens Arméniens.

Le paganisme arménien procédait de trois sources : sur le fonds propre, sans doute d'origine indo-européenne, s'étaient implantés, à partir du VII° siècle avant notre ère, des emprunts faits aux Perses et aux Syriens. On doit ajouter qu'accidentellement ces conceptions nationales ou nationalisées furent plus ou moins revêtues de formes helléniques au I°r siècle avant J.-C. (¹)

Avant d'avoir subi le contact prolongé avec des civilisations étrangères et supérieures, les Arméniens possédaient, comme tous les peuples indo-européens, leurs dieux propres. Les noms ne nous en sont pas tous parvenus (²), mais parfois les caractères en avaient été appliqués aux dieux de provenance exotique. Ainsi, l'Ormuzd persan fut adopté par les Arméniens et appelé par eux Ahramazd ; mais, conformément à l'idée gréco-latine du dieu suprême que les Perses avaient perdue (³), ils en avaient fait le père des autres dieux, ce que les Perses n'imaginèrent jamais. De même l'Anahit arménienne, fille d'Ahramazd et prêtresse de la volupté au temps de Strabon, était célébrée

---

¹) Prof. Geltzer, *Zur armen. Götterlehre*, dans *Berichte über die Verhandl. der Kön. Sächs. Gesellsch. der Wissensch.*, Leipzig, *Philol. Hist. Classe*, II, III, 1897.

²) Nous verrons quels sont les noms du panthéon arménien qui peuvent se rattacher dans cette catégorie.

³) O. Schrader, *Reallexikon* etc., art. *Religion*.

par des cérémonies d'un caractère tout différent de celles avec lesquelles les Perses honoraient la même déesse, bien que certains rites de ces derniers aient été adoptés par les Arméniens en même temps que la divinité (¹).

En outre, toute l'histoire de la conversion des Arméniens au christianisme, racontée par Moïse de Khorèn, montre qu'en dehors des statues d'importation étrangère, ils possédaient antérieurement des effigies de dieux nationaux; néanmoins on ignore s'ils en étaient les auteurs. Encore cela ne prouve-t-il pas que les divinités ainsi représentées fussent aborigènes; elles pouvaient appartenir à l'une des deux autres branches exotiques, persane ou syrienne. Mais, à supposer réelle cette adaptation de l'image à l'idée, si l'image était adoptée, l'idée restait en grande partie personnelle; le souvenir de la religion primitive, d'essence indo-européenne, se maintenait toujours vivant; non-seulement le caractère particulier en fut appliqué aux divinités de provenance extérieure, mais le culte national eut toujours pour centre l'adoration d'un dieu qui ne figure pas dans les cercles consacrés ensuite par une mythologie d'importation, parce qu'il était resté dans l'imagination héréditaire comme essentiellement transcendant à tout autre. Ce dieu inaccessible aux influences barbares était Vanatour; les Arméniens l'appellent Vanatour-Dik (dik = les dieux, pluriel qui, s'appliquant d'ailleurs à toute autre divinité, n'a pas de singulier; le singulier di signifierait « cadavre »). Vanatour était honoré au commencement de l'année (*amanor* = nouvel an). Il fut jusqu'au christianisme le centre des pèlerinages du peuple entier. (²). En tant que Amanor, il était donc le dieu de l'année. Par extension, les Arméniens en firent l'*Amenaper*, celui qui donne tous les produits de la terre : c'était donc aussi le dieu du temps et des saisons (Agathangelos, Venise, 1862, p. 623), ou peut-être seulement celui de l'un ou des autres. Son temple principal se trouvait dans le village de Bagavân, province de Bagrevând (aujourd'hui Alashguert) (³). C'est sur l'emplacement de ce temple qu'est construit le fameux monastère de Sourp-Hohànnès (en turc Utch-Kilissa, les trois églises), au pied nord du mont Niphat. Ce nom de Bagavân, qui signifiait chez les Parthes « la place des dieux » bag = dieux ; *avân* = bourg), avait été traduit en

---

¹) Geltzer, *op. cit.*

²) Geltzer, *Zum Arm. Göttl.*, passim. — Dans la traduction arménienne de la Bible, à propos de II *Machab.*, VI, 2, on en fit le Zeus Xenios ou Jupiter Hospitalis : S. Weber, *op. cit.*, p. 38.

³) S. Weber, *op. cit.*, p. 39.

arménien par Ditsavàn (ditz = génitif de *dik*, les dieux), ce qui montre bien que Vanatour était le centre du culte de tous les dieux. Aussi Grégoire l'Illuminateur plaça dans l'église de Sourp-Hohànnès une relique de S. Jean-Baptiste, qui fut dès lors fêté au Navasart (le 1er jour de l'an), à la place de la fête de Vanatour, le 10 août ; c'était aussi la fête des fleurs, qui est restée très populaire. Partout où, en Arménie, il y avait un temple de Vanatour, et une maison pour recevoir les étrangers à côté de ce temple, ou même cette maison sans temple, elle était consacrée à Vanatour ; et elles étaient fort nombreuses, surtout à Bagavàn pour recevoir les pèlerins. Sur le tombeau d'un prêtre nommé Majàn on avait bâti un de ces hôtels de ville près du temple (Moïse de Khorèn, Venise, 1881, p. 166) ([1]). Il est probable que le tombeau contenait les restes d'un descendant de la famille royale, ce Majàn, qui avait été divinisé à son tour et qui était honoré conjointement avec Vanatour ([2]).

Le culte primitif s'adressait aussi au soleil et à la lune, qui étaient représentés par des statues. Elles furent détruites en 252 de notre ère par le roi de Perse Sapor Ier le Sassanide([3]), parce que la religion iranienne, honorant elle aussi les astres, ne célébrait aucun d'eux sous la forme d'une effigie matérielle. Des écrivains postérieurs au VIIIe siècle de notre ère ont inventé nombre d'autres dieux, ou ont attribué aux Arméniens des dieux de nations étrangères. Nous ne saurions les admettre plus facilement que M. Geltzer, qui les rejette ([4]).

En outre il y avait en Arménie nombre de génies du mal et du bien. Dans la première catégorie on ne sait trop si les mots qui sont restés dans le langage pour désigner de simples idées ont jamais été personnifiés. Ainsi *druz* signifie le mensonge en arménien, et était le génie du mensonge en Perse : de même *djatu* ou *djatuk*, emprunté au pehlvi par l'arménien, signifie les sorcières, mais ne sont que des femmes en Arménie, et des génies mauvais en Perse ; *nijaz* signifie la famine, le manque en arménien, mais le génie de la famine en pehlvi. Par contre, de vrais génies sont restés dans la première de ces langues : *pajik* le génie des forêts, de la verdure ([5]), *khatchKh* celui de la

---

[1] S. Weber, *op. cit.*, p. 39.
[2] Geltzer, *Zum Arm. Gött.*, p. 133.
[3] Et non par Artachir, comme le prétend Moïse de Khorène, *Hist.*, édit. cit. p. 77.
[4] S. Weber, *op. cit.*, p. 41.
[5] A. W. Jackson, *Iran Relig.*, dans *Grundriss* etc., t. II, pp. 646, 660, 665.

bravoure qui erre dans les montagnes et saisit les mauvaises gens pour les étouffer dans les torrents ([1]).

La religion primitive et nationale possédait des *vichapazunk*, « fils de dragon ». L'Ararat en était hanté. Il y avait aussi des *hark*, « pères », ancêtres déifiés, que l'on considérait comme les premiers pères de la race. Ils étaient honorés dans un district de leur nom, Hark, autour de Malazguert. Il en reste un vestige dans la prétention des derniers rois de se croire descendants d'Ahramazd ; de même les prêtres se croyaient issus des dieux ; c'est sans doute aussi pour cela qu'on adorait les restes du prêtre Majàn ([2]).

Quant aux génies proprement dits, les Arméniens, tels qu'ils étaient sortis de l'Europe, en vénéraient quelques-uns. C'était un animisme analogue à celui de tous les peuples primitifs. Le principal de ces génies avait nom Aralez (*Ara* était le héros adversaire de Sémiramis ; *lez* = lécher ; génie qui vient lécher les plaies des soldats), mais son nom même montre qu'il était de fabrication postérieure à l'établissement des Arméniens dans leur patrie définitive. Quelques fragments de chants populaires en outre de celui que nous avons cité, conservés par Mar Abbas et par Moïse de Khorèn, pourraient fournir d'autres renseignements sur le culte primitif.

« Essentiellement, les divinités arméniennes sont d'origine iranienne et ont principalement des noms iraniens ([3]) ».

Cette prédominance de la mythologie persane, au moins quant aux formes, s'explique par la longue domination des Perses, dont la civilisation, développée par leur étonnant esprit d'assimilation que signale Hérodote (I. 135), était infiniment supérieure à la barbarie arménienne. Sans avoir été contrainte par eux à adopter leur culte, l'Arménie y fut portée invinciblement par le fait de l'ascendant irrésistible qu'exerce toute race à la fois intellectuelle et victorieuse. En outre, les bienfaits de l'administration persane, exercée par des satrapes persans que les Arméniens adoptèrent comme une dynastie nationale, les portaient à imiter leurs maîtres. Enfin ils étaient astreints à collaborer extérieurement à la religion de Zoroastre en lui fournissant des victimes, comme nous l'avons vu par l'épisode du cheval de Xénophon. Du reste, ce n'était pas seulement les noms de la plupart des

---

[1] Moïse de Khorène, II, 61.
[2] S. Weber, *op. cit.*, pp. 43 et 44.
[3] Ce fait, établi par M. Geltzer, est reconnu par M. F. Justi dans *Hittiter und Armenier*, p. 177 et dans *Grundriss* etc., t, II. p. 612.

princes arméniens qui étaient persans, mais ceux de toutes les villes fondées par les satrapes, puis par les rois d'Arménie([1]). En somme, la classe dirigeante et les institutions politiques venaient entièrement de la Perse. Il n'est pas étonnant que les croyances et les mœurs en aient éprouvé le contre-coup.

En principe, les dieux issus de Ahramazd étaient au nombre de 7; mais on en ajouta un 8e, puis un 9e, si bien qu'en réalité le panthéon arménien comprenait, sans compter les emprunts accessoires, une décade de divinités de premier ordre. Mais la division en 7 était si bien considérée comme fondamentale que le roi Khosrov (Chosroès) père de Drtad (Tiridate), ayant, entre 226 et 230 de notre ère, remporté une victoire sur les Perses, offrit un grand sacrifice sur les 7 autels du temple de Gau (province du Paytakaran, au confluent de l'Araxe et du Kouros) ou de Valarshapat (Etchmiadzin) ([2]).

La dixième divinité ajoutée au panthéon, sans doute sur le tard, était aussi d'origine iranienne. C'était Spandaramat, dans lequel Lagarde (*Arm. Stud.*, p. 139) avait vu le Spenta Armaïti de la religion de Zoroastre. On ne peut savoir quand et comment les Arméniens l'ont adopté([3]). Dans le persan moyen ou pehlvi, ce fut Spandarmat, que les Arméniens ont adopté sous la forme Spandaramat. C'est le « bienfaiteur Armaïti », le « généreux dévouement ». Le mot Armaïti est l'Aramati védique, qui était le nom de la terre, et la « sagesse complète » que Plutarque traduit justement σοφία, d'après la tradition pehlvi. Exactement Armaïti signifie « le caractère aimable, convenable » ([4]). On ignore où et comment Spendaramat était adoré. Il ne devait pas être populaire, car Agathangelos n'énumère pas son temple parmi ceux que Grégoire l'Illuminateur détruisit. Il passait peut-être pour le dieu de la terre, car Thomas Artzrouni (*Hist. de la maison des Artzrouni*, Pétersbourg, 1887, p. 28) dit que la terre était son auberge; Spendaramat, ajoute-t-il, n'avait pas été créé par un autre, il

---

[1]) H. Hübschmann, *Armen. Gramm.*, I, p. 12.

[2]) Geltzer, *op. cit.*, pp. 144-148, d'après Sonkry, p. 326, qui mentionne Gau sans preuves en se référant à une indication de la géographie de Moïse de Khorèn, p. 33; M. Geltzer préfère la capitale d'alors, Valarshapat; il n'admet pas que les sept autels fussent les sept *nish* du temple de Gau, comme le pensait Tomaseo. D'après Intchitchian, *nish* est cité dans Agathangelos, p. 326. Ce mot n'indique pas en effet des autels, mais, croyons-nous, une disposition architecturale, un enfoncement du mur.

[3]) Geltzer, *op. cit.*, et Justi, dans *Grundriss*, etc., p. 612; de même A. W. Jackson, *Iranische Relig.*, dans *Grundriss*, etc., p. 638.

[4]) A. W. Jackson, *Die Iran. Relig.*, dans *Grundriss* etc., p. 638.

reste tel qu'il est et persiste sans changement ; tels sont aussi les caractères de la terre. C'est du moins la légende que racontait Manitop des Heptalites (les Huns) ; mais elle ne saurait se rapporter entièrement à Spendaramat (¹).

En parlant de l'influence *iranienne* subie par la mythologie arménienne, nous devons distinguer les sources persanes et les sources parthes, ces dernières de beaucoup postérieures, mais aussi les plus importantes. Selon M. Geltzer, l'action religieuse des Perses fut comparativement minime ; et c'est même la trace de la dernière époque des Parthes que l'on constate généralement. Ainsi, remarque-t-il, tandis que la Cappadoce avait, à côté de son Anahit, deux divinités persanes (Strabon, XV, 733), tandis que la Lydie, qui possédait des colonies persanes (Strabon, XIII, 629), avait des temples de la religion des Perses (Pausan., V, 27), et reconnaissait son Anahit pour l'Artémis persane (Pausan., VII, 6 ; Tacite, *Annal.*, III, 62), rien de semblable ne se retrouve en Arménie. Celle-ci, affirme M. Geltzer, ne possédait aucun vestige de la religion des Mages, répandue pourtant en Cappadoce avec son culte du feu (Strabon, XV, 733) et de même en Lydie (Pausan., V, 27).

L'origine iranienne de plusieurs descendants d'Ahramazd ne fait pas de doute. C'est d'abord leurs noms, que nous devrons étudier plus en détail, et dont trois sont iraniens : Vanatour, Mihr, Anahit, Nanée, Barshamin, Astlik, Tiour. C'est ensuite la similitude de ce système avec celui des 7 Amesha Spenta, les génies persans : c'est encore le genre de sacrifice accompli par Khosrov dans la circonstance mentionnée ; il immola quantité d'animaux bicolores, ce qui correspond au rite de l'Avesta (d'après W. Geiger, *Ostiranische Kultur*, p. 469) ; c'est enfin le récit même de l'historien : Agathangelos nous informe que le roi observa dans cette cérémonie les rites des mages ses ancêtres qui, nous l'avons vu, étaient des Arsacides parthes. Or, en même temps, les historiens arméniens parlent d'un 8e culte, celui de Vahakn : et ce fils postiche d'Ahramazd n'était pas iranien, mais indo-européen ; on avait donc vaguement conservé le souvenir de cette différence, bien que Vahakn fût incorporé à la famille iranienne. De plus, cette tendance à établir un total de 8, soit en comptant Ahramazd, soit en ajoutant Vahakn, semble provenir elle-même de l'influence persane, car dans le panthéon iranien il existait aussi 8 divinités suprêmes (²).

---

¹) S. Weber, *op. cit.*, p. 40.
²) F. Justi, dans *Grundriss* etc., t. II, p. 635.

On pourrait, il est vrai, établir une telle assimilation avec les Phéniciens, qui avaient 8 autels. Toutefois, l'influence phénicienne fut bien inférieure à l'iranienne. Elle ne se dénonce par aucun vestige positif. On sait seulement que les Syriens hellénisés exercèrent, au Ier siècle av. J.-C., une influence notable sur les Arméniens, et l'on peut croire qu'ils leur avaient transmis quelques traditions phéniciennes[1]. Même bien avant cette date, les relations entre les deux peuples avaient toujours plus ou moins existé et pouvaient donc faire circuler de l'un à l'autre des croyances plus primitives. Encore n'y a-t-il enfin qu'une simple coïncidence dans ce nombre de 8 adopté par plusieurs théologies. En tous cas, Vahakn était bien et dûment élevé à la dignité des 7 autres ; car Drtad et Grégoire l'Illuminateur ayant adopté le christianisme, renversèrent son temple et celui de ses frères aînés, avec lesquels il figure comme fils d'Ahramazd.

D'autre part, sans rejeter cette division, certaines parties de l'Arménie s'étaient formé des triades prises dans le sein de la famille Ahramazdienne. Ainsi Vahakn, Anahit et Astlik protégeaient spécialement le sud-est : leur culte avait pour centre Ashtishat dans le Tarôn (province de Mouch). Semblablement, l'Arménie entière était comme consacrée à la triade d'Ahramazd, d'Anahit et de Vahakn[2].

L'assimilation de ces dieux nationaux avec ceux de la Grèce ne fut jamais que partielle [3] ; les Arméniens comprenaient ces derniers à leur manière et cherchaient à les accommoder à leurs conceptions habituelles. Ce travail a été fait sous les règnes d'Artachès et de Tigrane le Grand, qui avaient pris un grand nombre de statues grecques et les avaient transportées en Arménie. Le souvenir populaire conserva toujours, d'ailleurs, une partie des attributs des divinités nationales. En voyant les statues hellènes, on avait seulement confondu Zeus-Jupiter avec Ahramazd ; Mihr avec Héphaïstus-Vulcain ; Anahit avec Diane-Artémis ; Nounée ou Nanéa avec Athéné-Minerve ; Astlik

---

[1] Geltzer, *op. cit., ibid.*, rapporte ainsi la légende phénicienne d'après Damaskios, dans Photius *Bibl.* 242, p. 352 b, Bekker : « Sadycos eut des enfants qu'on croit être les Dioscures et les Cabyres. Un 8e vint ensuite, appelé Esmounos, que l'on croit être Asclépios de Beyrout, lequel serait donc, non grec ni égyptien, mais phénicien ».

[2] S. Weber, *Die Kathol. Kirche in Armen.*, p. 27.

[3] Elle n'est d'ailleurs pas étrange. C'est un phénomène général que les emprunts mythologiques faits par un peuple à un autre aient été altérés par ses croyances primitives. M. Geltzer en donne comme exemple l'immixtion des idées phéniciennes dans la religion de l'île de Rhodes, où le culte de $Ζεύς \ Ἀταβύριος$ représentait celui de Baal de Tabor.

avec Aphrodite-Vénus; Tiour avec Apollon; Vahakn avec Hercule. Cette confusion et le choix suivant lequel elle s'est faite s'expliquent par des similitudes antérieures que nous allons signaler en étudiant chacun de ces noms successivement.

Ahramazd est la corruption d'Ahouramazda, forme ultérieure de Ohroumazd et de Ormuzd, qui signifiait en langue iranienne « le Seigneur Sage » (¹). Les Arméniens lui ont conservé le titre de Puissant et de Grand qu'il avait accessoirement chez les Perses, mais ils en ont fait, en outre, le créateur du ciel et de la terre, le père de tous les dieux (²) et le dispensateur des fruits du sol aussi bien que de la fortune. Les rois arméniens se disaient ses descendants. La cité par excellence de son culte était Ani, non pas la ville de ce nom qui, au nord de l'Araxe, fut la capitale du royaume chrétien, mais celle qui était située, dès le VIᵉ siècle av. J.-C., dans le Daranaghi (entre Erzindjân et Egin; c'est aujourd'hui Kemakh). Un autre lieu où Ahramazd était adoré est Paghat (et non Pashat, comme écrit M. S. Weber, que nous suivons; cette localité se trouve dans les contreforts du Taurus arménien). Enfin, il était vénéré aussi ailleurs, spécialement chez les Géorgiens et les Ibères. Primitivement il avait seulement pour fils Mihr, et pour filles Anahit et Nanée. C'est plus tard qu'on lui attribua d'autres généalogies, en lui donnant d'abord pour nouvelle émanation Astlik, puis les autres. Il engendrait seul, sans le concours d'une mère, conformément à l'idée persane (³). Cette idée nous est attestée par les

---

¹) F. Justi, dans *Grundriss der Iran. Philol.*, t. II, p. 632, d'après W. Jackson, *Zoroaster...*, New-York, 1899.

²) Barshamîn, Astlik et Tiour ne furent déclarés fils d'Ahramazd que sur le tard (Geltzer, *Zur Arm. Gött., loc. cit.*) Moïse de Khorèn (I, 31) rapporte l'opinion d'après laquelle il y aurait eu 4 Ahramazd, appartenant chacun à un peuple particulier, et même davantage. De même il y avait plusieurs Jupiter, trois d'après Cicéron (*De Nat. deor.*, III, 21), et ce chiffre empêche de croire que les Arméniens aient emprunté aux Grecs l'idée des 4 Ahramazd; aussi ne comprenons-nous pas que M. Geltzer, qui fait cette observation, en conclut à identifier Ahramazd avec Jupiter le Chauve. Un autre rapprochement bien étrange est celui que le même auteur signale entre Ahramazd et Cronos, d'après Moïse de Khorèn. Quand cet historien raconte la destruction des autels païens, les termes dont il se sert sont traduits dans l'édition grecque par ces mots: τὸν βωμὸν Κρόνου τοῦ πατρὸς Διὸς παντοκράτορος. « l'autel de Cronos, père de Zeus tout-puissant », et cette divinité possède une cité qui lui est consacrée, dans laquelle séjournent les rois arméniens parce qu'ils se disent de race divine. M. Gudschmid, *Kleine Schr.*, III, p. 342, identifie Cronos avec Zruvan, le principe suprême. Mais M. Geltzer préfère une autre interprétation donnée par Lagarde d'après Agathangelos.

³) S. Weber, *Die Kath. Kirche in Armen*, p. 28.

historiens arméniens chrétiens. Elisée et Eznik, auteurs de notre V⁰ siècle, rapportent une lettre de Yazdaguerd II, roi de Perse (439-457), qui reproche aux chrétiens de leur pays d'adorer un dieu né d'une vierge ; ils lui répondent que Mithra est né aussi miraculeusement, sans avoir eu de mère ([1]).

Le Mithra persan est le Mihr arménien. Hors sa naissance directe d'Ahramazd, il a conservé peu de caractères dans les souvenirs des historiens chrétiens ; et nous n'avons jusqu'à présent aucune autre source à consulter sur ce sujet. D'après Agathangelos, le temple de Mihr était à Pakayaritch (aujourd'hui Pakéritch près d'Erzindjân). Comme équivalent d'Héphaïstus, on peut conclure qu'il était le dieu du soleil et du feu. Du reste, Mithra était en Perse le dieu du soleil. Or le culte de Mithra s'était répandu tel quel dans toute l'Asie Antérieure. D'après Elisée et Moïse de Khorèn, on jurait sur le nom de Mihr ; il présidait donc aux actes conclus sous la foi du serment ; il sondait les cœurs, il vengeait les parjures, il sanctifiait la vérité et la justice ([2]). Son culte était sanglant ; d'après Xénophon (*Anabase*, IV, 5, 35) on lui immolait des chevaux, et en outre des victimes humaines dans la province de Terdjân, aux environs de son temple de Pakayaritch ([3]).

Assimilé à Hercule, il le fut aussi à Apollon, le dieu du soleil. Tout cela résulte des fables nationales des Arméniens : elles doivent remonter à leur séjour chez les Phrygiens, le long de la mer Noire ; Moïse de Khorèn les a entendu chanter avec accompagnement sur un instrument à cordes nommé *bambirn*.

Vahakn était si populaire qu'un jour de chaque mois, le 27⁰, lui était consacré. C'est sur l'autel de Vahakn à Ashtishat qu'on a placé les reliques de Jean Baptiste et de S. Athe. ?

La déesse Anahit prenait la première place dans le culte populaire. Les historiens chrétiens l'assimilent à Artémis ([4]), et parfois à Athéné. Le roi Drtad III dans son discours à S. Grégoire l'Illuminateur la définit comme il suit : « C'est la grande Dame, la gloire de la

---

[1]) F. Justi, dans *Grundriss* etc., d'après Jackson, *loc., cit.*, qui cite l'*Histoire de Vartan* d'Elisée.

[2]) D'après Jackson, dans *Grundriss* etc., p. 642.

[3]) S. Weber, *Die Kath. K. in A.*, p. 28. Il nous paraît évident que les mots *mihrshah* « la lumière du soleil » contiennent un vestige de l'ancien culte du soleil, emprunté aux Perses. Ce mot est encore actuellement usité dans quelques dialectes arméniens, comme celui Kharpout.

[4]) A la « souveraine Artémis » Ἄρτεμις δέσποινα.

nation, celle qui dispense les biens de la vie, celle que tous les rois adorent, spécialement le roi des Grecs. C'est la mère de toute sagesse, la bienfaitrice de tout le genre humain. Elle est fille du suprême Ahramazd ; par elle vit et prospère tout le pays arménien, qu'elle couvre de sa protection ». Dans la dernière époque de la littérature chrétienne, Anahit est montrée comme l'épouse d'Ahramazd, comme la mère et la souveraine des Arméniens (¹). C'est d'ailleurs là une erreur. Anahit n'était pas l'épouse d'Ahramazd, ni la mère des Arméniens, mais la source de toutes les vertus féminines (²). Son principal temple se trouvait à Eriza (Erzindjàn) dans l'Acilisène. C'était le plus célèbre sanctuaire de toute l'Arménie. Un autre était situé à Armavir (près d'Etchmiadzìn), d'autres à Artaxata (sur l'Araxe), à Ashtishat (dans le Tarôn), sur le mont Tarbnatskar (dans la province d'Antzevatsi, sur le Taurus arménien ; le mot Tarbnatskar signifie « la pierre du forgeron ») ; ce dernier, d'après la légende chrétienne, fut détruit par l'apôtre Bartholomée ; on en connaît enfin deux autres : l'un dans la Sophène, sur le mont nommé Athoranahta, « le trône d'Anahit » (mais on ne sait plus où localiser ce point), où vivait l'ermite Epiphane au IVᵉ siècle (d'après Faustus de Byzance) ; et le dernier, dans un lieu nommé Tiringatar, sur le Taurus oriental (dans le Tarôn) (³). La sainteté du sanctuaire d'Eriza est sans doute celle à laquelle fait allusion Cicéron en parlant (*De Imperio Pompaeii*, p. 23) du « *fanum locupletissimum et religiosissimum* ». Nous avons vu que l'expédition de Lucullus émut beaucoup les Arméniens, qui s'imaginaient qu'il voulait dépouiller leurs temples, et spécialement celui-là. La crainte n'était pas vaine ; les Romains ne se privèrent pas toujours de piller les richesses souvent énormes qui y étaient consacrées aux dieux. Ainsi fit Antoine, au témoignage de Pline (⁴). « La statue d'Anahit était en or

---

¹) S. Weber, *op. cit.*, p. 29.

²) Agathangelos, *Hist. de Grégoire l'Illuminateur*, § 5.

³) S. Weber, *op. cit.*, p. 29. — L'auteur signale que Procope voyait le Taurus dans ces mots : τὸ ἐν Ταίροις Ἀρτέμιδος ἱερὸν (*De Bello Pers.*, I, 17), et qu'il en conclut qu'Oreste en fuyant avec Iphigénie avait fondé la Comana du Pont, puis celle de la Cappadoce, un oracle lui ayant prédit qu'il trouverait la fin de ses maux dans le temple principal du Taurus. Ailleurs, il confirme cette déduction par le témoignage des Arméniens eux-mêmes, qui placent dans l'Acilisène l'origine du culte de l'Artémis taurique (*De Bello Goth.*, IV, 5). De telles légendes sont ultérieures aux traditions primitives. M. Geltzer observe que Strabon, XII, 557, fait au contraire dériver la Comana du Pont de celle de la Cappadoce.

⁴) Pline, *Histoire Natur.*, XXXIII.

massif (¹) et placée dans un temple qui avait donné à la localité le nom de la déesse (²), très vénérée par les habitants. Elle fut dépouillée par les gens d'Antoine au cours de ses entreprises contre les Parthes. On raconte que l'un de ses vétérans — c'était un notable de Bologne — offrant un jour un festin de bienvenue au divin Auguste, fut interrogé sur la légende qui prétendait que le premier violateur de cette effigie avait été frappé de cécité et de paralysie. Il répondit qu'à l'heure présente c'était principalement sa jambe qui fournissait les frais du festin offert par lui-même à Auguste, et que toute sa fortune provenait de cette rapine ». La statue fut d'ailleurs rétablie par ses adorateurs. Grégoire l'Illuminateur trouva une autre Anahit d'or à Erez (d'après Agathangelos, p. 591) (³). De cette même déesse Anahit, la ville d'Ashtishat possédait aussi une statue d'or dans le Tarôn. Son temple était fortifié à Artaxata, et les prêtres des dieux s'y défendirent contre l'armée royale. Les peuples l'invoquaient sous le titre de « la mère d'or » (Agathangelos, pp. 584 et 600). Deux fois par an, au printemps et à l'automne, on célébrait solennellement sa fête. Strabon (XI, 532) rapporte que l'un des rites de ce culte était la prostitution des filles nobles dans le temple (⁴). On a essayé de prétendre qu'elle n'existait plus au moment de la conversion des Arméniens au christianisme, sous prétexte que S. Grégoire l'Illuminateur n'en parle pas dans les blâmes qu'il adresse au roi Drtad contre le paganisme. Il est certain que la

---

¹) Détail intéressant, c'était la première de ce genre : « prima omnium nulla inanitate, et antequam ex aere aliqua illo modo fieret, quam vocant holosphyraton ». Nous ne savons si elle était de grandeur naturelle, mais la suite du texte pourra donner une idée de sa valeur.

²) M. Geltzer est d'avis que l'Acilisène doit être identifiée avec le pays appelé Anahetica et désigné par les mots ἡ ’Ἀναῖτις Χώρα dans Dion Cassius 36, 48. De même il note que Strabon XI, 532, assigne l'Acilisène comme le centre du culte d'Anahit. On sait d'ailleurs qu'Eriza (Erzindjèn) touchait à l'Acilisène.

³) S. Weber, op. cit., p. 30.

⁴) S. Weber, op. cit., p. 31. L'auteur signale l'opinion de deux écrivains arméniens, Samuelian et Emin, qui ne veulent pas croire au témoignage du géographe grec, quoiqu'il fût du pays même et fort bien renseigné. Cette fin de non-recevoir sans raison est étrange. La prostitution sacrée existait chez la plupart des autres peuples de l'antiquité : v. Maspéro, Hist. anc. des peuples de l'Or. classique. Aussi les critiques modernes ne font-ils pas difficulté de l'admettre chez les Arméniens ; v. Geltzer, op. cit., p. 270. Elle y était considérée comme un honneur, puisqu'elle était réservée aux filles nobles. Rien d'étonnant, d'ailleurs, à ce qu'elle ait graduellement disparu avec le progrès des mœurs. En Arménie comme ailleurs elle aurait donc bien pu avoir disparu aux premiers siècles de notre ère sans qu'il en résultât qu'elle n'eût jamais été en vigueur. On voit donc que, même sous ce point de vue le plus favorable, le silence de Grégoire ne signifie rien.

reproduction du discours de Grégoire par Agathangelos est authentique. Quoi qu'il en soit, le culte d'Anahit était resté si populaire que, malgré leur conversion au christianisme, les Arméniens le reprirent secrètement sous leur roi Tiran (IV⁰ s. apr. J.-C.). Les cérémonies de ce culte au III⁰ siècle de notre ère, pour le temple d'Erzindjân, se composaient d'un sacrifice à la déesse, d'un pèlerinage au fleuve voisin, le Gaïl (Loukos), et d'un festin royal où l'on s'enivrait ; puis on couronnait l'autel de rameaux et de bouquets(¹). Ajoutons enfin que si l'on faisait à Anahit des statues en or, c'est que la croyance la considérait comme née avec un corps de cette matière. Aussi l'appelait-on Voskiamaï « la mère d'or » (*voski* = or, *maiɹ* = mère).

Nanée (Nanaï, Nanéa, Nouné) fut confondue avec Athéné quand Artachès apporta la statue de celle-ci en Arménie, et que Tigrane le Grand la fit placer dans le temple de Thil. Nous ne connaissons ni l'emplacement de ce sanctuaire ni le nom d'aucun autre(²). Tandis qu'Anahit était la déesse maternelle, Nanée semble avoir été la vierge déesse de la guerre (³). D'ailleurs Nanée était aussi en Perse la déesse des batailles(⁴). En somme, elle se distingue peu d'Anahit dans la tradition arménienne. Elle était aussi honorée chez les Élamites et chez divers peuples sémites différents des Juifs, comme les Phéniciens, les Syriens, les Assyriens (⁵).

Barshamîn était emprunté aux Syriens (en syriaque Bel-Shamîn ou Baal-Shemîn). C'était le dieu du ciel et de la terre, mais les Arméniens ont transféré cette attribution à Ahramazd. Ils lui avaient fait une statue d'argent, d'ivoire et de cristal nommée Spitagapar, « blancheur étincelante » (⁶). La traduction grecque d'Agathangelos a fait de Barshamîn, on ne sait pourquoi, une divinité féminine. Comme les Arméniens et les Iraniens qui les inspiraient généralement adoraient eux-mêmes le soleil, on ne doit pas s'étonner qu'ils aient emprunté une divinité solaire aux Syriens, dès qu'ils ont été en contact intime avec eux. En effet, la civilisation syriaque était très supérieure à la

---

¹) S. Weber, *op. cit.*, p. 31, d'après Agathangelos, p. 49. Détail significatif : Grégoire, qui travaillait à l'établissement du christianisme, fut obligé de laisser faire et d'ordonner lui-même l'offrande des rameaux.
²) S. Weber, *op. cit.*, p. 32.
³) Geltzer, *Zur armen. Götterlehre*, p. 124.
⁴) D'après *Alishan, Histoire de l'ancien. relig. des Armen.*, Venise, 279.
⁵) Geltzer, *op. cit.*, p. 122.
⁶) Moïse de Khorèn, *Histoire*, II, 14.

leur, spécialement dans le développement des idées religieuses(¹). Or, dès une haute antiquité, les Arméniens avaient eu avec les Syriens des relations qui devinrent de plus en plus étroites : car ils avaient été rencontrés à demeure dans la Cataonie (au sud de la Cappadoce), qui s'étendait jusqu'à l'Acilisène et dans la Taronitide (province de la même région qu'il ne faut pas confondre avec le Tarôn de Mouch) (²). Aussi, avaient-ils adopté nombre de mots syriaques ; et sous Tigrane le Grand les peuplades syriennes de cette région étaient incorporées à la race arménienne, qui, tout en imposant aux vaincus sa langue et son administration, leur emprunta une partie de leurs idées et de leurs mœurs (³).

Le nom d'Astlik signifie « la petite étoile » comme son nom syrien Kaoukabta (⁴); les Arméniens se seraient donc contentés de traduire le titre en empruntant la personne (⁵). Elle était principalement honorée à Ashtishat (dans le Tarôn), puis à Paghat (et non Pashat), où nous avons déjà trouvé Ahramazd (⁶). Artachès II lui bâtit un temple sur le bord du lac de Van, et l'épouse de ce roi, Sathinik, ne voulut pas abandonner le culte d'Astlik malgré la victoire du christianisme (⁷). La mythe en avait fait l'amante de Vahakn ; son temple d'Ashtishat portait ce titre, et elle était la déesse de la volupté. On célébrait en son honneur de grandes fêtes vers la fin de l'année arménienne (⁸).

---

¹) v. Strabon, XI, 128.

²) Strabon, XI, 14. — D'ailleurs, d'autres, comme M. H. Hübschmann, disent que Taron est ici une mauvaise transcription : on ne trouve pas trace de ce nom dans l'ouest de l'Arménie. Au lieu de l'Acilisène, il faudrait peut-être aussi lire la Mélitène.

³) Geltzer, dans *Berichte über die Verhandl. der Kön. Sächs. Gesellsch. der Wissensch.*, Leipz., 1896, II, III, am 7 decemb. 1895. — Pour comprendre que les Arméniens aient été influencés plus tôt par la civilisation syrienne que par l'hellénisme, il suffit de se reporter aux dates de leur émigration. Quand ils se trouvaient encore sur les côtes ioniennes, les populations d'origine grecque commençaient à peine, comme eux, de sortir de la barbarie, et c'est seulement quand ils les ont quittées, qu'elles ont pris leur essor. Le tort des Arméniens fut de s'éloigner des côtes, et par conséquent des influences progressistes. Il en est résulté qu'aux Iᵉʳ et IIᵉ siècles de notre ère nous les trouvons à peine parvenus au degré de culture où étaient parvenus, peu de temps après leur départ de la Phrygie, les Hellènes du VIIIᵉ et même du IXᵉ siècle avant notre ère, ceux par exemple de Mychène, de Tiryne et d'Orchomène (Geltzer, *op. cit.*). Par contre, dès qu'ils arrivèrent en contact avec les Syriens, vers la fin du VIIIᵉ siècle, ils les trouvèrent, à titre de peuple maritime, bien supérieurs à eux-mêmes.

⁴) D'autres l'assimilent à Belti, déesse du ciel.

⁵) Geltzer, *Zur Arm. Gött.*, p. 123, d'après G. Hoffmann, *Auszüge aus syr. Akt. pers. Mart.*, p. 136.

⁶) Alishan, *op. cit.*, p. 280.

⁷) *id.* p. 281.

⁸) *id.* p. 283.

Comme on la confondait parfois avec Anahit, elle passa aussi pour une fille d'Ahramazd (¹). Elle fut ensuite assimilée à Vénus Aphrodite.

Tiour ou Tir était « la forme planétaire de Mercure » et doit être d'origine persane (²) : car il est appelé le révélateur de la science des prêtres. Son temple se trouvait à Yerazamouin, où le roi Drtad, voulant détruire les autels païens, arriva en passant de Valarshapat à Artaxata (³). D'autres identifient Tiour avec Apollon, ce qui est plus conforme à la tradition arménienne (⁴). En arménien, le mot Tir signifie « Puissance, Fermeté, Force » (⁵). C'est le dieu des oracles, des sages desseins et de l'éloquence ; il assurait le succès et les bénédictions terrestres.

Vahakn était le plus populaire de tous les dieux arméniens (⁶). C'est lui qui étrangle les dragons, qui donne la bravoure, si bien qu'on l'a pris quelquefois pour le seul dieu de la guerre (⁷) et qu'on l'a parfois assimilé avec Arès-Mars, tandis que d'autres croient que, parmi les dieux grecs, Hercule seul a dû lui être comparé (⁸). Son nom ne peut être identifié avec celui de Veretragna, le génie de la guerre iranien (⁹), malgré la similitude des syllabes. Il existe une parenté phonétique plus étroite, soit avec Vadagna, soit avec Vayou ou Vaëiveh, le suprême Yazatas (¹⁰). Etymologiquement, vah = porter ; $agni$ = le feu ; d'où Vahakn serait le dieu du feu (¹¹).

Cependant d'autres étymologies nous paraissent plus vraisembla-

---

¹) S. Weber, *Die Kath. K. in Armen.*, p. 33.
²) H. Hübschmann, *Armen. Gram.*, I, p. 89 ; F. Justi, *Iran. Namenb.*, p. 325.
³) Agathang., p. 452.
⁴) *id.*, p. 584 ; Moïse de Khorèn, *Hist.*, II, 12 et 49. La ressemblance qu'on lui attribue d'autre part avec Mercure repose sur des annotations de manuscrits arméniens traduisant le passage où, dans les Actes des Apôtres, Paul dit que les païens le prenaient pour Mercure.
⁵) S. Weber, *Die Kath. K. in Arm.*, pp. 33, 34, remarque que la lutte engagée contre les destructeurs chrétiens de Yerazamouin par les génies et démons aux formes humaines et animales, d'après les mythes populaires, prouve bien la force de Tiour, qui possédait à une statue de grand prix, présent d'Artachès (Moïse de Kh., *Hist.*, II, 49). Malgré cette collision acharnée, le souvenir de Tiour semble avoir survécu dans les noms de nombreux monastères chrétiens sous la forme du préfixe *tre*, et même dans les noms de personnes qui commencent par *tir* ou *tr* (Alichan, *op. cit.*, p. 288). Lagarde (*Armen. Stud.*, p. 141) assimile Vahakn avec le génie de la guerre iranien ; nous verrons qu'il a tort et que ce caractère doit être réservé à Tiour.
⁶) Geltzer, *Zur Arm. Gött.*, p. 104.
⁷) S. Weber, *Die Kat. K. in Arm.*, p. 34, d'après Agathang.
⁸) S. Weber, *op. cit., ibid.*, d'après Moïse de Kh., II, 14 ; Faustus, III, 14.
⁹) Comme l'avait cru Lagarde, v. *supra*.
¹⁰) S. Weber, *Die Kath. K. in Arm.*, p. 33, d'après Darmesteter et Maspéro.
¹¹) S. Weber, *ibid*.

bles. Les mots du Zend-Avesta *veretra* = vaincre, et *gna* = frapper, ont fait ensuite le nom propre Veratragna « génie de la victoire », ou Bahram, qui est aussi le dieu de la victoire chez les Iraniens, et qui a été adopté par les Arméniens sous les formes Vahakn et Vahram (¹). C'est pourquoi Agathangelos (²) le donne comme le tueur de dragons, le dieu de la bravoure, qui communique le courage. En tant que dieu des phénomènes météorologiques, l'hymne de Vahakn (³) le montre né des roseaux de la mer qui ont pris feu ; leur fumée a fait naître cet enfant avec des cheveux et des yeux de feu. Aussi, il était né du ciel et de la terre, de la pourpre de la mer (ou plutôt des nuages si on le compare avec Hindra et Agni), et enfin des roseaux célestes (plutôt que maritimes), ces roseaux qui viennent brûler à l'horizon dans la mer. La guerre de Vahakn contre les génies est contre les terreurs du cyclone et de la foudre. A ce titre il est *kaDz* « brave » et il communique le courage ; ce n'est donc pas à titre de dieu de la guerre. Ces attributs météorologiques sont d'ailleurs empruntés aux mêmes attributs du Veretragna.

A ce point de vue encore, Vahakn est bien le dieu solaire. C'est dans ce sens que doit être interprété son surnom de Vishapakaγ, qui ne signifie pas « le tueur de dragons » comme l'admet M. S. Weber, mais « l'assembleur de dragons », c'est-à-dire de météores, *vishap*, qui signifie, il est vrai, « dragon », mais aussi « tourbillon », cyclone, foudre, en général phénomènes météorologiques ; et le suffixe *Kaγ* vient de *Kaγem* « ramasser » en arménien ; Vahakn est aussi le troisième membre de la triade que nous avons mentionné. Enfin c'est lui qui était adoré au « temple de Vahevah » autre version du même nom, forme allotropique « analogue à celle que l'on trouve, par exemple dans Hymen Hymenæe ». Ce temple était situé à Ashtishat, « ville riche en offrandes d'or et d'argent », dit Agathangelos. Le texte grec assimile Vahakn à Hercule, et les légendes en racontent

---

¹) Cette étymologie est donnée par de Lagarde, *Armen. Stud. Götting*, p. 141. Elle est confirmée par H. Hübschmann, *Armen. Gramm.*, puis par F. Justi, *Iran. Namenbuch* et enfin admise par A. W. Jackson, dans *Grundriss der Iran. Philol.*, t. II, p. 643.

²) Edit. Venise, 1862, p. 606. C'est à tort qu'Alichân (*op. cit.*, édit. Venise 1895, p. 295) dit que Vahakn était le dieu de la guerre chez les Arméniens comme Mars. Mais comme tueur de dragons, il est avec raison assimilé à Hercule. — On ne peut avec les frères Whiston, premiers traducteurs de Moïse de Khorèn, voir dans la racine *vah* le sens de « bon ».

³) Moïse de Khorèn, dans S. Weber, *op. cit.*, p. 35.

des exploits analogues à ceux du héros hellène. Un autre temple était à Ahevakân dans le district de Tosp (Vân) d'après Thomas Artzrouni, (*Hist. de la maison Artzrouni*, édit., Pétersbourg, p. 214). Il en indique un autre dans le Petit Aghbag, sur le Grand Zab.

D'après la théorie d'Evhémère, ce Grec ingénieux qui, au temps de Philippe de Macédoine, avait assigné pour origine à tous les dieux des héros divinisés, Vahakn devrait avoir lui-même cette provenance. On peut croire qu'une telle idée fut admise un instant en Orient, car Moïse de Khorèn dit que les Géorgiens lui avaient élevé une statue, qui serait simplement celle du roi arménien Vahakn, lequel, étant allé en Syrie, avait pris de la paille au héros Barsham ; cette paille était tombée en Arménie et s'étant envolée au ciel y avait fait la voie lactée, appelée encore par les Arméniens « le chemin du voleur de paille ».

CHAPITRE VII

Civilisation

des anciens Arméniens

En outre de ce que nous avons dit sur les institutions sociales qu'on est en-droit d'attribuer aux Arméniens à l'exemple des Hittites, des Khalds et des Perses, il nous reste à exposer nombre de points de vue qui, sans éclairer complètement l'état de culture où se trouvaient les Arméniens, nous permettront de le concevoir approximativement, du moins depuis le commencement de la période où ils apparaissent dans l'histoire ([1]).

Le roi était absolu. Tous ses ordres étaient des lois, et nul autre pouvoir n'avait aucune autorité législative. Quel que fût le caprice du monarque, nul n'osait lui désobéir, même s'il s'agissait d'une action considérée comme monstrueuse. Ainsi Tiràn, roi chrétien du IVe siècle, donne l'ordre de frapper le catholicos Youssik, et il reçut tant de coups qu'il en mourut. Le catholicos élu à sa place par la noblesse,

---

[1]) Nous prendrons nos renseignements dans les historiens arméniens, qui sont tous postérieurs au IVe siècle de notre ère, même Agathangelos et Moïse de Khorèn, qu'on avait longtemps crus antérieurs. Malgré la distance considérable par rapport à l'antiquité, nous avons la certitude que les mœurs et institutions étaient restées les mêmes. La tradition est si vivace chez les Arméniens qu'aujourd'hui encore ils conservent des superstitions qui sont déjà relatées au Ve siècle par Eznik (*Contre les sectes*).

Daniel, vient reprocher à Tirân d'avoir agi de la sorte : le roi aussitôt de le faire pendre (¹). Ainsi le tyran avait droit de vie et de mort sur tous ses sujets, et il leur distribuait à volonté fortune, titres nobiliaires, prenant à l'un pour donner à l'autre. Archag, successeur de ce Tirân, ordonne à Vartân Mamikonian, prince frère du maréchal des armées, de tuer Kenel, qui était le propre cousin du roi. L'ordre est exécuté de suite (²). Par la suite, il enjoint à ce maréchal, nommé Vassak, de mettre à mort son frère Vartân, ce qui fut fait (³). Il y a beaucoup d'autres exemples semblables. Jamais on ne trouve un sujet qui songe même à refuser d'exécuter un crime commandé par le maître ; c'était un devoir sacré qu'on ne discutait pas, fût-ce même quand il s'agissait d'exterminer une famille, une tribu, un peuple entier.

Sous les rois arméniens, le pays était divisé par l'orographie même en provinces fermées et s'administrant d'une façon presque indépendante sous la direction d'un *naxarar* ou *tanuter* (le premier titre désigne les relations que ce prince avait avec le roi ; le second montre sa place vis-à-vis de sa tribu, et signifie le « chef de famille » ; les autres membres de la même sepuh, dont l'aîné succédait au défunt). Ce prince n'avait vis-à-vis du roi que deux obligations : un tribut et le service militaire. C'est le régime féodal absolu, sauf qu'il n'était pas d'usage de prêter serment de fidélité au roi. Bien que la période moderne fourmille de trahisons, comme il arrive fatalement dans les féodalités montagnardes, la personne du roi était tellement sacrée qu'on ne possède pas un seul exemple d'attentat commis contre elle par les Arméniens (⁴). On ne voit en Arménie rien de semblable à ces conspirations incessantes qui remplissent l'histoire de l'Assyrie, de la Perse et de presque tous les autres peuples orientaux. Le seul fait de ce genre, qui encore n'eut pas un dénouement sanglant, fut la déposition du dernier Arsacide arménien, Artachès III en 428 apr. J.-C. (⁵).

Cette noblesse se divisait en deux groupes à la cour du roi, dans laquelle chacun des Nakharar avait son coussin, barTZ, à une place fixe suivant son rang. Il s'en trouvait parfois 900 dans la même salle (⁶).

---

¹) Faustus de Byzance, *Hist. de l'Arm.*, III, 12 et IV, 14.
²) Faustus, IV, 11.
³) Faustus, IV, 18.
⁴) Il est vrai, Moïse de Khorèn prétend (*Hist.*, II, 92) que le roi Drtad, le premier converti au christianisme, fut empoisonné ; mais c'est une légende qu'il est le seul à relater.
⁵) Moïse de Khorèn, III, 63.
⁶) Faustus, IV, 2.

Si le coussin ne se trouvait plus à sa place, le titulaire en était disgracié ; souvent le roi déplaçait ainsi ceux qu'il voulait récompenser ou châtier. Tous ces princes étaient TSara arkaï « serviteurs du roi », d'après l'usage des Perses (¹). Quatre d'entre eux étaient vice-rois, *pitjaзx* (παιάἕης) (²), chargés de garder les frontières, fonction traduite exactement par leur titre *Sahmanapah*. Le principal était celui de AқDZnik (province du Taurus entre la Gordyène et la Sophène) ; puis venait celui de Sophène, puis ceux de Gordyène ou Kordouk, et de Gougark (au nord, contre les Géorgiens, dans le sud-ouest de la vallée du Kouros). On ignore quand s'est établie cette hiérarchie, mais elle se trouve si bien assise au commencement de l'ère chrétienne que tous les historiens y font sans cesse allusion.

La cour vivait sur deux sortes de revenus. D'abord les biens de la couronne étaient considérables ; parfois même ils comprenaient des provinces entières : ainsi le district de l'Ararat, fort étendu, appartenait à la famille des Arsacides et ne possédait pas de Nakharar particulier. Dans toutes les autres divisions du royaume, se trouvaient dispersées d'autres propriétés de la cour. Un ministre spécial était chargé d'administrer ces fonds ; il avait le titre de *martpet* (mart = homme, pet = chef) (³). La seconde ressource provenait des impôts. On les désigne par les mots *has*, *mut*, *sak*, *baз*. Ce dernier est persan et désigne les droits de douane (⁴). Pour les autres, nous ne savons quel est leur sens. On ignore même le montant des impôts sous les rois arméniens, tandis que nous avons pu l'apprécier sous Darius.

La monnaie arménienne ne nous est connue que depuis l'époque de Tigrane le Grand (⁵). Les autres princes qui en ont laissé sont assez nombreux ; jusqu'à Erato, presque tous se sont fait représenter sur des monnaies ou des médailles, et toujours avec des inscriptions en grec.

A l'égard des criminels politiques, les rois d'Arménie étaient inexorables. Dans certains châteaux-forts comme celui de d'Artaxata, étaient creusées des oubliettes, *virap*, pour les condamnés, *mahapart* (mah =

---

¹) Dans les inscriptions de Darius, il appelle ses serviteurs des satrapes.

²) H. Hübschmann, *Arm. Gram.*, p. 120.

³) Faustus, V, 8, etc.

⁴) H. Hübschmann, *Arm. Gram.*, p. 115, d'après Isidore de Charax qui transcrit Βαξιγράβαν, Σ'εδτι τελώνιον.

⁵) La belle médaille de ce roi reproduite dans *Mithridate Eupator* de Th. Reinach était une monnaie dont on a trouvé des exemplaires en or et en argent.

la mort, *part* = il doit); c'est précisément dans la basse-fosse d'Artaxata que fut jeté Grégoire l'Illuminateur la première fois qu'il vint prêcher le christianisme, mais à titre de fils de l'assassin du roi Chosroès; il était d'ailleurs Parthe et non Arménien. Des *dahitch*, bourreaux (¹), dont le chef était le *dahtchapɛt*, exécutaient les condamnés sur une place spéciale, *karapnarăn*. Les châtiments infligés aux ennemis politiques étaient souvent terribles. On les écorchait vifs, on leur arrachait les yeux, on leur brûlait les paupières au fer rouge, on tuait toute la famille devant les yeux du père, et celui-ci en dernier lieu; quand on était fort en colère contre un prisonnier de guerre, on le faisait rôtir ou on empaillait sa peau enlevée (²). Les frères mêmes des conspirateurs, fussent-ils consacrés aux dieux comme pontifes, étaient jetés à l'eau avec une pierre au cou (³). Un ministre des biens de la couronne, qui avait maltraité la reine et trahi en faveur des Perses, fut dépouillé de ses vêtements, les mains attachées sous les cuisses, et jeté nu dehors pendant une de ces nuits d'hiver où le froid est si intense: le lendemain, la cervelle s'était écoulée par le nez (⁴). Quant aux supplices réservés aux criminels de droit civil, ils étaient décernés par des tribunaux réguliers; du moins nous pouvons le conclure d'un passage de Faustus (⁵) où les nobles de la ville d'Archakavan (aux environs de l'Ararat, dans le district de Gogovit ou vallée de Gog, au nord de Bayazid) protestaient contre la décision du roi Archag II (352-366) qui avait désigné ce lieu comme ville de refuge, en disant que la justice était donc morte, et en refusant d'accepter cette décision de la cour, qui avait pourtant bien le droit de prendre son propre domaine pour cette destination. Les condamnés autorisés à y chercher un asile étaient ceux qui étaient chargés de dettes, ceux qui avaient nui à leur prochain, ceux qui avaient versé le sang, les adultères, les voleurs; si bien que le créancier qui y poursuivait son débiteur en était chassé. Aussi Archakavan était peuplée de bandits, de coupeurs de bourses, de filous, de crocheteurs, d'assassins, d'adultères, de domestiques infidèles, de dépositaires accapareurs.

Dans la cour, les grands fonctionnaires étaient en première ligne le *hazarapɛt*, que les Grecs ont traduit directement par « chef de mille »,

---

¹) H. Hübschmann, *Arm. Gram.*, p. 133.
²) Faustus, V, 1.
³) Moïse de Kh., II, 48.
⁴) Faustus, V, 3.
⁵) Faustus, IV, 12; — cf. Moïse de Kh., III, 27.

Χιλίαρχος; mais il était devenu déjà chez les Perses, d'abord ministre de l'intérieur, puis ministre à tout faire; c'était le second dans l'Etat. Chez les Arméniens il resta spécialement affecté aux finances et à l'agriculture. C'est ce que les Grecs ont traduit en l'appelant ἐπίτροπος et οἰκόνομος (¹). Il était désigné dans le langage courant par le titre de *achxarhachèn* (*achxarh* = pays, *a* = de, *chèn* = embellir, et spécialement bâtir *chinel*); il construisait les fermes, les rues des villes, les ponts, les routes; il veillait en un mot à la prospérité matérielle de la nation. Venait en seconde ligne le *spatapet*, le maréchal, ἀρχιστράτηγος disaient les Grecs(²). Ainsi Mamikonian, dont nous venons de parler, était un *spatapet*. Il devait conduire les troupes chaque fois que le roi décrétait la guerre; mais celui-ci ne prenait jamais la direction en chef; ainsi quand Pap, fils de Archag II, voulut conduire la bataille dans la plaine DZirav contre Sapor II, son *spatapet* Mouchegh lui dit: « Il faut que vous restiez en sécurité et que nous nous battions pour vous. Restez donc tranquille à l'écart et priez Dieu, nous vaincrons » (³). Cependant, les rois d'Arménie ne se sont pas fait adorer absolument comme tant d'autres dans l'antiquité. Tigrane le Grand est le seul qui ait accepté les honneurs divins. Mais, à vrai dire, les autres devaient être vénérés comme de souche divine, puisque la légende les faisait descendre d'Ahramazd; et tous les rois païens furent ensevelis auprès du temple de ce père des dieux à Ani (l'Ani près de Kemakh sur l'Euphrate), si bien que lorsque Sapor II (⁴) le Sassanide, conquit l'Arménie, il enleva ces ossements, mais une fois arrivé à l'Ararat, il fut défait par le Sparapet arménien et obligé de les rendre au vainqueur, qui les inhuma à АҢTZ*kh* (près de l'Alagöz). Les Perses avaient idée qu'en emportant en Perse les ossements des rois arméniens, ils y feraient aussi émigrer la gloire, le bonheur et le courage de leurs ennemis. — A la cour figurait aussi un personnage chargé de couronner le roi. Il portait le nom de *tagadit-aspet* (*tag* = couronne; *dit* = poser; *aspet* = chevalier, mot persan)(⁵). Depuis Artachès Iᵉʳ cette fonction était probablement héréditaire dans la famille des Bagratouni (⁶), et

---

¹) H. Hübschmann, *Arm. Gram.*, p. 174.
²) H. Hübschmann, *op. cit.*, p. 240.
³) Faustus, V, 4.
⁴) Faustus, IV, 24.
⁵) *tag* vient aussi du persan *tadj* = couronne, trône, d'où les Arméniens ont fait *tagavor* « porteur de couronnes », roi; H. Hübschmann, *Arm. Gram.*, p. 153.
⁶) Moïse de Kh., II, 7. Cet auteur dit à tort que la fonction commença sous Valarchag, qui est mythique.

était devenue si importante que pendant la lutte entre Radamizd le Géorgien et Mithridate, un roi (qui n'est pas le faux Yervant de Moïse de Khorèn) n'a pas pu être couronné comme légitime : la population le regardait toujours comme usurpateur parce que le Tagadir-Aspet lui refusait la consécration. — Auprès de lui se tenait le *martpεtutjun*, chargé d'administrer les biens de la couronne, de construire et entretenir les palais, de veiller au trésor, au harem (¹). On lui donnait aussi le nom de *haiɹmartpεt*, « père du chef des hommes ». On sait que ces hommes étaient des eunuques, portant le nom de *nεɹkini*, « les hommes antérieurs » (²). Nous ignorons d'abord la composition de ces harems. — Ensuite le *maγxazutjun* était aussi un grand dignitaire. Malheureusement nous ne savons rien de ses fonctions. Le nom lui-même est obscur. Il est probablement d'origine sémitique. Si l'on transcrit maxaz, comme le veut M. W. Belck (³), cela signifie « la ville » ; dans ce cas, le personnage serait le chef de la capitale. Nous savons seulement que quand le roi envoie une ambassade composée des princes de premier ordre, le *maγxaz* les accompagnait toujours (⁴). D'autres officiers de la cour étaient chargés de présenter au roi ses habits ; il y avait des gardes du corps, des intendants pour mettre en ordre le mobilier ; l'un portait une aigle devant le monarque quand il sortait ; l'autre était l'échanson ; celui-ci le chef des bouchers ; celui-là, grand fauconnier, ne le cédait pas au grand veneur ou au maître garde-chasse (⁵). Cette cour était minutieusement réglée. Le roi lui-même déterminait le cérémonial : telle heure pour les présentations, telle autre pour le conseil, telle aussi pour les distractions. Deux traits remarquables : un grand seigneur avait pour fonction d'écrire au roi des avertissements pour lui rappeler tous ses devoirs quand il les oubliait, et pour lui faire des remontrances quand il avait donné un ordre inconsidéré dans un accès de colère ; par contre, le second conseiller devait faire souvenir Sa Majesté des vengeances qu'on lui attribuait

---

¹) Faustus, III, 17.

²) Sur les *nεɹkini* Faustus, VI, 5 ; sur les mêmes en tant qu'eunuques, Moïse de Kh., II, 7 ; sur les *martpεt*, IV, 4 et nombreux autres passages.

³) W. Belck, *Beiträge zur Alt. Geogr. und Gesch. Vorderas.*, 1ᵉʳ fascicule, p. 43, Leipzig, 1901. Nous croyons que Maxaz est identique à l'Arménien maγxaç, car x assyrien a pu se dédoubler ɣ et x.

⁴) Par ex., Faustus, III, 12 ; IV, 11 ; V, 38.

⁵) Moïse de Kh., II, 7.

le devoir d'exercer (¹). Les rois avaient institué des juges à la cour, dans les villes et les gros bourgs. Ils voulaient que les citadins fussent honorés comme des princes par les villageois ; mais ils interdisaient aux premiers d'en abuser pour se donner de grands airs : ils devaient vivre en frères avec les humbles. Afin d'éviter les querelles de famille, seul l'aîné des fils du roi restait près de lui ; tous les autres, fils et filles, étaient entretenus aux frais de la cour, loin de la résidence royale (²).

Toute la vaisselle de la cour était d'or et d'argent. Le roi était couronné de la tiare, il portait une grande tunique, un manteau de pourpre ; de pourpre aussi était sa grande tente divisée en chambres et surmontée d'une aigle ; teintes de pourpre ses bottes, qu'il était seul à porter de ces couleurs ; et s'il voulait faire honneur à un favori, il lui accordait le droit de se chausser ainsi d'un seul pied (³). Le jour d'un mariage royal, on semait de la poussière d'or sur la tête du roi et des perles sur celle de la reine (⁴).

En moyenne, l'armée s'élevait à 120,000 hommes. Chaque naxarar levait ses troupes et se mettait à leur tête. Mi-cavaliers, mi-fantassins, armés sur le modèle des Perses, nous avons vu comment ils se comportaient à la bataille. En dehors de ce pied de guerre, le roi entretenait une petite armée permanente qui campait avec lui pendant l'été au lieu nommé *Shahapivân* (lieu de campement des Satrapes) qui se trouvait près de la source de l'Euphrate oriental (aux environs de Diadîn, près Bayazid) (⁵).

Chaque seigneur possédait une ou plusieurs forteresses où s'abritaient des châteaux entourés de jardins. Comme on l'a vu, ces gens n'étaient pourtant pas bien redoutables ; ils n'ont pas su s'opposer aux incessantes invasions qui ont rempli cette *histoire*.

Nous possédons fort peu de renseignements sur la vie privée des anciens Arméniens. Le peuple ne comptait pas et n'a laissé aucune trace dans l'histoire, en dehors des particularités rapportées par Xénophon.

Lorsque, en 452, les nobles arméniens furent emmenés captifs en

---

¹) Moïse de Kh., II, 8.

²) En attribuant tous ces détails à Valarchag, Moïse de Khor., *ibid.* ne se trompe que de personne ; l'institution existait et se perpétuait encore dans l'ère chrétienne.

³) Faustus, V, 38.

⁴) Moïse de Kh,, II. 5o.

⁵) Faustus, IV, 15.

Perse par Yazdeguerd II, leurs femmes, demeurées en Arménie, vécurent dans une condition très dure pendant cet exil. En comparant leur état avec celui dont elles avaient joui auparavant, Elisée nous fait connaître ce dernier dans ses principaux détails (¹). L'auteur loue la vertu avec laquelle elles se soumirent à leur sort. « Chaque dame noble avait, selon l'usage du pays, ses femmes, élevées depuis leur enfance dans ces opulentes familles; on ne distinguait plus la maîtresse de ses servantes. » Comme elles menaient une vie commune dans le même dénuement « personne n'étendait le lit pour une autre, car il n'y avait pas de bottes de foin ou de paillasses pour chacune ». Dès lors, tous les raffinements de l'existence des privilégiés ont disparu : « Plus de mets recherchés, assaisonnés exprès pour les dames; plus de boulangers affectés au service des maisons nobles... Personne ne versait l'eau à laver les mains aux dames nobles, et les suivantes ne leur présentaient pas les serviettes fines pour les essuyer. Les dames cessèrent de faire usage de savon odorant, d'essences et de parfums dans les jours de fête. La belle vaisselle ne figura plus sur leur table, d'où les riches coupes, au fond desquelles réside la joie, étaient aussi bannies. Le maître de cérémonies ne se tenait plus à la porte de leurs salles somptueuses pour recevoir les convives... Les sièges d'honneur et les dais de parade étaient renversés (ne se trouvaient plus là)... Leurs châteaux-forts furent rasés par ordre du roi. Les fleurs odoriférantes de leurs jardins se flétrirent; leurs fertiles vignobles furent arrachés... Tous leurs trésors et toutes les parures de femmes furent confisquées au profit du tyran, et il ne resta pas une perle pour la suspendre à leur oreille, pas une pierrerie pour leur front... Celles qui avaient depuis leurs jeunes ans l'habitude de se nourrir de cervelles et de moelle de veau et du gibier le plus jeune et le plus délicat, maintenant se résignaient à apaiser leur faim avec des herbes... Les chiens de chasse lévriers des nobles seigneurs périrent successivement pendant la longue absence de leurs maîtres... Leurs épouses fondaient en larmes en traversant les salles des festins, et les appelaient par leurs noms, car on y avait érigé des statues à leur mémoire, et sur chacune était marqué leur nom. »

---

¹) *Soulèvem. national de l'Arménie chrétienne au Ve siècle contre la loi de Zoroastre* par Elisée Vartabed, tr. fr. G. Kabaragy, Paris, 1844, pp. 245 sqq.

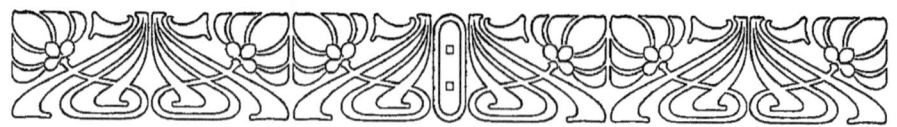

APPENDICE

Critique des historiens arméniens.

Il a pu paraître étrange que nous ayons écrit une histoire de l'Arménie sans nous servir des historiens arméniens. C'est qu'ils ne présentent pas de caractère de véracité.

On avait prétendu que l'ouvrage de Faustus de Byzance ([1]) était du IVe siècle. Mais nos critiques ont discerné l'impossibilité de cette tradition, acceptée encore, à tort, par quelques modernes ([2]). Ils ont montré que nulle œuvre historique n'a été écrite en arménien avant le Ve siècle, dans les premières années duquel l'alphabet arménien fut inventé. On pourrait objecter, il est vrai, qu'un auteur arménien a pu écrire au IVe siècle avec un alphabet étranger. La critique interne détruit cette hypothèse en observant que le livre de Faustus s'inspire d'Eusèbe de Césarée, de Basile de Césarée et de la traduction arménienne de la Bible faite au Ve siècle. — De plus, cette histoire, qui dans l'ensemble présente bien un récit historique à partir de la mort de Drtad et de Grégoire l'Illuminateur, est mêlée de nombreuses fables empruntées aux légendes populaires.

Aganthangelos doit être critiqué au même point de vue. Il n'est pas du IVe siècle mais du Ve, car il profite des livres de cette dernière époque.

Nous nous arrêterons davantage à Moïse de Khorèn, qui est de beaucoup le plus important à l'égard de l'antiquité.

D'après les dernières recherches de MM. Carrière, Geltzer, Vetter,

---

[1]) Faustus de Byzance, *Hist. de l'Arm.*, en Arménie.
[2]) Geltzer, *Les Commencem. de l'Egl. armén.*, trad. arm., Venise, 1896, p. 27.

Abéghian et d'autres encore, nous savons que Moïse de Khorèn a profité des chants, fables et traditions populaires pour composer son histoire. Il s'imaginait que chacune de ces sources contenait une vérité historique : il s'ingénie à la dégager ; mais il le fait sans méthode, sans critique, si bien que nous ne pouvons y voir rien de certain. Cependant tout ce fatras contient nombre de détails caractéristiques et exacts. Ainsi il parle d'un Tigrane Ier qui devait être contemporain de Cyrus, que nous avons en effet reconnu comme existant ; seulement, il lui attribue des actions qui reviennent à Tigrane le Grand[1], et qui se trouvent en effet les mêmes que nous avons relevées dans les auteurs romains.

Comme nous l'avons vu, les Parthes ne sont venus qu'en 66 de notre ère ; Moïse de Khorèn les fait venir en 150 av. J.-C. Une telle erreur provient de la manière dont il comprend les périodes historiques. Il appelle la 1re *haïkazàn*, et la fait commencer par le héros éponyme Haïk pour la fermer avec le fabuleux Ara, l'adversaire de Sémiramis. La 2me période va jusqu'à *Раліл*, qui serait le premier roi d'Arménie ; durant ce temps, les Assyriens étaient les maîtres du pays, qui lui donnaient comme gouverneurs, tantôt des Assyriens, tantôt des Arméniens. Il prolonge la 3me période jusqu'à Vaheh, qu'il fait mourir dans une bataille contre Alexandre. C'est alors que, depuis *Раліл*, les rois deviennent tout à fait indépendants. Entre Alexandre et le premier Arsacide, Valarchag, il avoue qu'il n'a rien à dire, sinon que tout était bouleversé en Arménie et que chacun voulait s'en emparer. Il passe donc à une seconde période, celle des Arsacides. qu'il appelle des étrangers. En comparant avec ce que nous a donné l'histoire authentique, nous verrons une certaine concordance. De 525 à 320 les Achéménides sont purement Arméniens. Les Séleucides, 320-200, inaugurent une seconde période, dans laquelle les gouverneurs sont tantôt indigènes, tantôt étrangers. Vient en 3e lieu la dynastie des Artachissian (200-10 apr. J.-C.) souverains nationaux provenant des anciens Perses assimilés. Le siècle des étrangers (11-60 apr. J.-C.) fait une transition, et l'on arrive à la 5e période, celle des Arsacides, qui s'étend de 60 à 300 ; cette fois, la population les considère avec obstination comme étrangers.

Ainsi nous voyons que les traditions nationales avaient conservé un souvenir juste des diverses dominations d'autrefois : Moïse de Khorèn dit, comme l'histoire, que les premiers temps furent occupés par

---

[1] Geltzer, *Hist. de l'Armén.*; Abeghian, *Les fables nationales*, etc., *passim*.

des rois purement arméniens, que l'ère suivante fut soumise à des étrangers, que dans la 3ᵉ les souverains furent Arméniens, qu'ensuite le bouleversement terrible des invasions rend les faits obscurs, et enfin que la dernière période fut de nouveau celle des étrangers. Seulement l'historien avait une fausse base chronologique. Il avait sous la main les ouvrages d'Eusèbe de Césarée (*Hist. Eccl.* et *Chronol. génér.*); et il suivait la Bible comme un livre infaillible. Ainsi il fait partir Haïk de la Tour de Babel : puis il classe en face des rois hébreux et chaldéens les prétendus premiers rois d'Arménie, qu'il trouvait sans doute encore nommés dans le folck, lors de son temps([1]). Alors on comprend que Tigrane Iᵉʳ ait bénéficié des exploits de Tigrane le Grand. Moïse de Khorèn croyait à tort que celui-ci était Arsacide, d'après la liste de Marabas Metzournatsi ou plutôt de l'anonyme qu'on a confondu avec lui, liste que Moïse consultait et croyait authentique, tandis que les légendes désignaient bien Tigrane le Grand comme un véritable Arménien. Se basant sur ces légendes, il ne vit d'autre moyen de les justifier qu'en les transportant à Tigrane Iᵉʳ, qui était bien Arménien et non Arsacide.

Quand Moïse de Khorèn parle d'un roi d'Arménie du nom de Valarchag, il ne l'a pas inventé de toutes pièces, car la tradition lui avait appris que Vologèse (Valarchag) avait établi réellement la dynastie en Arménie ; mais ce ne fut pas lui qui s'en fit roi, il donna le trône à son frère Tirid.

Jusqu'à Artavast (34 av. J.-C.) fils de Tigrane le Grand, Moïse de Khorèn suit l'histoire de Flavius Josèphe, et le voyant quitter alors l'Arménie pour ne la reprendre que 60 ans plus tard, il suit pendant cette période Eusèbe de Césarée (*Histoire ecclés.*) et Laboubna, chancelier d'Abgar, roi d'Edesse (Abgar IX, converti au christianisme en 212). Par suite, il considère comme rois d'Arménie les rois d'Edesse. Ce qui l'a induit en erreur, c'est que Bar Hébréus identifie les Parthes, les Edessiens et les Arméniens([2]). Une autre source d'erreur, c'est qu'il a mal lu un titre d'Abgar V, qui est appelé *Oukhama* « noir » : il lisait *Arshama*, génitif signifiant « fils d'Arsham ». Mais si Arsham est un personnage réel, jamais il n'a été père d'un Abgar. Ainsi il a introduit cet Arsham dans la dynastie d'Edesse sans y être invité par

---

[1]) Moïse de Kh., I, 19, 22.

[2]) Weber, *Die Kath. K. in Arm.*, p. 63, d'après Duval, *Histoire d'Edesse*, dans le Journal Asiat., 8ᵉ sér., XVIII, 1891, 115 ; et d'après Carrière, *La Légende d'Abgar*, dans la *Hantès Amsoria (Revue mensuelle)*, Vienne 1896, pp. 238 sqq.

Bar Hébréus, mais en identifiant comme lui les Arméniens avec les rois Edessiens (¹). Il prétend qu'un certain Ananoun fut fils et successeur d'Abgar. On trouve bien plusieurs Manou dans la famille des Abgars. C'est une fausse lecture d'avoir transformé *M* en *An*, particule négative et d'avoir ajouté *n* à la fin pour le simple plaisir de trouver une signification ; et cette signification est « anonyme » (²).

D'ailleurs il était parfois induit en erreur par la tradition syriaque, qui confondait Abgar IX (176-218) avec Abgar V Oukhama (de 4 av. J.-C. à 7 apr. J.-C., puis de 13 à 50); cette confusion fut d'abord introduite dans le livre de Laboubna, que suivit Eusèbe de Césarée ; puis Moïse de Khorèn les copia l'un et l'autre. D'où il résulte que le faux Abgar entraîne deux autres anachronismes. D'abord, sachant que Sanatrouk était contemporain d'un Abgar, il le croit contemporain d'Abgar V, tandis qu'il fallait dire d'Abgar IX. Ensuite et par suite, il assure que ce Sanatrouk fit mettre à mort les apôtres Thaddée et Bartholomée. C'était bien difficile, puisqu'il leur était de deux siècles postérieur ; mais on pouvait s'y tromper si l'on ignorait les temps, parce que Sanatrouk persécuta en effet les chrétiens qui commençaient à se répandre en Arménie.

En somme, le jugement de M. Th. Reinach (³), qui tient pour absolument nuls les historiens arméniens, est parfaitement fondé au point de vue critique ; mais on vient de voir que leurs erreurs s'expliquent par les circonstances. Les études les plus récentes nous amènent à les considérer comme plus consciencieux qu'ils ne le paraissent au premier abord. Leur grand tort est cette naïveté qui fut aussi le partage de nos premiers chroniqueurs.

---

¹) S. Weber, *op. cit.*, pp. 63 et 64.
²) F. Justi, dans *Grundriss*, etc., t. II, p. 499, d'après A. V. Gutschmid, dans *Mém. de l'Acad. de St. Pétersb.*, 1887, VII, 37.
³) Th. Reinach, *Mithr. Eupator*, Appendice.

ERRATA

Page 5 ligne 1. Au lieu de « Gr.d'», lisez grec α.

Page 6 lignes 20 à 23. Au lieu de x, lisez : Gr. χ.

Page 7 Remarque. En ce qui concerne le tableau des sons de l'arménien, on ne disposait pas d'un certain nombre de caractères phonétiques, d'où il suit que les transcriptions du tableau et du volume entier sont imparfaites. Par exemple, la fricative linguale-palatale soufflée est représentée tantôt par *h*, tantôt par *ch;* la fricative linguale-palatale vocalique (le son du français « jeu », « gendre ») et la fricative linguale-dentale vocalique (français « bazar ») sont représentées par le même signe ζ.

Page 7 ligne 1. Au lieu du « Raf » lisez : Qaf.

Page 8 ligne 1. Au lieu de « c » et de « v » lisez : *esprit rude* et *v*. De même à la ligne 14. Ligne 15, supprimez *l*, de.

Page 30. La note 1 ne se rapporte pas à la première ligne du texte, mais à la ligne 14.

Page 43 ligne 23. Au lieu de « les artifices de la nature », lisez : *de la culture*.

Page 51 ligne 5. Au lieu de « quoique reproduite » lisez : *quoique réduite*.

Page 64 note 2. Au lieu de « Choses et Gens d'Arménie », lisez : *les articles publiés*, et ajoutez : *par... Noël Dolens dans le « Tour du Monde » (Hachette 1907) sous le titre : « Ce que l'on voit en Arménie »*.

Page 78 lignes 13 à 17. Ce passage doit être modifié comme suit : « Alors, soit que l'ennemi s'opposât à ce qu'ils franchissent *la montagne*, soit que, renseignements pris, elle leur apparût comme impraticable, ils revinrent le long de la chaîne et trouvèrent ainsi... »

Page 78 ligne 23. Au lieu de « l'Arménie occidentale », lisez : *orientale*.

Page 79 dernière ligne et page 80 lignes 1 et 7 : « Alors on passa une rivière, probablement affluent de l'Euphrate et portant le nom de... » « Ensuite on atteignit la plaine de Khenis en franchissant près de... ».

Page 156 ligne 9. Au lieu de $\beta\alpha\sigma\iota\lambda\acute{\epsilon}\omega\nu$ $\beta\alpha\sigma\iota\lambda\epsilon\omega\nu$ lisez : $\beta\alpha\sigma\iota\lambda\epsilon\acute{\iota}\varsigma$ $\beta\alpha\sigma\iota\lambda\acute{\epsilon}\omega\nu$.

Page 186 ligne 5. Après « frères d'Axidarès » ajoutez : *(dans le sens de cousin)*...
La généalogie de cette famille semble pouvoir s'établir ainsi :
Pakhouros II et son frère inconnu.

Parthamasiris.   Axidarès et son frère inconnu.

Chosroès.

Page 192 lignes 24 et 25. Supprimez les mots « encore Drtad. D'autres disaient que c'était... ». Il reste : « Il y avait en Arménie un parti puissant favorable aux Perses sous le règne d'un autre roi successeur de Chosroès, à moins que ce ne fût un Perse, Artavast, chef de parti ».

Page 223 ligne 10. Au lieu de « folck, lors », lisez : *folk-lore*.

APPENDICE

Dynastie des Artachissian.

Artvart[1], Ardoatès : 312-279 av. J.-C.
Arvandès[2], Orantès, Ervand . 279-239 av. J.C.
Artabasan[3], Artavasan, Artavazd I. 239-200 (?) av. J.-C.
Artaxias[4], Artachès I. . . . 200-159
Artavazd II[5] 159-149
Artoadistus[6] . . . . 149-?
Tigran I[7] . . . . ?-95
Tigran II, fils de Tigran I . . 95-56
Artavazd III 56-34
Artachès II 34-20
Tigran III 20-06
Tigran IV et sa sœur Erato . . 6-5
Artavazd IV 5-1
Tigran IV revient 1 av. J.-C.-2 ap. J.-C.

Les rois de Sophéné.

Samès . . . .
Archam (ès)[8]. 235 ? av. J.-C.
Abdissarès[9] . . . . 200-?
Xerxès[10] . . . .
Zariadrès[11], Zadriadès. Zarèh, Zarir 190-165
Mithrobousanès[12], Mithrabarzanès, Mehrouzan . . . . . 165-?
Artanès[13], Artène . . . . . ?-63

---

1. Justi : Iran. Namenbuch, p. 21. « Le roi d'Arménie contemporain de Séleucus Ier (311-281) ».
2. Ibid., p. 338. n. 10.
3. Ibid., p. 38, n. 3 : « qui a fait la paix avec Antiochus III en 220 ».
4. Ibid., p. 36. (Fondateur de la dynastie des Artachissian).
5. Ibid., p. 38, n. 4. « Le fils du roi Artaxias I ».
6. Ibid., p. 39. « Contemporain de Mithridatès II (123-88) ».
   Justi : Gründ. d. Iran. Philologie. T. II, p. 490, n. 5. « Il ne faut pas corriger par Artavazd, fils d'Artaxias ».
7. Hübschman : Altarm. Ortsnamen., p. 214, n. 5. « Le père de Tigran II le Grand ».
8. Justi : Namenbuch, p. 29, n. 10. « Le fils de Samès et le père d'Abdissarès, l'ami d'Antiochus Hierax († 227), fondateur de la ville Archamachate, Arsamossata ».
9. Ibid., p. 1re. « Le fils d'Archamès et le père de Xerxès, roi d'Archamachate ».
10. Ibid., p. 173, n. 4. « Le roi d'Archamachate, le mari d'Antiochis, la sœur du roi Antiochus IV ».
11. Ibid., p. 382, n. 3.
12. Ibid., p. 209, n. 2.
13. Ibid., p. 37, n. 2 (ce fut le dernier roi de Sophéné).

www.ingramcontent.com/pod-product-compliance
Lightning Source LLC
Chambersburg PA
CBHW062000180426
43198CB00036B/1780